Julia Luxi

Der unternehmenspolitische Aspekt Wissen in der Weltwirtschaft (1893–1913) und der Globalisierung (1985–2005)

BWSG

Beiträge zur
Wirtschafts- und Sozialgeschichte

Nr. 118

Julia Luxi

Der unternehmenspolitische Aspekt Wissen in der Weltwirtschaft (1893–1913) und der Globalisierung (1985–2005)

Ein Vergleich am Beispiel der Bayer AG

Franz Steiner Verlag Stuttgart 2011

Anschrift der Schriftleitung der Beiträge zur
Wirtschafts- und Sozialgeschichte

Prof. Dr. Markus A. Denzel
Historisches Seminar
Universität Leipzig
Postfach 100920
D-04009 Leipzig

http://www.uni-leipzig.de/~gesowi

Bibliografische Information der Deutschen Nationalbibliothek:
Die Deutsche Nationalbibliothek verzeichnet diese Publikation in der Deutschen Nationalbibliografie; detaillierte bibliografische Daten sind im Internet über <http://dnb.d-nb.de> abrufbar.

ISBN 978-3-515-09888-5

Zugleich Dissertation in der Fakultät für Geistes- und Kulturwissenschaften der Otto-Friedrich-Universität Bamberg

 Gedruckt auf säurefreiem, alterungsbeständigem Papier.

Druck: DIFO-Druck GmbH, Bamberg
Printed in Germany

INHALTSVERZEICHNIS

ABBILDUNGSVERZEICHNIS

ABKÜRZUNGSVERZEICHNIS

CSR	Corporate Social Responsibility (Unternehmerische Sozialverantwortung)
EU	Europäische Union
GATT	General Agreement on Tariffs and Trade (Allgemeines Zoll- und Handelsabkommen)
IWF	Internationaler Währungsfonds
IG	Interessensgemeinschaft der Farbenindustrie
UNO	United Nations Organization (Organisation der Vereinten Nationen)
WTO	World Trade Organization (Welthandelsorganisation)

ZUM GELEIT

Die Arbeit greift einen im Innovationsprozess zentralen Aspekt auf, das Wissen in Unternehmen. Dabei steht das forschungsbasierte technologische Wissen im Mittelpunkt, das im Sinne des Knowledge-Based-View als unternehmenspolitisch relevante Ressource angesehen wird, deren Einsatz und Management wesentlich zum Unternehmenserfolg beiträgt. Dass unternehmerisches Wissen nicht nur heute, sondern auch in der Geschichte von Unternehmen für deren Erfolg von zentraler Bedeutung war, will diese Untersuchung am konkreten Beispiel nachweisen. Die besonders stark wissensorientierte chemische Industrie erweist sich als die für diese Untersuchung bestens geeignete Branche. Frau Luxi wählt mit der Bayer AG eines der sowohl heute als auch im 19. Jahrhundert großen und bedeutenden Unternehmen der chemischen Industrie aus und vergleicht das Wissensmanagement dieses Unternehmens in der Zeit der Globalisierung des ausgehenden 20. und des beginnenden 21. Jahrhunderts mit dem der Weltwirtschaft des ausgehenden langen 19. Jahrhunderts; somit ist die Analyse vergleichend angelegt.

Das methodische Vorgehen ist bemerkenswert: Aus der wirtschaftswissenschaftlichen Theorie, konkret aus der Managementtheorie, flankiert von Elementen aus der klassischen und der modernen Außenhandelstheorie, sowie der Transaktionskostentheorie und der Wettbewerbstheorie erarbeitet Frau Luxi einen Kriterienkatalog im Sinne eines Analyseleitfadens, welcher der Untersuchung des empirischen Befundes beider Zeiträume als Orientierungsgröße und Maßstab dient. Diese Modellorientierung führt die Arbeit auf ihr analytisches Niveau und belegt in methodischer Hinsicht vor allem zwei Dinge: Zum einen, dass (nur) auf diese Weise der historisch empirische Befund ökonomisch fundiert und systematisch analysiert werden kann und zum anderen, dass aus wirtschaftswissenschaftlichen Modellen abgeleitete Implikationen prinzipiell auf Fallbeispiele aller Epochen anwendbar sind.

Die Arbeit hebt sich in ihrem Gesamtkonzept sehr erfreulich von den meist chronologisch aufgebauten unternehmenshistorischen Gesamtdarstellungen ab. Es gelingt eine klar auf einen bedeutenden Unternehmensaspekt konzentrierte systematische Darstellung. Dank dieses methodisch konsequenten Vorgehens lassen sich bezüglich des Wissensmanagements interessante Erkenntnisse gewinnen. In beiden Betrachtungszeiträumen musste das Unternehmen sorgfältig und zielgerichtet mit ihrer wertvollen Ressource Wissen umgehen und dieses wertvolle Gut systematisch weiterentwickeln - damals wie heute eine nicht einfache Aufgabe.

Bamberg, im März 2011 Margarete Wagner-Braun

VORWORT

Grundlage des vorliegenden Buches ist meine Dissertation, die 2010 von der Fakultät für Geistes- und Kulturwissenschaften der Universität Bamberg unter dem gleichen Titel angenommen wurde.

In erster Linie wendet sich meine Dissertation an Wissenschaftler und Forscher, die mit der Thematik vertraut sind. Diese interdisziplinäre Arbeit richtet sich aber ebenso an interessierte Praktiker, die sich mit den Themen Unternehmensgeschichte, Globalisierung und Wissensmanagement beschäftigen. Dabei hoffe ich, dass insbesondere Letztere trotz des umfangreichen Theorieteils Interesse finden und Rückschlüsse für die Praxis ziehen können. Denn erst dadurch sind eine aussagekräftige Analyse der beiden Untersuchungszeiträume und die Ableitung von Erfolgsfaktoren möglich.

Mein besonderer Dank gilt Frau Professor Dr. Margarete Wagner-Braun, die mich während meiner Promotion begleitet hat. Sie verstand es durch zahlreiche Anregungen und konstruktive Diskussionen mich in gleicher Weise zu fordern und zu fördern. Besonders dankbar bin ich für ihre entgegengebrachte Flexibilität, ohne die eine nebenberufliche Promotion kaum möglich gewesen wäre.

Ebenso möchte ich mich bei Herrn Professor Dr. Jürgen Schneider bedanken, für die Übernahme des Zweitgutachtens und viele anregende Gespräche.

Es ist nicht selbstverständlich, dass Chemieunternehmen ihre Tore für Außenstehende öffnen. Aus diesem Grund möchte ich mich beim Unternehmensarchiv der Bayer AG für den freien Zutritt und insbesondere bei Herrn Pogarell für das entgegengebrachte Vertrauen und die gute Zusammenarbeit bedanken.

Schließlich möchte mich bei allen Personen aus meinem Familien- und Freundeskreis bedanken, die mich in unterschiedlicher Weise während der Zeit der Promotion unterstützt haben.

Widmen möchte ich diese Arbeit meiner Mutter, die mich in meinem Vorhaben immer bestärkt und mir stets den Rücken freigehalten hat!

Regensburg, im März 2011 Julia Luxi

I. EINFÜHRUNG

1. AUSGANGSLAGE

Der derzeitige verstärkte Wettbewerbsdruck auf Unternehmen wird in den Medien zumeist durch die zunehmende Liberalisierung und Deregulierung der Märkte und der damit einhergehenden Intensivierung der Globalisierung begründet. Vor allem die Globalisierung wird häufig als Ursache für die sich verändernden externen Einflüsse auf Unternehmen betrachtet. Das heißt, Globalisierung wird einerseits als Produkt der Liberalisierung und Deregulierung betrachtet, andererseits aber auch als Ursache. Dadurch wird die Wechselwirkung deutlich, die dieser Begriff beinhaltet. Globalisierung wird oftmals als ein aktuelles Phänomen dargestellt, das erst seit den letzten Jahren die Unternehmen herausfordert. Seit den 1980er Jahren taucht der Begriff verstärkt in der Marketing-Literatur auf, um den weltweiten Erfolg von Marken wie beispielsweise Coca Cola zu beschreiben.[1] Aus wirtschaftlicher Sicht prägte insbesondere Theodore Levitt den Begriff der Globalisierung, unter dem er die zunehmende internationale Vernetzung der Märkte verstand.[2] Obwohl der Begriff Globalisierung erst gegen Ende des 20. Jahrhunderts kreiert wurde, impliziert dies aber nicht, dass eine internationale Verflechtung erst seit diesem Zeitpunkt bestand. Die Globalisierung ist kein zeitgeschichtliches Phänomen, sondern ist bereits für das 19. Jahrhundert während der Industrialisierung kennzeichnend, unter anderem auch bedingt durch die beiden grundlegenden Innovationen des Telegraphen und des Telefons.[3] Dadurch konnte ein weltumspannendes Kommunikations-, Handels- und Finanznetz wesentlich ausgebaut werden, worin die damalige Globalisierung ihren Ursprung fand.[4] Da der Begriff Globalisierung erst Mitte der 80er Jahre des 20. Jahrhunderts Anwendung fand, werden

---

1 Vgl. Weizsäcker, C.C.v. (1999) Logik der Globalisierung, Göttingen, S. 47.

2 Vgl. Levitt, Theodore (1983): The globalization of markets, S. 92.

3 Zur Entwicklung der Telekommunikation siehe unter anderem Wobring, Michael (2005): Die Globalisierung der Telekommunikation im 19. Jahrhundert.

4 Vgl. Wagner-Braun, Margarete (2007): Kulturelle Aspekte der Integration Chinas in die Weltwirtschaft heute und vor 100 Jahren, S. 163f.

die Aktivitäten zur internationalen Vernetzung im 19. Jahrhundert, wie auch in der Wirtschaftsgeschichte üblich, unter dem Begriff Weltwirtschaft subsumiert.[5]

Um dem zuvor beschriebenen internationalen Wettbewerbsdruck stand zuhalten und erfolgreich auf den nationalen und internationalen Märkten tätig zu sein, bedarf es innovativer Unternehmen, die sich mit innovativen Produkten ihre Marktposition sichern. Innovationen werden häufig als Lösung für die Probleme, die die zunehmende Globalisierung beziehungsweise der internationale Wettbewerbsdruck mit sich bringen, betrachtet. Dafür sprechen unter anderem zahlreiche Initiativen zur Förderung von Innovationen.[6] Aber was sind eigentlich innovative Unternehmen und was sind eigentlich Innovationen? Der Begriff Innovation hat seinen Ursprung im lateinischen Wort „novus“ und bedeutet Neuerung, Neueinführung, Erneuerung oder auch Neuheit an sich.[7] Dass der Begriff in der Literatur oft auf unterschiedliche Art und Weise interpretiert wird, zum Beispiel als Idee oder Erfindung,[8] liegt zum einen daran, dass sich verschiedene Wissenschaftsdisziplinen mit dem Begriff der Innovation beschäftigen, zum anderen aber auch an den unterschiedlichen Interessenschwerpunkten, die sogar innerhalb einer Disziplin zu differenzierenden Ansätzen führen.[9] Nach Wolfgang Meißner lässt sich der Innovationsbegriff grundsätzlich ergebnis- oder prozessorientiert definieren.[10] Der ergebnisorientierte Ansatz bezeichnet die Innovation als Ergebnis eines Neuerungsprozesses, der sich weiter in die Subjekt- und die Inhaltsdimension unterteilen lässt. Die prozessorientierte Definition dagegen zielt auf den Änderungs- beziehungsweise Erneuerungsprozess selbst ab. Der Begriff der Innovation lässt sich folglich durch die drei Dimensionen Subjekt, Inhalt und Prozess näher präzisieren, was in nachfolgender Abbildung veranschaulicht wird.

---

5 Vgl. Predöhl, Andreas (1961): Weltwirtschaft, S. 604f.; Die drei Phasen der Weltwirtschaft: Integration, Expansion, Intensivierung werden im theoretischen Teil näher erläutert.

6 Vgl. Bundesministerium für Bildung und Forschung, www.bmbf.de.

7 Vgl. Staudt, Erich 1986: Das Management von Innovationen, S. 486.

8 Vgl. Hauschildt, Jürgen (1993): Innovationsmanagement, S. 5.

9 Vgl. Corsten, Hans (1989): Die Gestaltung von Innovationsprozessen: Hindernisse und Erfolgsfaktoren im Organisations-, Finanz- und Informationsbereich, S. 2.

10 Vgl. Meißner, Wolfgang (1989): Innovation und Organisation die Initiierung von Innovationsprozessen in Organisationen, S. 16.

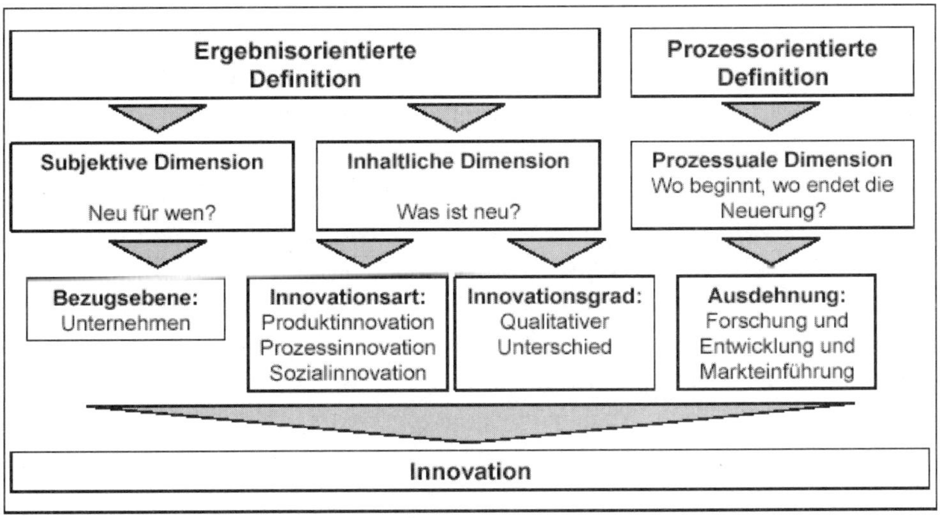

Abbildung 1: Dimensionen des Innovationsbegriffs nach Markus Schneider[11]

Nach Joseph Schumpeter wird unter einer Innovation die Durchsetzung einer technischen oder organisatorischen Neuerung, nicht allein ihre Erfindung, verstanden.[12] Schumpeter fokussiert dadurch auf die Unterscheidung zwischen Inventionen und Innovationen. In diesem Zusammenhang führt er auch den Begriff der „schöpferischen Zerstörung" ein. Demnach wird in einer vollbeschäftigten Volkswirtschaft Kredit eingesetzt um Produktionsfaktoren, beispielsweise Arbeit, zu erwerben. Diese produzieren dann eine Innovation, wobei die Invention selbst vielleicht schon lange Zeit zuvor existierte.[13] Die Innovation schafft neue Möglichkeiten zur Investition. Dadurch werden alte Produktionsweisen unrentabel, das heißt sie werden durch Innovationen „zerstört". Dies geschieht jedoch auf eine „schöpferische" Art und Weise, da durch den damit verbundenen Strukturwandel neue Möglichkeiten der Rentabilität entstehen.[14] Auch wenn unterschiedliche Ansätze Innovationen aus verschiedenen Perspektiven beleuchten, so wird jedoch in allen Definitionen übereinstimmend Innovation als etwas „Neues" bezeichnet.[15] Im Fol-

---

11 Vgl. Schneider, Markus (1999): Innovation von Dienstleistungen. Organisation von Innovationsprozessen in Universalbanken, S. 13.

12 Vgl. Schumpeter, Joseph, (1952): Theorie der wirtschaftlichen Entwicklung, S. 100f.

13 Vgl. Schumpeter, Joseph (2002): Theorie der wirtschaftlichen Entwicklung, S. 405f.

14 Vgl. Paqué, Karl-Heinz (2010): Wachstum! Die Zukunft des globalen Kapitalismus, S. 22.

15 Vgl. Hauschildt, Jürgen (1993): Innovationsmanagement, S. 3; Meißner, Wolfgang (1989): Innovation und Organisation die Initiierung von Innovationsprozessen in Organisationen S. 16.

genden soll unter Innovation der gesamte Neuerungsprozess, das heißt, Forschung und Entwicklung sowie Markteinführung von qualitativ neuwertigen Produkten oder produktionstechnischen und humanbereichsbezogenen Verfahren, die eine Unternehmung erstmalig in den Markt oder Betrieb einführt, verstanden werden. Das Modell von Meißner, das einer prozessorientierten Perspektive folgt, bildet insofern die Grundlage dafür, weil es nicht nur den Begriff Innovation definiert, sondern auch auf die verschiedenen Dimensionen dieses Begriffes eingeht. Durch diese umfassende Sichtweise passt dieses Modell sehr gut zum Forschungsdesign der vorliegenden Studie, da dort ebenfalls verschiedene Aspekte und Arten von Innovationen angesprochen werden.

Sofern Innovation als Neukombination von Faktoren definiert wird, also als eine neue Kombination von bestehendem Wissen und deren Durchsetzung auf dem Markt, dann sind innovative Unternehmen Organisationen, die technologische oder organisatorische Neuerungen entwickeln und erfolgreich verbreiten. Diese Unternehmen verstehen es demnach, ihr Wissen effektiv und effizient einzusetzen und dadurch innovativ und erfolgreich zu sein. Wissen wird dabei eine ähnliche Bedeutung wie den Produktionsfaktoren Arbeit, Boden und Kapital zuteil. Je weiter die Entwicklungen auf dem Gebiet der Informationstechnologie voranschreiten, desto wichtiger wird die Ressource Wissen. Im Zeitalter der Informationstechnologie wird Wissen, insbesondere Forschungswissen, als wichtigste Ressource der Wertschöpfungskette betrachtet. Daher gilt es für Unternehmen besonders, diese Ressource effektiv und effizient einzusetzen, um eine Ressourcenverschwendung zu vermeiden und mit Hilfe von Innovationen national beziehungsweise international wettbewerbsfähig und damit erfolgreich zu sein. Die Managementdisziplin Wissensmanagement beschäftigt sich mit dem Erwerb, der Nutzung und nicht zuletzt der Verteilung von Wissen, denn Wissen ist die einzige Ressource, die sich vermehrt, wenn sie geteilt wird. Es wird in der folgenden Untersuchung davon ausgegangen, dass nur Unternehmen, die anpassungsfähig sind und sich den verändernden inneren und äußeren Reizen stellen, erfolgreich am Markt bestehen können. Diese Anpassungsfähigkeit impliziert den optimalen Einsatz der Ressource Wissen, um den sich verändernden Anforderungen mit Innovationen entgegentreten zu können.

Unternehmen werden nicht erst neuerdings mit diesen Anforderungen konfrontiert, sondern waren bereits in der Weltwirtschaft dynamischen, sich verändernden Umweltbedingungen ausgesetzt. Daraus lässt sich schließen, dass auch der Einsatz von Forschungswissen für den Erfolg einer Unternehmung mit dem

Beginn der Weltwirtschaft eine wesentliche Rolle gespielt hat. Um dies zu analysieren, wurde die folgende Untersuchung konzipiert und durchgeführt.

2. FRAGESTELLUNG UND ZIELSETZUNG DER ARBEIT

Für diese Arbeit wurde eine unternehmensgeschichtliche Dokumentenanalyse anhand von zwei zeitlich getrennten Untersuchungszeiträumen (1893-1913) und (1985-2005), am Beispiel der Farbenfabriken vorm. Friedr. Bayer & Co. beziehungsweise der Bayer AG, durchgeführt. Für jeden Untersuchungszeitraum wurde eine Spanne von 20 Jahren gewählt, um so ausreichend Material und Quellen für die Dokumentenanalyse zur Verfügung zu haben und weil in der Wirtschaftsgeschichte die Globalisierungsphasen ähnlich abgegrenzt werden. Die erste Periode endet 1913, auf dem Höhepunkt der Weltwirtschaft, bevor 1914 der erste Weltkrieg einsetzte und die Weltwirtschaft radikal veränderte. Der zweite Zeitraum wurde gewählt, da insbesondere die Innovationen auf dem Gebiet der Informationstechnologie, die in den 1980er Jahren entstanden, die Globalisierung stark beeinflussten und die Direktinvestitionen, die als Indikator für die Globalisierung gesehen werden können, Mitte der 80er Jahre deutlich angestiegen sind und so zu einer Intensivierung führten. Der Untersuchungszeitraum des 19. Jahrhunderts wird im Folgenden als erste Phase, der Zeitraum im 20. Jahrhundert als zweite Phase der Globalisierung bezeichnet.

Des Weiteren ist an dieser Stelle anzumerken, dass diese Studie kein hypothesenprüfendes Verfahren im engeren Sinne darstellt. Die zentrale These dieser Untersuchung lautet: Die Ressource Wissen und damit verbunden das Wissensmanagement spielten in beiden Globalisierungsphasen eine wesentliche, vergleichbare Rolle für den Unternehmenserfolg.

Daraus lassen sich die folgenden Fragestellungen ableiten:

- Welche Rolle wird dem Faktor Wissen, sowohl allgemein im Rahmen der Forschung und Entwicklung als auch in Bezug auf eine erfolgreiche Unternehmenstätigkeit beigemessen?
- Welche Unterschiede und Gemeinsamkeiten in Bezug auf die Rolle von Wissen gibt es zwischen den beiden Untersuchungszeiträumen?
- Was sind die Gründe für diese Unterschiede und Gemeinsamkeiten?

- Welchen Einfluss üben die Globalisierung beziehungsweise die internationalen Aktivitäten auf Wissen aus?
- Welche Rolle spielt das Menschenbild in Bezug auf den Einsatz von Wissen?

Die Untersuchung geht davon aus, dass die Weltwirtschaft beziehungsweise die Globalisierung in beiden Untersuchungszeiträumen die Unternehmensaktivitäten beeinflusste und die Unternehmung entsprechend darauf reagierte. Dadurch, dass das Unternehmen Bayer damals wie heute erfolgreich international tätig ist, wird angenommen, dass Forschungswissen in beiden Untersuchungszeiträumen eine Rolle gespielt hat. Dabei konzentriert sich die Studie auf Geschäftsberichte der beiden Untersuchungsperioden sowie auf weitere Dokumente, die dem Unternehmensarchiv der Bayer AG entstammen.

Grundsätzlich zielt die gesamte Studie darauf ab, eine Forschungslücke auf dem Gebiet der Wirtschaftsgeschichte zu schließen, denn bisher wurde die Bedeutung von Forschungswissen vor dem Hintergrund der Globalisierung noch nicht umfassend untersucht. Insbesondere eine vergleichende Analyse zwischen den beiden Phasen, der Weltwirtschaft und der Globalisierung, bezogen auf das Wissensmanagement in der chemischen Industrie, war bisher noch nicht Gegenstand einer Untersuchung.

Die Analyse verfolgt dabei in beiden Perioden folgende Zielsetzung:

- Untersuchung des Einflusses der Globalisierung beziehungsweise der Bedeutung der internationalen Aktivitäten für das Unternehmen in Bezug auf Wissen
- Analyse des Menschenbildes in Bezug auf den Einsatz von Wissen
- Erarbeitung der Bedeutung von Wissen sowohl allgemein als auch in Bezug auf eine erfolgreiche Unternehmenstätigkeit
- Vergleich der Gemeinsamkeiten und Unterschiede zwischen den beiden Zeitabschnitten
- Herausarbeitung der Gründe für diese Gemeinsamkeiten und Unterschiede
- Nachweis, dass das moderne Managementkonzept des Wissensmanagements auch auf einen Untersuchungszeitraum, der 100 Jahre zurückliegt, angewendet werden kann.

Darüber hinaus ist zu erwähnen, dass diese Arbeit auf einer modernen Auffassung von Unternehmensgeschichte basiert.[16] Ziel ist es, aktuelle betriebswirtschaftliche Theorien und Modelle auf vergangene Zeiträume anzuwenden und unternehmensgeschichtliche Ereignisse zu analysieren. Es ist nicht das Ziel dieser Arbeit die Entwicklung der Farbenfabriken im ausgehenden 19. Jahrhundert chronologisch zu schildern oder bedeutende Innovationen im Zeitablauf zu erläutern, da dazu bereits eine Reihe an Untersuchungen vorliegen.[17] Vorrangiges Ziel ist es, zwei Zeiträume, die ähnlichen Rahmenbedingungen unterlagen, mit Hilfe einer aktuellen betriebswirtschaftlichen Methode zu analysieren, um so herauszufinden, wo Gemeinsamkeiten und Unterschiede liegen. Zudem gilt es, die Hintergründe dieser Gemeinsamkeiten und Unterschiede zu analysieren, wobei gegenwärtige Debatten zu diesem Thema historisch vertieft werden.

3. AUFBAU DER ARBEIT

Im ersten Teil erfolgt eine Einführung in das Thema, die Erläuterung der Fragestellung sowie die Zielsetzung der vorliegenden Untersuchung. Die Einführung schließt mit der Erläuterung der Untersuchungsmethodik und der Vorgehensweise dieser Studie.

In Teil zwei werden die wichtigsten theoretischen Grundlagen erläutert und diskutiert, insbesondere werden sie auf ihre Eignung und Aussagekraft bezüglich der vorliegenden Fragestellung untersucht. Dazu zählt zunächst die Einordnung von Wissen in die Faktorentheorie beziehungsweise in die Ressourcentheorie anhand derer untersucht werden soll, inwiefern Wissen in diese Systeme einzuordnen ist. Anschließend werden verschiedene theoretische Konzepte, sowohl aktuelle als auch aus dem 19. Jahrhundert, zum Thema Wissensmanagement aufgezeigt und erläutert. Dazu ist anzumerken, dass hierbei auch die Entwicklung von zunächst makroökonomischen Konzepten hin zu einem mikroökonomischen Konzept dargestellt wird. Erst die Schaffung eines mikroökonomischen Modells ermöglicht die Anwendung auf ein konkretes Unternehmen, so wie es in der folgende Studie geschieht. Im nächsten Kapitel wird Unternehmenskultur als Grundlage

---

16 Siehe dazu Pierenkemper, Toni (2000): Unternehmensgeschichte. Eine Einführung in ihre Methoden und Ergebnisse; Berghoff, Hartmut (2004): Moderne Unternehmensgeschichte; Ambrosius, Gerold; Petzina, Dietmar; Plumpe, Werner (1996): Moderne Wirtschaftsgeschichte. Eine Einführung für Historiker und Ökonomen.

17 Siehe dazu Verg, Erik; Plumpe, Gottfried; Schultheis, Heinz (1988): Meilensteine. 125 Jahre Bayer 1863 - 1988.

der Betrachtung diskutiert. Dabei werden verschiedene Modelle in chronologischer Reihenfolge untersucht und der Zusammenhang zwischen dem Menschenbild und der Gestaltung von Wissen hergestellt. Im letzten Kapitel wird Globalisierung aus betriebswirtschaftlicher Sicht sowohl theoretisch, als auch in Bezug auf die zeitgeschichtliche Entwicklung der beiden Phasen beleuchtet, sowie deren Auswirkung auf die Fragestellung erläutert. Dabei spielen nur makroökonomische Theorien eine Rolle, denn die Globalisierung bildet die Rahmenbedingung für diese Untersuchung und ist nicht selbst Gegenstand. Anschließend wird der Zusammenhang zwischen Wissen und Globalisierung hergestellt. Aufbauend auf den theoretischen Untersuchungen wird ein Untersuchungsleitfaden für die empirische Studie entwickelt, der am Ende des theoretischen Teils erläutert wird.

Nach der Darlegung der theoretischen Grundlagen, die bereits eine theoretische Untersuchung des Themas liefern, führt der dritte Teil auf die empirische Untersuchung hin. Auf Basis der in der Einführung erläuterten Methodik, der unternehmensgeschichtlichen Dokumentenanalyse, werden die Ergebnisse der leitfadengestützen Längsschnittanalyse, getrennt nach den Untersuchungskriterien, dargelegt.

Im abschließenden Resümee werden dann die Ergebnisse der vergleichenden Analyse kritisch diskutiert und in Bezug auf Gemeinsamkeiten und Unterschiede zwischen den beiden Untersuchungszeiträumen analysiert. Zudem werden verschiedene Erfolgsfaktoren herausgearbeitet und eine weiterführende Diskussion angeregt.

4. METHODISCHE VORGEHENSWEISE DER UNTERSUCHUNG

Da der erste Untersuchungszeitraum über 100 Jahre zurück liegt, so dass keine Zeitzeugen mehr als Interviewpartner zur Verfügung stehen, kommen für diese Studie nur non-reaktive Untersuchungsverfahren in Frage. Als non-reaktive Verfahren werden Methoden bezeichnet, bei deren Durchführung kein Einfluss auf die untersuchten Personen, Ereignisse oder Prozesse ausgeübt wird.[18] Zudem lassen sich die beiden Zeiträume nur dann strukturiert vergleichen und analysieren, wenn die Daten mit derselben Methode erhoben werden. Für die folgende Untersuchung wird die Methode der Dokumentenanalyse, die den non-reaktiven Verfahren zuzuordnen ist, angewandt. Für die vorliegende Studie stellt die Dokumen-

18 Vgl. Kundi, Michael (2008): Qualitative Methoden.

tenanalyse die am besten geeignete Erhebungstechnik dar, begründet durch die Festlegung der beiden Untersuchungszeiträume sowie die Fragestellungen.

Methodisch stützt sich diese Dokumentenanalyse auf die qualitative Inhaltsanalyse nach Philipp Mayring. Diese basiert auf der quantitativen Inhaltsanalyse ergänzt um qualitativ-interpretative Auswertungsschritte.[19] Eine rein quantitative Untersuchung wäre hier nicht aussagekräftig. Die Nachteile einer rein quantitativen Inhaltsanalyse sind zum einem in der Messung bedingt, denn das pure Auszählen von Auftretungshäufigkeiten birgt Unschärfen und ist für die vorstehenden Forschungsfragen nicht aussagefähig genug. Zum anderen ist die Indikation ein Problem, denn die Textbestandteile stehen nie allein, sondern sie beinhalten auch latente Variablen. Ein weiterer Aspekt ist die Repräsentation; hier ist darauf zu achten, dass in den Textauszügen auch Homonyme enthalten sein können. Ein letzter Kritikpunkt an der rein quantitativen Analyse ist die Interpretation, denn die Ergebnisse der Analyse können nicht für sich stehen bleiben, sondern sie bedingen eine Interpretation. Um diese Nachteile zu umgehen, wurde die qualitative Inhaltsanalyse entwickelt, die die Zuordnung von Textstellen zu Kategorien als einen Interpretationsakt versteht, der durch inhaltsanalytische Regeln kontrolliert wird.[20] Zur Bildung dieser Kategorien stehen grundsätzlich zwei Möglichkeiten zur Verfügung, entweder deduktiv oder induktiv. Die folgende Graphik stellt die Inhaltsanalyse mittels deduktiver Kategorienbildung derjenigen mit induktiver Kategorienbildung gegenüber.

---

19 Vgl. Mayring, Philip (2000): Qualitative Inhaltsanalyse, S. 1.

20 Vgl. Mayring, Philip; Gläser-Zikuda, Michaela (2008): Neuere Entwicklungen in der qualitativen Forschung und der Qualitativen Inhaltsanalyse, S. 10.

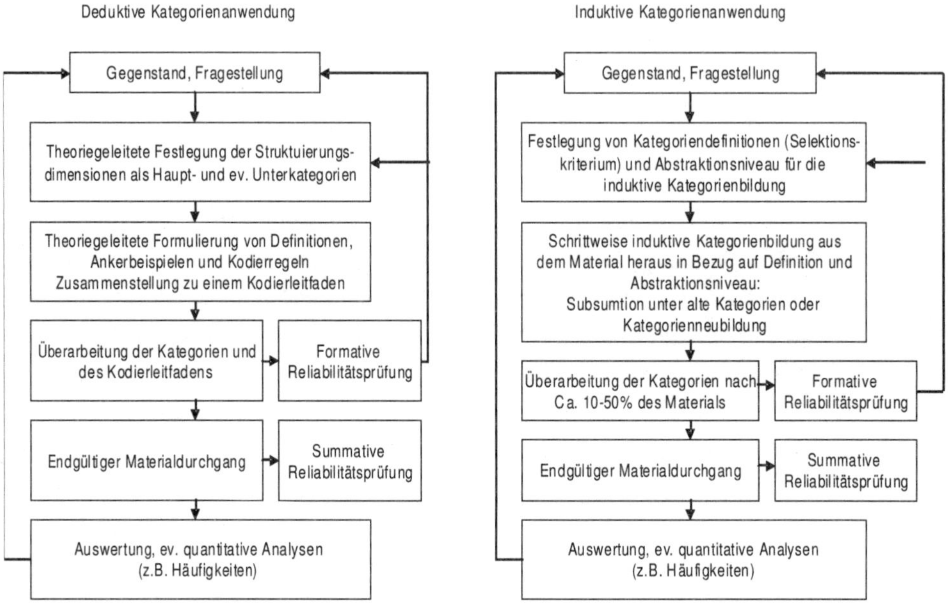

Abbildung 2: Gegenüberstellung Ablaufmodell deduktive versus induktive Kategorienbildung[21]

Der Grundgedanke des induktiven Modells ist, auf Basis der Fragestellung ein Kriterium festzulegen unter welchem Aspekt das Material gesichtet werden soll. Danach werden die Dokumente sorgfältig durchgesehen und daraus Kategorien gebildet, die Rückkopplungsschleifen durchlaufen und Reliabilitätsprüfungen unterzogen werden. Im Gegensatz dazu ist es das Ziel der deduktiven Kategorienverwendung, im Vorfeld festgelegte, auf theoretischen Grundlagen basierende Kategorien an das Material heran zutragen und die Textstellen zuzuordnen beziehungsweise zu kodieren. Hierzu ist eine genaue Definition, wann eine Textstelle einer Kategorie zugeordnet werden kann, unabdingbar. Zur Erleichterung der Analyse hat sich in diesem Zusammenhang die Erstellung eines so genannten Kodierleitfadens bewährt.[22] Die deduktive Vorgehensweise wird gewählt um aus den theoretischen Untersuchungen den Leitfaden zu entwickeln. Hingegen wird der induktive Weg gewählt, um aus dem untersuchten Material heraus den Inhalt unter bestimmten Kategorien zu subsumieren, beziehungsweise Unterkategorien zu bilden.

21 Vgl. Mayring, Philip (2000): Qualitative Inhaltsanalyse, S. 4f.

22 Vgl. ebd., S. 4f.

Diese Methode muss und kann dem jeweiligen Untersuchungsgegenstand flexibel angepasst werden, wobei die Kerngedanken in Bezug auf die Systematik und die Theoriegeleitetheit unbedingt beachtet werden müssen. Die in der vorliegenden Studie angewandte qualitative Inhaltsanalyse stellt zudem eine historiographische Methode dar, denn Ziel ist es, vergangene Ereignisse auf Basis von Quellen zu Entschlüsseln und zu analysieren. Dabei steht nicht die Chronologie der Fakten im Vordergrund, sondern die problemorientierte Untersuchung und Erklärung von Zusammenhängen.

Diese Studie ist als vergleichende unternehmensgeschichtliche Arbeit angelegt, in der die aktuelle Phase der Globalisierung der Weltwirtschaft im ausgehenden 19. Jahrhundert gegenübergestellt wird.

4.1. Methode der leitfadengestützten Dokumentenanalyse

Für die vorliegende Studie wurde das Modell der deduktiven Kategorienbildung gewählt. Der von Mayring als Kodierleitfaden bezeichnete Leitfaden wird im Folgenden als Kriterienkatalog beschrieben. Diese Art der Kategorienbildung wurde gewählt, da konkrete theoretische Modelle vorlagen, die bereits auf ihre theoretische Aussagekraft in Bezug auf die Fragestellung hin diskutiert wurden[23] und anschließend zur empirischen Überprüfung anhand des Untersuchungsgegenstandes herangezogen werden sollten.

Nach der Erarbeitung dieses Kriterienkatalogs und damit der Fertigstellung des Forschungskonzeptes, galt es, aussagekräftige Primär- und Sekundärquellen zu identifizieren. Diese Quellen entstammen vorwiegend dem Unternehmensarchiv der Bayer AG in Leverkusen.[24] Das Bayer Unternehmensarchiv ist das zentrale Informationszentrum für alle Fragen, die die Geschichte des Unternehmens seit der Gründung im Jahr 1863 betreffen. Hier werden für die Unternehmensgeschichte wichtige Unterlagen, wie Dokumente, Fotos, Filme, Werbemittel, Publikationen und andere wertvolle Zeugnisse gesichtet, ausgewertet und fachgerecht archiviert. Nach vorheriger Anmeldung ist dieses Archiv öffentlich zugänglich, denn der offene Umgang mit der Unternehmensgeschichte ist teil der Unternehmenskultur von Bayer. Insgesamt werden dort ca. 70.000 Ordner mit ca. 21. Mio. einzelnen Dokumenten aufbewahrt, hinzukommen noch zahlreiche Fotos, Filme, Bücher und andere Exponate. Die Vielfalt und der Umfang des Archivs bot eine

23 Zur theoretischen Untersuchung siehe Teil II.

24 Für detaillierte Hinweise zum Unternehmensarchiv der Bayer AG siehe Pogarell, Hans-Hermann (2007): Hundert Jahre historisches Archiv der Bayer AG, S. 121-130.

große Anzahl an Arbeitsmaterialien. Nachdem sämtliche Dokumente, die der Dokumentenanalyse unterzogen werden sollten, zur Verfügung standen und der Untersuchungsleitfaden vorlag, galt es diesen zu verifizieren. Dazu wurde der Kriterienkatalog auf den Geschäftsbericht, aus dem Jahr 2006, angewandt, um so zu prüfen inwieweit dort Hinweise zu den definierten Kriterien zu finden sind. Diese Voruntersuchung diente nicht dazu, erste Ergebnisse zu erlangen, sondern die Anwendbarkeit des Kriterienkatalogs zu überprüfen, zum Beispiel, ob die Geschäftsberichte überhaupt Aussagen in Bezug auf die gewählten Kriterien enthalten. Der Geschäftsbericht 2006 wurde als erstes Testexemplar gewählt, da dieser auf Grund der strengen internationalen Rechnungslegungsvorschriften am umfangreichsten war und daher ein sehr umfassendes Bild des Unternehmens widerspiegelte. Als zweites Testexemplar wurde der Geschäftsbericht von 1892 gewählt, da der erste Untersuchungszeitraum ab 1893 beginnt und die Aussagekraft dieser frühen Geschäftsberichte erst überprüft werden musste. Dieser Geschäftsbericht wurde ebenfalls in Bezug auf die genannten Kriterien gesichtet, um festzustellen, ob und inwieweit Informationen zu den definierten Kriterien gefunden werden können. Im Geschäftsbericht aus dem Jahr 2006 konnten zu jedem Kriterium Textstellen gefunden und Informationen gewonnen werden, jedoch in unterschiedlichem Ausmaße. Für den Geschäftsbericht von 1892 war dies nicht möglich, da der Umfang der Geschäftsberichte aus dieser Zeit deutlich geringer war. Die Geschäftsberichte zum Ende des 19. Jahrhunderts hatten nicht mehr als 10 Seiten und bestanden hauptsächliche aus einer Bilanz sowie einer Gewinn- und Verlustrechnung, ergänzt um ein paar aktuelle und wichtige, zum Beispiel politische Informationen. Daher war es zwingend notwendig für die Untersuchung der ersten Phase noch weitere Quellen aus dem Archiv der Bayer AG hinzuzuziehen. Dazu zählen beispielsweise verschiedene Denkschriften zum Thema Unternehmensorganisation oder Vertrieb. Dadurch war es möglich, für beide Untersuchungszeiträume eine ähnlich große und aussagefähige Datenmenge zu generieren. Diese Voruntersuchung diente außerdem der Gewinnung von Beispielexemplaren für jedes Kriterium. Diese Beispielexemplare ermöglichten es, die Quellen so objektiv wie möglich zu sichten und alle relevanten Textstellen zu identifizieren. Anschließend wurden sämtliche, den Betrachtungszeitraum betreffende, Geschäftsberichte sowie weitere Quellen aus dem Unternehmensarchiv detailliert gesichtet und auf Informationen bezüglich der definierten Kriterien hin untersucht.

4.2. Datenaufbereitung und Datenanalyse

Sämtliche relevante Textpassagen wurden in eine eigens zu diesem Zweck erstellte Datenbank übertragen und dort dem jeweiligen Kriterium zugeordnet beziehungsweise kodiert. In dieser Datenbank stehen die im Untersuchungsleitfaden beschriebenen Kriterien zur Klassifizierung der Textstellen zur Verfügung.

Dies hatte den Vorteil, dass die Textpassagen kategorisiert und sicher gespeichert werden konnten. Zudem bietet diese Access basierte Datenbank zahlreiche Abfrage- und Suchmöglichkeiten, die eine strukturierte Analyse unterstützen und erleichterten. Die folgende Abbildung gibt einen Einblick in die Darstellung der genutzten Datenbank.

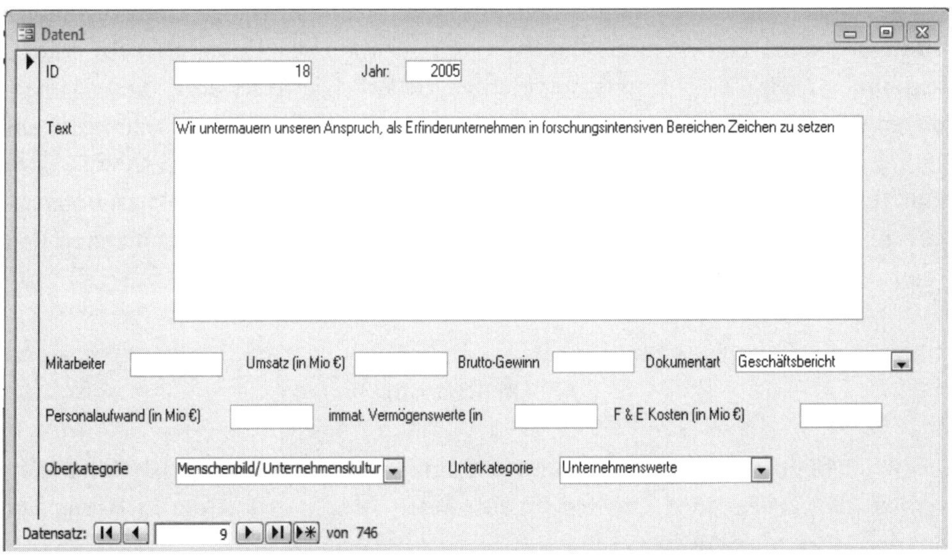

Abbildung 3: Auszug aus der Datenbank für die Dokumentenanalyse[25]

Dabei ist nicht die Quantität bestimmter Aussagen entscheidend, sondern die Qualität und der Bezug zur Fragestellung. Die Schwierigkeit bestand vor allem darin, die relevanten Textstellen eindeutig einem Kriterium zuzuordnen, da oftmals viele verschiedene Informationen in einem Satz kommuniziert wurden. Durch wiederholtes Sichten dieser kritischen Textstellen konnte eine eindeutige Zuordnung erreicht werden. Lediglich wenige Textstellen wurden aufgespalten und unter-

25 Eigene Darstellung

schiedlichen Kategorien zugewiesen. Dies war insbesondere dann der Fall wenn es sich um relativ lange Zitate mit einem hohen Informationsgehalt handelte.

Die Datenbank, in der die ca. 750 identifizierten Textstellen nach Kategorien getrennt gespeichert sind, ermöglicht eine strukturierte Abfrage, nach Jahr und Kriterium und unterstützt so eine detaillierte Analyse. Dadurch konnte für jeden der beiden Zeiträume eine strukturierte Zusammenfassung zu jedem einzelnen Kriterium ermittelt werden. Da sich die Aussagen und Hinweise zu einem Kriterium auch innerhalb eines Untersuchungszeitraums wiederholten, wurden die Textstellen dahingehend bereinigt, dass im Ergebnisteil keine Wiederholungen aufgeführt sind. Zudem wurden die Ergebnisse je Kriterium in Unterkategorien untergliedert. Diese Unterkategorien wurden induktiv während der Sichtung des Materials ermittelt.[26] Soweit es möglich war, das heißt wenn in beiden Untersuchungszeiträumen dazu Hinweise zu finden waren, wurden die Daten auch in beiden Zeiträumen nach diesen Unterkategorien gegliedert. Die Ergebnisse dieser Untersuchung und die Hinweise aus den Textstellen in Bezug auf die forschungsleitenden Fragen, sind im III. Teil dieser Arbeit zu finden. Dort werden zu jedem Kriterium zunächst die Ergebnisse getrennt nach den beiden zeitlichen Phasen dargestellt und im darauf folgenden Kapitel IV im Hinblick auf Gemeinsamkeiten und Unterschiede untersucht.

4.3. Quellenkritik

Da es sich bei der vorliegenden Studie um eine reine Dokumentenanalyse handelt, werden die vorliegenden Quellen im folgenden Abschnitt kritisch in Bezug auf ihre Aussagekraft analysiert.

4.3.1. Art der Dokumente

Für die aktuelle Untersuchungsphase werden schwerpunktmäßig Geschäftsberichte herangezogen, da diese auf Grund internationaler Rechnungslegungsvorschriften auch ausführliche Informationen zu den Themen Forschung, Weiterbildung, Mitarbeiter und so fort enthalten. Da das Pressearchiv der Bayer AG nicht öffentlich zugängig ist, wurden die Aussagen der Geschäftsberichte durch Beispiele aus der recherchierbaren Presse gestützt. Die Geschäftsberichte aus der ersten Phase

[26] Anmerkung: Vergleiche hierzu Abbildung 2.

existieren zwar vollständig, reichen aber zur Beantwortung der gestellten Fragen nicht aus. Daher wurden verschiedene Chroniken hinzugezogen, wobei die Unternehmenschronik aus dem Jahr 1918 wohl die bedeutendste ist. Grund dafür ist, dass diese Chronik während des ersten Untersuchungsraums entstanden ist. Des Weiteren wurde die Chronik zum 125-jährigen Bestehen untersucht, ebenso wie ein Bericht über die Entwicklung der Farbenfabriken aus dem Jahr 1911. Auch wenn die Chronik zur 125 Jahr Feier in keinem direkten zeitlichen Zusammenhang mit dem ersten, sondern nur mit dem zweiten Untersuchungszeitraum steht, so enthält sie doch eine komplette Aufarbeitung der Dokumente aus dem Unternehmensarchiv und gibt daher interessante Einblicke.

Um das Bild weiter zu vervollständigen wurden zahlreiche weitere Materialien aus dem Unternehmensarchiv der Bayer AG in Leverkusen analysiert. Dazu zählen unter anderem Protokolle, Geschäftsbriefe und Denkschriften, die im Original einzusehen sind. Materialien die sich rein auf die Forschungsaktivitäten, zum Beispiel auf Erkenntnisse der chemischen Experimente, beziehen wurden nicht näher gesichtet, da deren Aussagegehalt für die forschungsleitenden Fragen nur äußerst gering ist.

4.3.2. Innere beziehungsweise inhaltliche Merkmale der Dokumente

Die Aussagekraft der Dokumente und Quellen ist sehr unterschiedlich. Die Geschäftsberichte der aktuellen Periode enthalten sehr viele Informationen in Bezug auf die zu untersuchenden Kriterien, da wie oben bereits erwähnt, diese Geschäftsberichte einen umfassenden Bericht des Unternehmens abgeben. Allein schon die umfassenden rechtlichen Vorschriften zwingen Bayer heute zu einem solch umfassenden Geschäftsbericht, wohingegen diese Anforderungen im ausgehenden 19. Jahrhundert noch nicht bestanden. Die Aussagekraft der Geschäftsberichte aus der früheren Periode ist daher äußerst gering und beschränkt sich vor allem auf Umsatzzahlen und einzelne Hinweise zu internationalen Geschäftstätigkeiten.

Demgegenüber stehen aber zahlreiche Quellen aus dem Unternehmensarchiv, deren Aussagekraft wesentlich höher ist. Dazu zählen die sehr ausführlichen Denkschriften zu verschiedenen Themen, beispielsweise der Neuorganisation des wissenschaftlichen Forschungslabors. Zudem wurden weitere Dokumente verfasst, die sich mit den Themen Organisation, Forschung, Innovation und Mitarbeiter beschäftigen.

4.3.3. Intendiertheit der Dokumente

Zumindest die Geschäftsberichte und die Chroniken wurden im Hinblick auf eine bestimmte Zielgruppe erstellt. Die Stakeholder eines Unternehmens haben einen gewissen Informationsbedarf, den es mittels der Geschäftsberichte zu decken gilt. Zukunftsorientierte Aussagen sind distanziert zu betrachten, denn letztendlich sollen diese Berichte die Investoren positiv stimmen. Ebenso wurden die Chroniken im Hinblick auf bestimmte Zielgruppe erstellt, die erste Chronik „50 Jahre Bayer" wurde ursprünglich als Geschenk für die Direktion verfasst. Daraus ist jedoch nicht zu schließen, dass die enthaltenen Schilderungen sowohl wahrheitsgetreu und unvoreingenommen niedergeschrieben wurden, denn jede Aussage ist letztlich intendiert. Wohingegen die Chronik zum 125-jährigen Bestehen von Bayer für eine wesentlich breitere Öffentlichkeit verfasst wurde, jedoch war es auch hier das Interesse von Bayer, das Unternehmen erfolgreich zu präsentieren. Jedoch ist die Quellenbeschaffung für die Globalisierung von 1985-2005 deutliche schwieriger, denn es stehen nur die Quellen zur Verfügung, die von Bayer publiziert wurden. Alle anderen Unterlagen aus der regulären Geschäftstätigkeit unterliegen einer 30-Jährigen Sperre und sind nur für den ersten Untersuchungszeitraum verfügbar. Letzte Aufzeichnungen und Quellen entstammen der regulären Unternehmenstätigkeit und entstanden somit ohne konkrete Absichten in Bezug auf die Öffentlichkeit, sondern nur in Bezug auf das Thema. Um der Intendiertheit insbesondere der Dokumente für den ersten Untersuchungszeitraum Rechnung zu tragen, wurde zudem in weiteren Archiven recherchiert, in denen Material zur Unternehmensgeschichte von Bayer liegt. Wobei an dieser Stelle anzumerken ist, dass die meisten Dokumente in den Archiven nur diejenigen Informationen wiedergeben, die von Bayer in irgendeiner Form selbst publiziert wurden. Die folgende Tabelle gibt eine Übersicht über die recherchierten Archive und dort gefundenen Bestände für den Zeitraum bis 1913.

Archiv	**Findmittel**
Deutsche Zentralbibliothek für Wirtschaftswissenschaften, Bestand des Hamburgischen Kolonialinstituts, Hamburg	Artikel über Farbenfabriken Bayer, 30.04.1910 Artikel über Farbenfabriken Bayer, 27.04.1912
Deutsche Zentralbibliothek für Wirtschaftswissenschaften, Bestand des Hamburgischen Welt-Wirtschafts-Archiv, Hamburg	Presseartikel über Carl Duisberg vorhanden, jedoch erst für einem späteren Zeitraum
Deutsche Presse-Agentur GmbH, Hamburg	Keine Presseartikel für diesen Zeitraum
Pressearchiv der New York Times, New York	Einzelne wenige Artikel insbesondere zu Carl

	Duisbergs Besuchen in den USA
Verband der chemischen Industrie e.V., Frankfurt	Keine Materialien für diesen Zweck verfügbar
Museum der Göttinger Chemie, Göttingen	Keine Materialien die über die Bestände des Bayer Archivs hinaus gehen
KulturStadtLev –Stadtarchiv, Leverkusen	Johann Baptist Meyer: Chronik der Bürgermeisterei Küppersteg, Landkreis Solingen, 1901 Jakob Andre: Beiträge zur Geschichte der Gemeinde Wiesdorf und Bürrig, 1912
Bundesarchiv, Berlin	Akte 12616 des Bestandes R 8127 Berliner Handelsgesellschaft, Satzungen, Zeitungsausschnitte 1890-1927
Stiftung Rheinisch-Westfälisches Wirtschaftsarchiv zu Köln	Keine relevanten Materialien

Abbildung 4: Übersicht über die recherchierten Archive

Da diese Archive die gleichen Quellen und Materialien wie das Unternehmensarchiv der Bayer AG aufweisen, ist davon auszugehen, dass für die verwendeten Dokumente aus dem Unternehmensarchiv Reliabilität und Objektivität in Bezug auf die Verfügbarkeit und Art der Materialien gegeben sind.

4.3.4. Nähe des Dokuments zum Gegenstand

Da es sich bei einem Großteil der Materialien um Primärquellen handelt, ist deren räumliche und zeitliche Nähe zum Untersuchungsgegenstand gegeben. An dieser Stelle ist jedoch anzumerken, dass die Quellen keinen Anspruch auf Vollständigkeit erheben. Darüber hinaus konnten zahlreiche Beispiele aus verschiedenen Tageszeitungen gewonnen werden. Für die zweite Untersuchungsphase stehen diese Artikel in zeitlicher Nähe. Für den ersten Zeitraum wurden die Beispiele vorwiegend aus den Primärquellen gewonnen und erfüllen daher ebenfalls die Anforderungen an die Nähe zum Gegenstand. Die verwendete Sekundärliteratur deckt vornehmlich den theoretischen Teil der Untersuchung ab und weniger den empirischen.

4.3.5. Fazit

Die Quellenkritik zeigte, dass für beide Untersuchungszeiträume die Quellenlage sehr gut ist und Primärquellen zur Verfügung stehen. Jedoch sind die Aussagen aus den Originalquellen teilweise intendiert, dies ist in der Analyse der Untersuchungsergebnisse zu berücksichtigen. Das heißt, diese Aussagen sind, soweit möglich, durch weitere Quellen zu stützen oder zu widerlegen.

In der folgenden Studie wird nun ein Vergleich des unternehmenspolitischen Aspekts Wissen in der Weltwirtschaft vor 1913 und der Globalisierung 1985-2005 am Beispiel der Bayer AG vorgenommen.

II. THEORETISCHE GRUNDLAGEN

In diesem Teil werden die theoretischen Grundlagen erläutert, auf deren Basis die empirische Untersuchung konzipiert wurde. Im Anschluss an den theoretischen Teil werden die Ergebnisse der Studie diskutiert. Das erste Kapitel des theoretischen Teils beschäftigt sich mit Wissen, wobei zunächst eine grundsätzliche Einordnung von Wissen erfolgt und anschließend verschiedene Ansätze zur Gestaltung von Wissen vorgestellt werden. Das zweite Kapitel beschäftigt sich mit verschiedenen Menschenbildern, die ein Unternehmen in seiner Unternehmenskultur verankert haben kann und inwiefern diese Menschenbilder den Umgang mit Wissen innerhalb eines Unternehmens beeinflussen. Dies ist von Interesse, da Wissen unmittelbar an die Mitarbeiter gebunden ist und das Menschenbild sich auf den Umgang mit den Mitarbeitern auswirkt. Im Zentrum des dritten Kapitels steht das Thema Globalisierung, dabei geht es einerseits um die theoretischen Modelle und andererseits um die historische Entwicklung der Globalisierung. Anschließend daran wird ein Zusammenhang zwischen Globalisierung und Wissen hergestellt. Der theoretische Teil schließt damit ab, dass der Kriterienkatalog für die folgenden leitfadengestütze Dokumentenanalyse vorgestellt wird.

1. WISSEN – BETRACHTET AUS EINER ÖKONOMISCHEN PERSPEKTIVE

Die folgenden Abschnitte erläutern, was unter Wissen zu verstehen ist und wie Wissen in Faktor- und Ressourcenkategorien einzuordnen ist. Wissen wird dabei jedoch nur aus einer ökonomischen Perspektive betrachtet, da diese Perspektive für die folgende Studie maßgeblich ist. Ziel ist es, die Bedeutung von Wissen, insbesondere Forschungswissen, vor dem Hintergrund der Globalisierung zu untersuchen. Um diese Frage zu klären, ist eine ökonomische Betrachtung von Wissen erforderlich. So bleiben beispielsweise die pädagogische oder die informationstechnische Perspektive in der folgenden Untersuchung unbetrachtet. Daher liefern die folgenden Passagen eine grundlegende Definition von Wissen, beziehungsweise eine Erläuterung der Auffassung von Wissen, die dieser Untersuchung zu Grunde liegt.

1.1. Wissen – Versuch einer Einordnung

1.1.1. Definition Wissen

Um zu untersuchen, inwiefern Wissen als Produktionsfaktor gesehen werden kann, ist es notwendig, den Begriff zunächst zu erläutern. Die verwandten Begriffe Wissen, Information und Daten werden in der Literatur unterschiedlich definiert und uneinheitlich verwendet. Daher ist es zwingend notwendig den Begriff Wissen zu definieren und den Zusammenhang zwischen Information und Wissen herzustellen. Zwar gibt es sogar Autoren, die der Meinung sind, dass die Begriffe Wissen und Information synonym verwendet werden können, wie beispielsweise Shigehisa Tsuchiya behauptet.[27] Dieser Auffassung kann aber in der nachstehenden Untersuchung nicht gefolgt werden, denn erst durch die Nutzbarmachung von Informationen entsteht Wissen. Ein anschauliches Beispiel für die Unterscheidung zwischen Daten, Information und Wissen liefern Aamodt und Nygard, die den Übergang von Daten zu Information als einen fortlaufenden Prozess beschreiben.

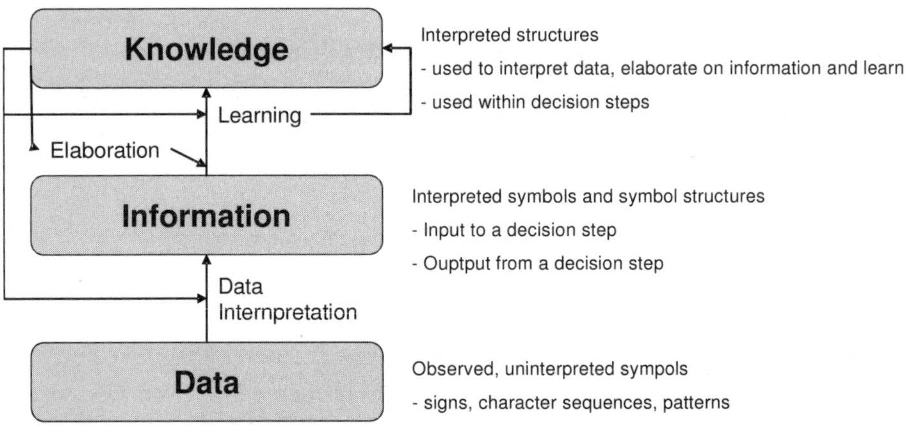

Abbildung 5: Zusammenhang zwischen Daten, Informationen und Wissen[28]

Informationen sind demnach Daten, also interpretierte Zeichen und Symbole. Werden diese Informationen nun genutzt um weitere Daten zu interpretieren oder um Entscheidungen zu treffen, handelt es sich um Wissen. Ersteres wird in Abbil-

[27] Vgl. Tsuchiya, Shigehisa (1999): Creating learning organization. In Schreinemakers, Jos; Barthès Jean-Paul (Hg) (1999): Knowledge management: enterprise, network and learning, S. 101-107.

[28] Vgl. Aamodt, Agnar; Nygard, Mads (1995): Different roles and mutual dependencies of data, information, and knowledge - an AI perspective on their integration, S. 191f.

dung 5 durch den Pfeil zu Elaboration symbolisiert. Die Neukombination von Wissensinhalten oder die Integration von neu erworbenem Wissen in bestehendes Wissen wird als Lernen bezeichnet.

Auf den Zusammenhang zwischen Wissen und Lernen wird jedoch an dieser Stelle nicht weiter eingegangen, da er für die vorliegende Studie keine Rolle spielt.

1.1.2. Wissen – ein Produktionsfaktor?

Um entscheiden zu können, ob Wissen als Produktionsfaktor gesehen werden kann, ist es zunächst notwendig die klassische Theorie der Faktoren vorzustellen. Danach können diese Kriterien auf Wissen angewendet werden.

Produktionsfaktoren sind Güter, die für den Produktionsprozess benötigt werden oder diesen beeinflussen und somit auch feststellbar und von Interesse sind. Allgemein gelten drei Kriterien für die Produktionsfaktoren in der Betriebswirtschaftslehre:

1. Die Wirtschaftsguteigenschaft, charakterisiert durch Nutzenstiftung, relative Knappheit und daraus resultierend der ökonomischen Wert.
2. Der Einsatz des entsprechenden Gutes stellt die bewirkende Ursache für das Hervorbringen beziehungsweise Entstehen eines neuen Gutes dar.
3. Der mit dem Einsatz in einem bestimmten Produktionsprozess verbundene Güterverzehr.[29]

Die klassische Volkswirtschaftslehre nach Adam Smith aber auch David Ricardo unterscheidet drei verschiedene Produktionsfaktoren: Arbeit, Kapital und Boden.[30] Unter dem Begriff Boden wurde ursprünglich der Ackerboden verstanden, jedoch wurde dieser Produktionsfaktor im Zuge der Verwertung von Bodenschätzen um diese Rohstoffe und Ressourcen erweitert. Bis zum Ende des 19. Jahrhunderts war etwa 40 Prozent der deutschen Bevölkerung in der Agrarindustrie beschäftigt.[31] In

---

[29] Vgl. Maleri, Rudolf (2004): Zur Relevanz der Dienstleistungsbesonderheiten für das internationale Dienstleistungsmanagement, S. 45.

[30] Vgl. Ricardo, David (1837): David Ricardo's Grundsätze der Volkswirthschaft und Besteuerung; Baumstark, Eduard (1838): Volkswirthschaftliche Erläuterungen vorzüglich über David Ricardo's System.

[31] Vgl. Hoffmann, Walther (1965): Das Wachstum der deutschen Wirtschaft seit der Mitte des 19. Jahrhundert, S. 35; Zur Aufteilung der Sektoren siehe unter anderem auch Fourastié, Jean;

dieser Zeit spielte der Produktionsfaktor Boden eine entscheidende Rolle, denn letztendlich basiert die Agrarindustrie nur auf Produkten, die mit Hilfe des Produktionsfaktors Bodens erzeugt werden können. Ebenso entscheidend zu dieser Zeit war der Faktor Arbeit, der uneingeschränkt an den einzelnen Mitarbeiter gekoppelt war. Zwar nimmt die Produktion aller Agrargüter ihren Ausgang bei natürlichen Stoffen, doch letztendlich liefert die Natur meist nur Rohstoffe oder Energiequellen, die der Mensch erst gewinnen oder erschließen muss. Um diese Rohstoffe oder Energiequellen effektiv nutzen zu können, muss der Mensch Arbeit aufwenden. In Anbetracht dessen, dass im 19. Jahrhundert, vor der industriellen Revolution, noch sehr wenige Maschinen im Einsatz waren, ist davon auszugehen, dass der Faktor Arbeit zumeist Handarbeit bedeutete.

Sofern Kapital als Produktionsfaktor betrachtete wird, stellt es ein Produktionsergebnis aus vergangenen Perioden dar, das für die Produktion in der aktuellen Periode zur Verfügung steht. Zudem lassen sich zwei Arten von Kapital unterscheiden, Sachkapital und Geldkapital. Unter ersterem lassen sich alle Gegenstände und Anlagegüter subsumieren in denen reales Kapital gebunden ist, zum Beispiel Maschinen oder Werkzeuge. Im Gegensatz dazu stellt das Geldkapital ein Tauschmittel dar, das entweder durch Investitionen in Sachkapital umgewandelt werden oder für Konsum ausgegeben werden kann. Allgemein gilt, dass gemäß dem Ertragsgesetz alle drei Produktionsfaktoren regelmäßig begrenzt substituierbar sind. Das heißt, die Bildung von Kapital kann zum Beispiel die Produktivität der Arbeit erhöhen oder die Erhöhung der Arbeitsleistung kann die Investition in Maschinen verringern.[32]

Nach den oben genannten Kriterien kann Wissen ebenfalls als Produktionsfaktor betrachtet werden. Die Faktorentheorie stellt einen ersten Versuch dar, die ökonomische Bedeutung von Wissen zu beschreiben, beziehungsweise zu erfassen.

1.1.3. Wissen – eine Ressource?

Eine ideengeschichtliche Weiterentwicklung stellt die Ressourcentheorie dar, die eine breitere Bedeutung von Wissen erfasst. Diese Theorie beschäftigt sich insbe-

---

Lutz, Burkart (1954): Die große Hoffnung des 20. Jahrhunderts; Staroske, Uwe (1995): Die Drei-Sektoren-Hypothese: Darstellung und kritische Würdigung aus heutiger Sicht.

32 Vgl. Gutenberg, Erich (1951/ 1983): Grundlagen der Betriebswirtschaftslehre, Band 1: Die Produktion, S. 301f.

sondere damit, inwiefern ein Unternehmen durch bestimmte Ressourcen Wettbewerbsvorteile erlangen kann.

Ressourcen sind alle materiellen Güter, Fähigkeiten, Organisationsprozesse, firmenspezifische Eigenschaften, Informationen und letztlich Wissen, die den Besitzstand eines Unternehmens bilden und von diesem bei der Ausarbeitung und Implementierung strategischer Entscheidungen zur Steigerung seiner Effizienz und Effektivität eingesetzt werden können[33]. Also nichts anderes als die Stärken oder besonderen Kompetenzen des Unternehmens. Diese können in verschiedene Arten untergliedert werden:

- physische Ressourcen, beispielsweise Technologien, Rohstoffe, Kapital
- organisatorische Ressourcen, wie zum Beispiel Koordinationssysteme, Informationsfluss, Controlling
- Humankapitalressourcen, zum Beispiel Mitarbeiter sowie deren Wissen, Erfahrung, Ideen

Wobei auch die Unterteilung in finanzielle, physische und intangible Ressourcen in der Literatur häufig zu finden ist.[34]

Der ressourcentheoretische Ansatz als alternative Erklärungsmöglichkeit von anhaltenden strategischen Wettbewerbsvorteilen, deren Relevanz für Strategieentscheidungen und den Erfolg von Unternehmen von Bedeutung ist, geht von den folgenden grundlegenden Annahmen aus.

1. Der ressourcentheoretische Ansatz setzt voraus, dass die Unternehmen innerhalb einer Branche heterogen sind in Bezug auf ihre Strategien.
2. Die Ressourcen sind nicht vollkommen mobil zwischen den Unternehmen.
3. Darüber hinaus wird noch angenommen, dass diese Heterogenität sehr lange anhalten kann.

Natürlich sind nicht alle diese Ressourcen von strategischer Relevanz und dazu geeignet strategische Wettbewerbsvorteile zu bilden. Der Ressource Based View basiert auf dem Kernkompetenzansatz von Prahalad und Hamel, wodurch verschiedene wettbewerbsrelevante Ressourcen eines Unternehmens auf bestimmte Kompetenzen des Unternehmens beschränkt werden.[35] Der ressourcentheoretische

---

[33] Vgl. Barney, Jay (1991): Firm Resources and Sustained Competitive Advantage, S. 99f.

[34] Vgl. ebd., S. 101.

[35] Vgl. Prahalad, Coimbatore Krishnarao; Hamel, Gary (1990): The Core Competence of the Corporation. Harvard Business Review, 68(3), S. 79-87.

Ansatz beschäftigt sich nun damit, unter welchen Bedingungen solche Ressourcen in anhaltende, strategische Wettbewerbsvorteile umgewandelt werden können.
Die Eignung zur Umwandlung in Wettbewerbsvorteile basiert auf vier Eigenschaften:

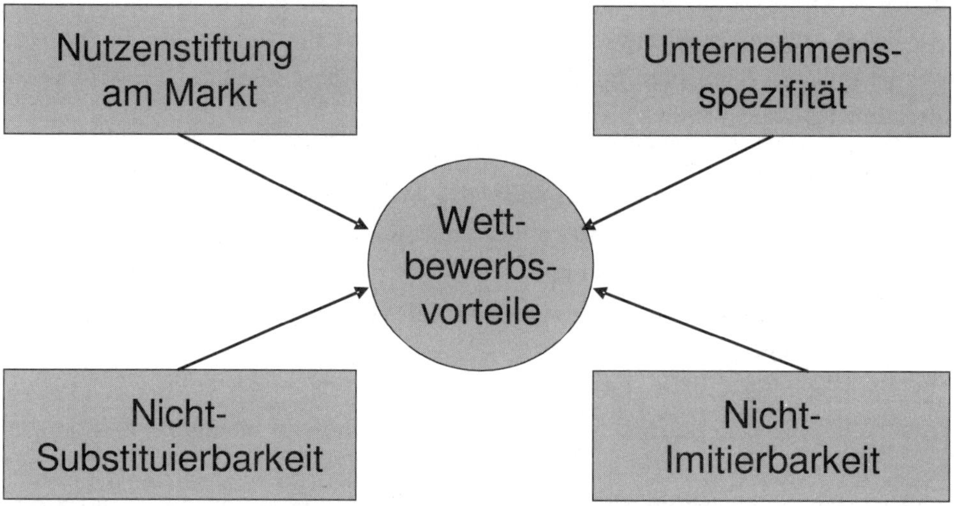

Abbildung 6: Bedingungen des ressourcenorientierten Ansatzes[36]

Zunächst muss es sich um eine Ressource handeln, die zur Wertschöpfung des Unternehmens beiträgt. Das Unternehmen sollte durch diese Ressource befähigt werden, in seinem Umfeld Chancen zu nutzen und Risiken zu minimieren. Des Weiteren sollte sie unter der derzeitigen und potentiellen Konkurrenz selten bis gar nicht zu finden sein, denn sonst ist sie nicht geeignet einen Wettbewerbsvorteil darzustellen. Damit die Ressource für das jeweilige Unternehmen einen Wettbewerbsvorteil generiert, muss sie höchst immobil sein. Darüber hinaus sollte sie möglichst nicht oder nur sehr schwer imitierbar sein, dazu gibt es drei Imitationsbarrieren die erfüllt sein müssen:

- Einzigartige Unternehmensgeschichte
- Soziale Komplexität der Ressourcen
- Kausale Ambiguität von Vorteilen aus dem Ressourceneigentum

[36] Vgl. Barney, Jay (1991): Firm Resources and Sustained Competitive Advantage, S. 105f.

Schließlich sollte die Ressource möglichst nicht durch Alternativen substituierbar sein.[37]

Werden nun die oben beschriebenen Kriterien auf Wissen angewendet, so lässt sich Folgendes feststellen: Der Faktor Wissen ist eine für das Unternehmen wertvolle Ressource wodurch sich am Markt Nutzen stiften lässt. Jedoch ist Wissen nicht grundsätzlich unternehmensspezifisch und dadurch teilweise imitierbar oder substituierbar. So verfügen doch die meisten Mitarbeiter nicht nur über unternehmensspezifisches Wissen, das Sie beispielsweise in privaten Lehrgängen erworben haben, sondern auch über so genanntes Allgemeinwissen. Zudem ist die Ressource teilweise durch andere Mitarbeiter substituierbar und imitierbar. Dennoch stellt Wissen, insbesondere das Forschungswissen, eindeutig eine Ressource dar, die sich sehr gut für die Umwandlung in Wettbewerbsvorteile eignet. Denn in Bezug auf Forschungswissen sind all die oben genannten Kriterien erfüllt. Zwar stellt der Faktoransatz bereits einen ersten Versuch der Erfassung von Wissen dar, jedoch bietet der Ressourcenansatz die Möglichkeit, einen viel umfassenderen Blick auf Wissen zu werfen und Wissen in einem breiteren Kontext zu betrachten. Daher wird Wissen im Folgenden als Ressource bezeichnet und betrachtet.

Der Knowledge-Based-View stellt eine Weiterentwicklung des Ressource-Based-Views dar und beschäftigt sich explizit mit Wissen aus ressourcentheoretischer Sicht. Um der entscheidenden Bedeutung der Ressource Wissen gerecht zu werden, beschäftigt sich dieser Ansatz im Speziellen mit Wissen als Ressource. Allein die Tatsache, dass diese Ressource ein eigenes Management, das Wissensmanagement erfordert, bringt zum Ausdruck, dass es sich hierbei um eine Ressource von zentraler Bedeutung handelt. Aus Sicht des Knowledge-Based-Views bildet Wissensmanagement den wesentlichen Treiber aller anderen Kompetenzen und damit die wichtigste Variable zur Erklärung der ökonomischen Rente[38]. Zielsetzung des Wissensmanagements ist die aus Unternehmenssicht optimale Nutzung der Ressource Wissen. Sowohl nach den oben genannten Kriterien für Produktionsfaktoren als auch nach einem prozessorientierten Verständnis, auf dem der Knowledge-Based-View basiert, ist Wissen eine Ressource im Sinne klassischer Produktionsfaktoren.[39] Im Gegensatz zum Ressource-Based-View, der sämt-

---

37 Vgl. ebd., S. 108f.

38 Vgl. Zaugg, Robert (Hg) (2006): Handbuch Kompetenzmanagement. Durch Kompetenz nachhaltig Werte schaffen, S. 52.

39 Vgl. Probst, Gilbert; Raub, Steffen; Romhardt, Kai (1999): Wissen managen. Wie Unternehmen Ihre wertvollste Ressource optimal nutzen, S. 15; Schüppel, Jürgen (1996): Wissensmanagement organisatorisches Lernen im Spannungsfeld von Wissens- und Lernbarrieren, S. 184; Bach, Volker (2000): Business-Knowledge-Management in der Praxis prozessorientierte

liche Ressourcen betrachtet, die Wettbewerbsvorteile erzielen können, konzentriert sich der Knowledge-Based-View allein auf die Ressource Wissen und den effektiven Umgang mit ihr:

- Wissen ist unmittelbare Produktivkraft beziehungsweise ein betriebswirtschaftlicher Produktionsfaktor, dessen Pflege und Entwicklung einen großen Teil der Kostenpositionen des Unternehmens ausmacht
- Die Realisierung von Wissenspotenzialen ermöglicht neue Formen von Produkten und Produktionsprozessen
- Durch Nutzung von schwer imitierbarem Wissen kann ein Unternehmen langfristige Wettbewerbsvorteile erlangen
- Mitarbeiter müssen im Umgang mit dem Produktionsfaktor Wissen, insbesondere dessen Speicherung, Pflege und Entwicklung, geschult werden[40]

Wissen stellt demnach eine Ressource dar, deren Beteiligung am Produktionsprozess effektiv gemanagt werden muss.

1.1.4. Zusammenfassung Produktionsfaktor und Ressource

Wie aber lässt sich auf dieser Basis Wissen definieren? Ein Blick auf die drei charakteristischen Merkmale eines Produktionsfaktors zeigt, dass sich Wissen zunächst in das System der Produktionsfaktoren einordnen lässt, als vierter Faktor neben Arbeit, Boden und Kapital. Grund dafür ist zum einen die Wirtschaftsguteigenschaft, die charakterisiert ist durch Nutzenstiftung, relative Knappheit und daraus resultierend einen ökonomischen Wert. Zum anderen stellt der Einsatz des entsprechenden Gutes die bewirkende Ursache für das Hervorbringen beziehungsweise Entstehen eines neuen Gutes dar. Der dritte Grund ist der Güterverzehr, der mit dem Einsatz in einem bestimmten Produktionsprozess verbunden ist. Wissen kann also als vierter Produktionsfaktor bezeichnet werden.

Jedoch wird dieser Ansatz der umfangreichen Bedeutung und der Komplexität von Wissen nicht vollständig gerecht. So wurden, um die Ganzheitlichkeit von Wissen zu erfassen, die ressourcentheoretischen Ansätze entwickelt. Diese zeigen, dass Wissen eine bedeutende Ressource darstellt, die für ein Unternehmen einen

Lösungen zwischen Knowledge-Portal und Kompetenzmanagement, S. 68f.

40 Vgl. Schüppel, Jürgen (1996): Wissensmanagement organisatorisches Lernen im Spannungsfeld von Wissens- und Lernbarrieren, S. 184.

entscheidenden Wettbewerbsvorteil bildet und direkt oder indirekt in den Produktionsprozess einfließt. Das ist auch das Ergebnis des Knowledge-Based-Views wonach Wissen eine unmittelbare Produktivkraft darstellen kann. Die Auffassung von Wissen in der vorliegenden Studie entspricht den Aussagen des Knowledge-Based-Views, da sowohl davon ausgegangen wird, dass Wissen Innovationen ermöglicht und fördert als auch, dass Wissen das langfristige Fortbestehen eines Unternehmens sichert. Wenn in diesem Zusammenhang von Wissen die Rede ist, dann ist davon auszugehen, dass es sich vornehmlich um Forschungswissen und nicht um Allgemeinwissen handelt, denn das Forschungswissen ist es, das als Produktivkraft in den Produktionsprozess einfließt.

1.2. Gestaltung der Ressource Wissen – Wissensmanagement

Wie zuvor erläutert stellt Wissen eine Ressource dar, deren Pflege und Entwicklung eine zentrale Rolle im Unternehmen spielt. Denn nur dadurch kann gewährleistet werden, dass Wissenspotentiale realisiert werden und das Unternehmen einen Wettbewerbsvorteil erlangt. Mit der Gestaltung der Ressource Wissen beschäftigen sich die Theorien des Wissensmanagements. Im Folgenden wird Wissensmanagement zunächst allgemein definiert, anschließend werden verschiedene Ansätze dazu vorgestellt. Diese Modelle stellen die theoretische Grundlage der vorliegenden Studie dar und fließen maßgeblich in das Erhebungsinstrument ein.

1.2.1. Definition und Zielsetzung von Wissensmanagement

Grundsätzlich lassen sich die Ansätze des Wissensmanagements in drei Kategorien unterteilen, die humanorientierten, die technikorientierten und die ganzheitlichen Konzepte.[41] Während sich die technikorientierten Ansätze hauptsächlich mit der Implementierung von Informationstechnologien beschäftigen, die das Ziel haben, Wissen innerhalb eines Unternehmens effektiv zu verteilen und zu speichern, konzentrieren sich die humanorientierten Ansätze auf den Menschen als Wissensträger. Diese Ansätze stellen den Menschen in den Mittelpunkt der Betrachtung.[42]

---

[41] Vgl. Schmiedel-Blumenthal, Philipp (2001): Entwicklung eines ganzheitlichen Wissensmanagements zur erfolgreichen Umsetzung von industriellen Innovationen.

[42] Vgl. zum Beispiel Pucik, Vladimir (1988): Strategic Alliances, Organizational Learning and Competitive Advantage: The HRM Agenda, S. 78f.; Wenger, Etienne (1997): Communities of Practice: Learning, Meaning, and Identity.

Der Mensch als Humanfaktor einer Unternehmung besitzt Wissensdefizite, welche die optimale Realisierung eines Wertschöpfungspotenzials behindern. Inhalt der humanorientierten Ansätze ist es daher vornehmlich, Wissenspotentiale der Mitarbeiter zu stärken und Humankapital aufzubauen, wobei die Informationstechnologie in diesem Zusammenhang nur eine untergeordnete Rolle spielt. Zielsetzung des Wissensmanagement ist demnach die Sicherstellung einer optimalen Versorgung des Mitarbeiters mit Wissen, wodurch Wissensmanagement dem Bereich des Personalmanagements zugeordnet werden kann.

Die Dichotomie dieser beiden Ansätze, in die technische und die menschliche Komponente, überbrücken die Konzepte des ganzheitlichen Wissensmanagements.[43] Ihre Zielsetzung ist die effektive Unterstützung von Wissensträgern durch geeignete Wissensmedien und Wissensflussprozesse. Diese Modelle verdeutlichen, dass weder das kognitive Verhalten des Menschen für sich, noch die technischen Voraussetzungen allein die Basis für einen effektiven Aufbau und eine effektive Verteilung von Wissen darstellen.[44] Vielmehr ist es die Interaktion dieser beiden Determinanten, jedoch kann diese konzeptionelle Integration des prozessorientierten und des humanorientierten Ansatzes noch nicht als abgeschlossen betrachtet werden.[45] Aufbauend auf dem zuvor erläuterten Verständnis der Ressource Wissen, die stark personengebunden ist, werden im nachstehenden Abschnitt nur humanorientierte Ansätze des Wissensmanagements beleuchtet. Diese Konzepte bilden die Grundlage für die nachfolgende Untersuchung. Die Problemstellung dieser Studie sowie die gewählten Methoden, insbesondere die leitfadengestützte Dokumentenanalyse, für das 19. und 20. Jahrhundert erfordern eine Konzentration auf die humanorientierten Ansätze. Bei einer Untersuchung des 20. Jahrhunderts allein wären sicherlich alle drei Ansätze relevant.

Voraussetzung für Wissensmanagement ist, dass Wissen eine transferierbare und damit auch artikulierbare Ressource ist.[46] Die folgenden Definitionen schließen daher nicht artikulierbares Wissen aus, jedoch lässt sich Wissen noch in wei-

---

43 Siehe dazu unter anderem Nonaka, Ikujirō; Ichijō, Kazuo; Krogh, Georg (2000): Enabling knowledge creation: how to unlock the mystery of tacit knowledge and release the power of innovation.

44 Vgl. Schmiedel-Blumenthal, Philipp (2001): Entwicklung eines ganzheitlichen Wissensmanagements zur erfolgreichen Umsetzung von industriellen Innovationen.

45 Vgl. Probst, Gilbert; Deussen, Arne; Epller, Martin; Raub, Steffen (2000): Kompetenzmanagement. Wie Individuen und Organisationen Kompetenz entwickeln, S. 74.

46 Vgl. Nonaka, Ikujirō; Takeuchi, Hirotaka (1995): The knowledge creating company: how Japanese companies create the dynamics of innovation, S. 20f.

tere Wissenskategorien aufspalten. Ron Sanchez beispielsweise unterscheidet drei Arten von Wissen, die jedoch nicht isoliert nebeneinander stehen.[47]

- Know-how (Anwendungswissen)
- Know-why (Fachwissen)
- Know-what (Entscheidungswissen)

Der Einsatz von Anwendungswissen führt zu einem messbaren Ergebnis, zum Beispiel ein in bestimmter Form gedrehtes Werkstück oder eine elektrische Verkabelung. Anwendungswissen bedingt nicht grundsätzlich Fachwissen, so kann eine Person eine Speise zubereiten, ohne die dem Kochen zugrunde liegenden physikalischen Gesetzmäßigkeiten zu kennen. Träger von Fachwissen hingegen besitzen Kenntnisse über Zusammenhänge von in der Umwelt wahrgenommenen Phänomenen. Fachwissen umfasst sowohl naturwissenschaftliche Fragestellungen der Wirkungszusammenhänge als auch Fragestellungen nach den Ursachen einer Wirkung. Fachwissen zielt nicht auf ein konkretes Ergebnis, sondern die Beschreibung und Erklärung einer Ursache ab. Es manifestiert sich häufig in Modellen oder Theorien der wahrgenommenen Umwelt, dem Ergebnis fachwissenschaftlicher Anstrengungen.[48] Entscheidungswissen hingegen ermöglicht einem Wissensträger aus einer Anzahl ihm bekannter Alternativen unter Berücksichtigung der eigenen Präferenzen die bestmögliche Handlungsweise zu finden. Die Anwendung von Entscheidungswissen bedingt einen Entscheidungsanlass, sie ist damit an einen Anreiz gebunden.[49] Der Entscheidungsträger verdichtet im Rahmen des Entscheidungsprozesses alle als relevant angesehenen Angaben und bewertet die zur Verfügung stehenden Alternativen. Das Ergebnis des Einsatzes von Entscheidungswissen ist die Entscheidung.

Wie bereits erwähnt, treten diese Wissensarten aber nicht isoliert auf. So führt die Integration von Anwendungswissen und Fachwissen zur Erreichung eines Ergebnisses. Diese Integration wird als Kompetenz bezeichnet werden. Kompetenz kann also keinesfalls mit dem Begriff Wissen gleichgesetzt werden. Vielmehr beschreibt sie das Potenzial, neues Wissen im Zuge der Anwendung von Wissen zu entwickeln, welches nur durch das Vorhalten und die Nutzung impliziten Wissens erfüllt werden kann. Ausgehend von dem derzeitigen Stand künstlicher Intelligenz

---

47 Vgl. Sanchez, Ron (1997): Managing Articulated Knowledge in Competence-based Competition, S. 163f.

48 Vgl. Stachowiak, Herbert (1973): Allgemeine Modelltheorie, S. 131f.

49 Vgl. Gilbert, Thomas (1978): Human Competence: Engineering Worthy Performance, S. 82f.

können derzeit nur Menschen diese Anforderungen erfüllen.[50] Um individuelle Kompetenz betriebswirtschaftlich einzusetzen, müssen diese an übergeordneten Unternehmenskompetenzen, den sogenannten Kernkompetenzen, ausgerichtet werden. Kernkompetenzen leiten sich beispielsweise aus den Kundenprozessen ab, die das Unternehmen durch seine Dienstleistungen und Produkte unterstützt.[51] Der zuvor beschriebene Ressource Based View erläutert die Rahmenbedingungen für Kernkompetenzen eines Unternehmens. Die individuelle Kompetenz, die Voraussetzung für Wissensmanagement ist, wird in die folgenden Kompetenzarten unterteilt:

1. Fachkompetenz
2. Sozialkompetenz
3. Persönlichkeitskompetenz

Fachkompetenz dient der Erreichung von fachlichen Ergebnissen, die für eine Zusammenarbeit mit anderen Wissensträgern grundsätzlich notwendig ist. Sozialkompetenz dient primär dem Wissenstransfer beziehungsweise Wissensabgleich und der Koordination von Wissensträgern zur Zusammenarbeit auf ein gemeinsames Ziel. Persönlichkeitskompetenz beinhaltet Fähigkeiten, wie zum Beispiel Empathie oder Selbstreflexion, welche an die Persönlichkeit eines Individuums gekoppelt sind. Die einzelnen Kompetenzarten ergänzen sich.[52]

Aus Sicht des prozessorientierten Wissensmanagements – dem Management von implizitem und explizitem Wissen zur erfolgreichen Unterstützung von Geschäftsprozessen – konzentriert sich das Kompetenz-Management auf das Management des impliziten Wissens. Das Zielsystem des prozessorientierten Wissensmanagements beschreibt folgenden Ablauf:

- Als Grundvoraussetzung für das Management von Wissen muss in einer ersten Stufe zunächst Transparenz über das bereits vorhandene Wissen geschaffen werden. Sowohl das Wissen, das in den Köpfen der Mitarbeiter als auch das informationstechnisch gespeicherte Wissen sind dabei aufzu-

---

50 Vgl. Lämmel, Uwe; Cleve Jürgen (2008): Künstliche Intelligenz; Borgelt, Christian; Kruse, Rudolf (2001): Unsicherheit und Vagheit: Begriffe, Methoden, Forschungsthemen, S. 5f.

51 Vgl. Snyder, Amie; Ebeling, William (1992): Targeting a Company's Real Core Competencies, S. 26f.

52 Vgl. Green, Paul (1999): Building Robust Competencies: Linking Human Resource Systems to Organizational Strategies, S. 28ff.

nehmen. Im Gegensatz dazu ist die Zielsetzung des Kompetenz-Managements die Sichtbarmachung der Kompetenzen der Mitarbeiter einerseits und der Kernkompetenzen der Unternehmung andererseits.

- Auf Basis des erfassten Wissens wird in einem zweiten Schritt der Wissensaustausch aktiv gelenkt, um Effizienzsteigerungen in den Geschäftsprozessen zu erzielen. Basierend auf den sichtbar gemachten Kompetenzen werden Expertenverzeichnisse, Kompetenzlandkarten und Werkzeuge zur Projektunterstützung aufgebaut. Zielsetzung ist die optimale Balance von explizitem Wissen und Kompetenzen bei nahtloser Verbindung aus Sicht der Wissensnutzer beziehungsweise aller Organisationsmitglieder.

- Die Wissensbasis eines Geschäftsprozesses bedarf kontinuierlicher Pflege und Weiterentwicklung. Fortschritte in technologischen und organisatorischen Bereichen beeinflussen die optimale Balance zwischen implizitem und explizitem Wissen. Durch kompetenzbasierte Wissensentwicklung wird diese Balance ständig gepflegt und die Wertschöpfung des Geschäftsprozesses gesteigert.

- Die Ebene der Wisseneffizienz setzt die Werkzeuge des Wissensmanagements für sich selbst ein. Wisseneffizienz impliziert den zielgerichteten Umgang mit der Ressource Wissen. Ihre Zielsetzung ist ein effektiver und effizienter Umgang mit dieser Ressource, bezogen auf die Identifikation, Speicherung, Verteilung und Entwicklung. Kompetenz-Management als Unterstützungsprozess bedient sich dazu vor allem informationstechnischer Instrumente mit dem Ziel der Kostenreduktion.

Wissen stellt zwar im Vergleich mit anderen Ressourcen, wie zum Beispiel Rohstoffen, keine knappe Ressource dar, da der Erwerb von Wissen permanent möglich ist. Jedoch kann Wissen für ein einzelnes Unternehmen sehr wohl eine knappe Ressource darstellen, nämlich dann wenn nur sehr wenige Organisationsmitglieder über dieses spezifische Wissen verfügen und es zudem extern nur schwer erwerbbar ist. Hinzu kommt, dass die Ressource Wissen für eine Unternehmung einen entscheidenden Wettbewerbsvorteil darstellen kann. Jedoch muss sie effizient gemanagt werden, so dass sie dadurch einen effektiven Beitrag zum Produktionsprozess leisten kann.

Die folgenden Ansätze geben beispielhaft einen Überblick über die ideengeschichtliche Entwicklung des Wissensmanagements. Wobei hier besonders interessant ist, dass der Ansatz von Taylor, einen wenn nicht den ersten Ansatz und damit die Grundlagen für das Management von Wissen liefert. Hier wird erstmals thematisiert, dass Wissen gesondert betrachtet und gestaltet werden muss. Das Modell von Nonaka und Takeuchi hingegen, zeigt die starke Wendung und Weiterentwicklung innerhalb des Wissensmanagements. Wissen durchläuft gemäß diesem Ansatz verschiedene Phasen innerhalb eines Unternehmens, die unterschiedliche Gestaltungseingriffe erfordern. Basierend auf diesem Verständnis werden die Bausteine des Wissensmanagements von Probst als ein weiteres Modell für das Management von Wissen erläutert, wobei dieses Modell der Komplexität der Ressource Wissen am ehesten gerecht wird, da es eine umfassende menschliche, ökonomische und technische Perspektive zu Grunde legt.

1.2.2. Scientific Management nach Taylor

Der Taylorismus oder das Scientific Management beziehungsweise die wissenschaftliche Betriebsführung ist eine frühe Managementphilosophie, die zu Beginn des 20. Jahrhunderts entstand. Taylor war der Überzeugung, das Management, die Arbeit und das Unternehmen mit einer wissenschaftlichen Herangehensweise optimieren zu können, um somit soziale Probleme zu lösen und Wohlstand für Alle zu erreichen. Taylor selbst hat anlässlich der Anhörung vor dem Sonderausschuss des Repräsentantenhauses im Jahre 1912 seine Auffassung der wissenschaftlichen Betriebsführung wie folgt definiert und zusammengefasst. Demnach subsumiert wissenschaftliche Betriebsführung eine geistige Umwälzung, die Leitung und Arbeiter zu Freunden macht, sowie die wissenschaftliche Untersuchung aller Elemente des Unternehmens.[53]

Zum Ausgangspunkt seiner Analyse nahm Taylor das sogenannte loafing, die Leistungszurückhaltung der Arbeiter. Die Frage war, wie man die Arbeiter bei gleichem Lohn zu mehr Arbeit bewegen könnte. Er kam zu dem Schluss, dass Firmenabläufe als ein Machtkampf zwischen Arbeitern und Management aufgefasst werden könnten und dass dieser Kampf von den Arbeitern gewonnen würde, solange nur sie die Arbeit kennen und beherrschen. Um diese Machtverteilung zugunsten des Managements zu ändern und somit die Arbeiter zu mehr Leistung zu bewegen, schlug Taylor vier wesentliche Prinzipien vor. Darüber hinaus vertrat

---

53 Vgl. Hebeisen, Walter (1999): F.W. Taylor und der Taylorismus, S. 173f.

Taylor eine mechanistische Sicht vom einzelnen Arbeiter. Arbeiter gehorchen demnach ähnlichen Gesetzen wie Teile einer Maschine. Von dieser mechanistischen Sichtweise ausgehend, versuchte er die Betriebsabläufe aufgrund rein rationaler Überlegungen neu zu strukturieren und zu verwissenschaftlichen. In verschiedenen wissenschaftlichen Vorträgen hat Taylor seine vier Grundprinzipien immer wieder abgewandelt bevor sein Werk „Grundsätze der wissenschaftlichen Betriebsführung“ erschien, in dem er die vier Grundsätze wie folgt definiert:[54]

Grundsätzlich sollte ein System beziehungsweise eine Wissenschaft für jedes einzelne Arbeitselement entwickelt werden, das an die Stelle der alten Faustregel-Methode tritt. Die Arbeit soll im Einvernehmen mit den Leuten und Kollegen erfolgen, um auf diese Weise sicherzustellen, dass alle Arbeiten in Übereinstimmung mit der Wissenschaft ausgeführt werden, welche hierfür entwickelt wurde. Es soll eine fast gleiche Aufteilung von Arbeit und Verantwortung zwischen der Leitung und den Mitarbeitern herrschen. Die Leitung übernimmt alle Tätigkeiten, für die sie besser geeignet ist als die Arbeiter, während in der Vergangenheit fast alle Arbeit und der größere Teil der Verantwortung auf die Belegschaft übertragen wurden.

Das Scientific Management beziehungsweise die wissenschaftliche Betriebsführung beruht demnach auf den folgenden Prinzipien: Alle vorstellbare Denkarbeit sollte aus den Werkstätten entfernt und im Planungsbüro konzentriert werden, so dass den Meistern und Vorarbeitern Tätigkeiten bleiben, die strikt ausführender Art sind. Sie sollten ihre Zeit bei den Arbeitern verbringen, diese lehren vorauszudenken und sie in ihrer Arbeit anleiten und instruieren.[55] Diesem Prinzip zufolge soll jegliche wissenschaftliche, geistige Arbeit von reiner Handarbeit getrennt und somit auch von verschiedenen Personen verrichtet werden. Das heißt, die physisch-mechanische Durchführung der Produktion wird von am Lohn interessierten Arbeitern vollzogen, die Analyse und Planung des Arbeitsprozesses wird durch Spezialisten im Management, auf wissenschaftlichen Grundlagen basierend, vollzogen.[56] Die Arbeiter werden dadurch zu Maschinen degradiert, die stupide ihr Arbeitspensum abarbeiten und dadurch zu einer monotonen, sinnentleerten Routine verurteilt sind.[57] Andererseits wird das Wissen in den Planungsbüros konzentriert, konserviert und von dort aus auch verteilt. Wissen ist in diesem Modell ge-

---

54 Vgl. Taylor, Frederick (1917): Die Grundsätze wissenschaftlicher Betriebsführung, S. 38.

55 Vgl. Taylor, Frederick (1980): Shop Management, S. 98.

56 Vgl. Mikl-Horke, Gertraude (1994): Industrie- und Arbeitssoziologie; S. 58.

57 Taylorismuskritik: An Taylors Grundsätzen wurde Kritik der verschiedensten Art und Weise geübt, diese Kritiken hier auszuführen würde die Kapazität dieser Arbeit sprengen, siehe dazu Hebeisen, Walter (1999): F.W. Taylor und der Taylorismus, S. 119f.

koppelt an Macht, zum Beispiel die Macht des Meisters oder des Planungsbüros, die durch Wissen begründet ist. Auf Grund dieser Tatsache kann der Taylorismus auch als eine frühe Form des Wissensmanagements betrachtet werden, immerhin zielt dieses Modell auf einen effektiven und effizienten Einsatz von Wissen ab.

Wendet man das Prinzip des Taylorismus auf die heutigen Gegebenheiten an, so könnte die Trennung zwischen Kopf- und Handarbeit auf die Trennung zwischen hoch technologischen Maschinen beziehungsweise Produktionsanlagen und Wissenschaftlern übertragen werden.[58]

1.2.3. Das SECI-Modell nach Nonaka/ Takeuchi

Ein Ansatz um Wissen zu managen, stellt das SECI Modell nach Nonaka und Takeuchi dar. Dieses Modell gliedert Wissen in zwei Kategorien, zum einen in implizites und zum anderen in explizites Wissen. Unter implizitem Wissen wird das individuell an eine Person gebundene Wissen verstanden. Im Gegensatz dazu zielt das explizite Wissen auf das Wissen ab, das an eine Organisation und damit an mehrere Organisationsmitglieder gebunden ist. Wissen durchläuft gemäß diesem Modell vier aufeinander folgende Prozesse, die individuelles Wissen spiralförmig auf eine höhere Organisationsebene transportieren.

1. Externalisierung
2. Kombination
3. Internalisierung
4. Sozialisation

Die folgende Abbildung gibt einen schematischen Überblick über die so genannte Wissensspirale, in der diese vier Prozesse ablaufen.

[58] Vgl. Hebeisen, Walter (1999): F.W. Taylor und der Taylorismus, S. 168.

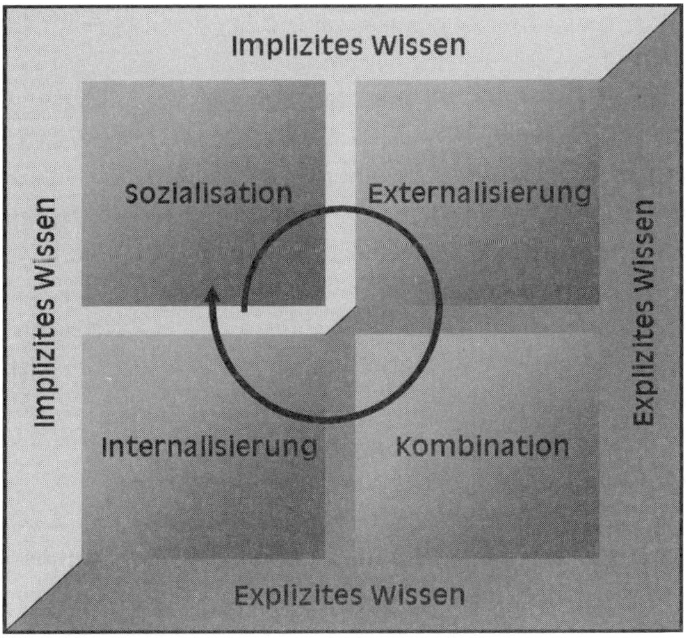

Abbildung 7: SECI-Modell[59]

Unter Externalisierung wird der Prozess verstanden, in dem individuelles Wissen anderen Organisationsmitgliedern zugänglich gemacht wird. Darauf folgt die Kombination, das heißt das Individuum kombiniert bereits vorhandenes Wissen mit neuem externalisiertem Wissen, das innerhalb der Organisation zur Verfügung steht. Anschließend startet der Prozess der Internalisierung, der Verinnerlichung des neu kombinierten Wissens. Der vierte und letzte Prozess ist die Sozialisation. In diesem Prozess wird das neu erworbene Wissen aktiv in Handlungen umgesetzt und angewandt, wodurch letztlich wieder eine Externalisierung angestoßen wird.

Der Begriff Wissensspirale drückt aus, dass es sich dabei um fortlaufende Prozessabfolgen handelt die kontinuierlich das Wissenslevel der Organisation steigern.

Grundsätzlich ist dieses Modell der Wissensspirale, in dem die Ressource Wissen einen ähnlichen Kreislauf durchläuft, für die vorliegende Studie von Bedeutung. Jedoch trifft dieses Modell keine konkreten Aussagen, wie die Ressource Wissen gemanagt werden kann. Da dieser Ansatz nur schwer operationalisierbar ist, ist er nicht direkt als theoretische Grundlage für diese Studie geeignet.

---

59 Vgl. Nonaka, Ikujirō; Takeuchi, Hirotaka (1997): Die Organisation des Wissens: wie japanische Unternehmen eine brachliegende Ressource nutzbar machen, S. 84f.

1.2.4. Die Bausteine des Wissensmanagements nach Probst

Das zuvor erläuterte Modell verdeutlichte den Kreislauf des Wissensmanagements, lieferte jedoch keine Ansätze zur Operationalisierung. Daher werden nun die Bausteine des Wissensmanagements nach Probst herangezogen. Dieses Modell wird gewählt, weil es ein sehr breites Sichtfeld auf die Ressource Wissen legt und dadurch die Basis für das Untersuchungsraster bildet. Zudem wird hier konkret auf das Management von Wissen eingegangen, wodurch dieses theoretische Modell sehr gut auf eine praktische beziehungsweise empirische Studie übertragbar ist. Die Bausteine des Wissensmanagements spiegeln die Jahrzehntelange Forschungserfahrung auf diesem Gebiet wider.

Dieses Modell basiert auf den Kernprozessen des Wissensmanagements und bildet einen Regelkreis. Dieses integrierte Konzept systematisiert sämtliche Wissensmanagementaktivitäten und stellt die Ressource Wissen als Ordnungskriterium in den Mittelpunkt. Folgende Bausteine bilden die sechs Kernprozesse innerhalb des Wissensmanagements:

- Wissensidentifikation
- Wissenserwerb
- Wissensentwicklung
- Wissensverteilung
- Wissensnutzung
- Wissensbewahrung

Diese Kernprozesse laufen zwar sukzessive ab, sie unterliegen jedoch zusätzlich auch logischen Verknüpfungen untereinander. Durch die Ergänzung um die Bausteine Wissensziele und Wissensbewertung entsteht ein Managementkreislauf, der sich am Regelkreismodell orientiert, wobei die Wissensbewertung den Regler darstellt.[60]

---

60 Vgl. Probst, Gilbert; Raub, Steffen; Romhardt, Kai (1999): Wissen managen, S. 59f.

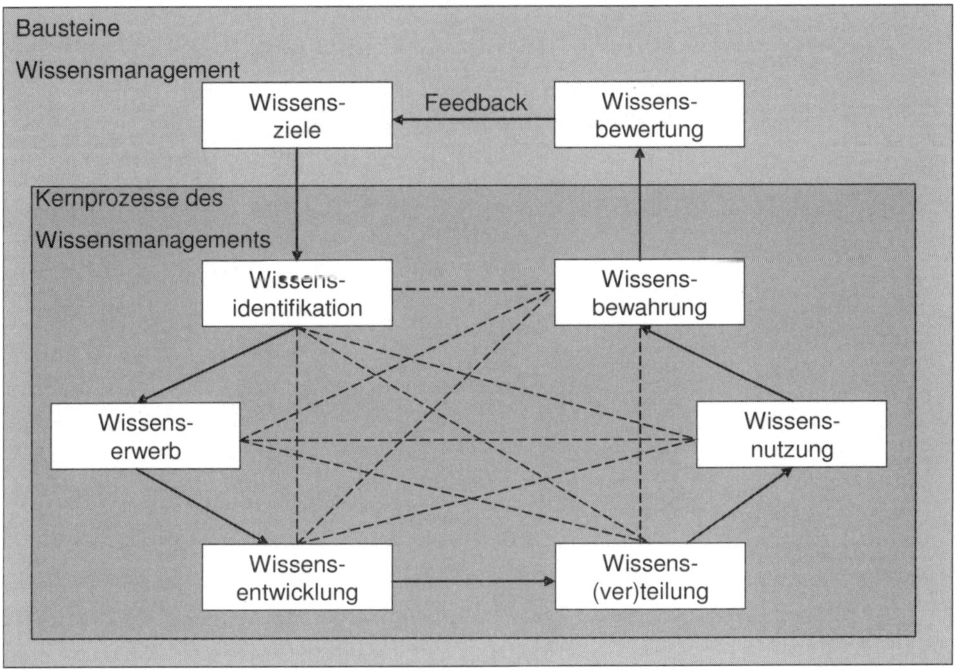

Abbildung 8: Bausteine des Wissensmanagements[61]

Abbildung 8 stellt die acht Bausteine beziehungsweise Interventionsfelder des Wissensmanagements und deren logische Verknüpfung dar. Die folgenden Abschnitte befassen sich im Detail mit den einzelnen Bausteinen.

1.2.4.1. Wissensziele

Die Wissensziele eines Unternehmens geben die Ausrichtung der Wissensmanagementaktivitäten vor und legen fest, welches Wissen aufgebaut werden soll. Die Wissensziele lassen sich in drei Ebenen unterteilen:

- Normative Wissensziele
- Strategische Wissensziele
- Operative Wissensziele

Die normativen Wissensziele schaffen die Rahmenbedingungen für eine innovationsfreudige und wissensorientierte Unternehmenskultur und sind somit die Vor-

[61] Vgl. ebd., S. 58.

aussetzung für effektives Wissensmanagement. Die strategischen Wissensziele definieren die Kernkompetenzen in Bezug auf das Wissen des Unternehmens und legen den Bedarf fest. Die operativen Wissensziele generieren aus den normativen und strategischen Zielen konkrete Teilziele und sorgen so für die operative Umsetzung des Wissensmanagements.

1.2.4.2. Wissensidentifikation

Die Wissensidentifikation dient der Transparenz sowohl von intern vorhandenen Wissenslücken als auch von extern verfügbarem Wissen. Denn nur wenn eindeutig geklärt ist, welches Wissen bereits im Unternehmen vorhanden ist und welches Wissen fehlt, kann Wissensmanagement effektiv erfolgen. Zudem muss das Unternehmen einen Überblick über extern vorhandenes Wissen gewinnen, denn nur so kann ein Abgleich gegen das vorhandene Wissen erfolgen und die Defizite sichtbar gemacht werden. Eine Methode zur Identifikation von Wissen und Wissensträgern ist die Beteiligung an internen und externen Netzwerken. Zudem fördert eine informationstechnische Infrastruktur, die den weltweiten Zugang zu Informationen ermöglicht, das Aufspüren von neuen Informationen und externen Wissensträgern. Innerhalb des Unternehmens kann beispielsweise ein gut funktionierendes Intranet diese Aufgabe übernehmen.[62]

1.2.4.3. Wissenserwerb

Durch externen Wissenserwerb können Unternehmen systematisch ihre eigenen Wissenslücken schließen. Die Akquisition von Unternehmen mit hohem Wissenspotential oder die Rekrutierung von externen Wissensträgern sind nur zwei Möglichkeiten für den Erwerb externen Know-hows. Dabei gilt es jedoch zu beachten, dass das neu erworbene Wissen in das bestehende Wissensportfolio integriert werden muss, um so ein effektives und effizientes Wissensmanagement zu gewährleisten. Neben dem dauerhaften Erwerb von Wissen besteht auch die Möglichkeit, temporär auf externes Wissen zuzugreifen, beispielsweise durch Lizenznahmen, strategische Allianzen oder Netzwerke.

---

62 Vgl. ebd., S. 57f.

1.2.4.4. Wissensentwicklung

Wissensentwicklung stellt das Pendant zu Wissenserwerb dar, das heißt Wissensentwicklung zielt auf die interne Generierung von Wissen ab. Dabei kann Wissen sowohl bewusst als auch unbewusst generiert werden. Ersteres wird insbesondere durch Forschungs- und Entwicklungstätigkeiten sowie durch gezielte Aus- und Weiterbildungsmaßnahmen geschaffen. Wissen, speziell Erfahrungswissen, wird aber ganz nebenbei im täglichen Leistungserstellungsprozess sowie im organisatorischen Zusammenspiel entwickelt. Im Mittelpunkt der Wissensentwicklung stehen neue Ideen und leistungsfähige Prozesse. Ökonomische und strategische Gründe entscheiden darüber, ob extern verfügbares Wissen trotzdem intern entwickelt wird. Dies ist zum einen der Fall, wenn die interne Entwicklung günstiger ist, und zum anderen, wenn es sich um strategisch bedeutsames Wissen handelt, das der internen Kontrolle und Steuerung unterliegen soll. Die Voraussetzung für eine erfolgreiche Wissensentwicklung liegt in den normativen Wissenszielen, denn eine lernfreundliche Unternehmenskultur trägt entscheidend zum Aufbau eigenen Wissens bei.[63]

1.2.4.5. Wissensverteilung

Die Wissensverteilung beschäftigt sich mit der Verbreitung von vorhandenem Wissen innerhalb des Unternehmens, insbesondere mit dem Übergang von individuellem zu organisatorischem Wissen. Grundvoraussetzung für die Teilung von Wissen ist das Vorhandensein von Wissen. Dabei spielt es keine Rolle, ob das Wissen extern erworben oder intern entwickelt wurde. Prinzipiell stehen zur Wissensverteilung zwei unterschiedliche Strategien zur Verfügung. Zum einen kann Wissen formell oder informell durch persönliche Interaktion in Form von Teamarbeit, persönlichen Netzwerken und Konferenzen geteilt werden. Zum anderen aber bieten moderne Informations- und Kommunikationsmittel zahlreiche Möglichkeiten, um Wissen innerhalb des Unternehmens zu verteilen. Beispielhaft seien hier Dokumentenmanagementsysteme, Wissensdatenbanken, E-Mail und Intranet genannt. Eine weitere Bedingung für die Verteilung von Wissen ist die Bereitschaft der Organisationsmitglieder, ihr individuelles Wissen der Organisation zur Verfügung zu stellen.

---

63 Vgl. ebd., S. 54f.

1.2.4.6. Wissensnutzung

Die produktive Nutzung des Wissens bildet letztlich das übergeordnete Ziel des Wissensmanagements. Die erfolgreiche Schaffung und Teilung von Wissen stellt aber noch keine Wissensnutzung dar. Eine produktive Wissensnutzung wird beispielsweise in Form von Innovationen, Patenten und Lizenzen deutlich, wodurch ein echter Nutzen für das Unternehmen entsteht. Damit Wissen produktiv genutzt werden kann, muss das Ziel in allen Bausteinen des Wissensmanagements berücksichtigt werden. Denn nur wenn die für die Wissensnutzung hinderlichen Wissenslücken geschlossen werden, kann das Wissensziel erreicht werden.[64]

1.2.4.7. Wissensbewahrung

Die Wissensbewahrung zielt auf eine effiziente Bewahrung und Dokumentation von vorhandenem Wissen ab, so dass es jederzeit abgerufen und genutzt werden kann. Dadurch soll vermieden werden, dass durch das Ausscheiden einzelner Mitarbeiter Wissenslücken entstehen; das gleiche gilt für den Fall von organisatorischen Restrukturierungen. Der Prozess der Wissensbewahrung teilt sich in drei Schritte, die Selektion, die Speicherung und die Aktualisierung. Um die Wissensbewahrung effizient zu gestalten ist es von großer Bedeutung, zwischen bedeutsamem und unbedeutsamen Wissen zu selektieren und dieses anschließend sicher und dauerhaft zu erhalten. Zudem muss sichergestellt werden, dass dieses bewahrte Wissen schnell recherchier- und abrufbar ist. Da dieses gespeicherte Wissen aber ständig an Wert verliert, muss es regelmäßig aktualisiert werden, um somit in angemessener Qualität dem Unternehmen zur Verfügung zu stehen. Schwierig wird die Wissensbewahrung dann, wenn bestimmte Wissensgebiete an einzelne Personen gebunden sind, die dieses Wissen der Bewahrung nicht zur Verfügung stellen. Daher ist im Vorfeld eine Wissensteilung sicherzustellen, die die anschließende Bewahrung erleichtert.

1.2.4.8. Wissensbewertung

Die Wissensbewertung ist eng verbunden mit den zuvor definierten Wissenszielen, denn anhand dieser Wissensziele kann die Zielerreichung gemessen werden.

[64] Vgl. ebd., S. 55f.

Bevor die Wissensbewertung durchgeführt werden kann, müssen die Veränderungen innerhalb der Wissensbasis sichtbar gemacht werden. Einerseits schließt die Wissensbewertung den Kreislauf des Wissensmanagements und andererseits stößt sie in ihrer Rolle als Stellgröße den Regelkreis wieder an. Auf Grund der Ergebnisse der Wissensbewertung werden die Wissensziele angepasst und der Kreislauf setzt sich wiederum fort. Problematisch dabei ist jedoch das direkte Messen von Wissen, denn im Gegensatz zu finanziellen Zielen lassen sich Wissensziele nicht anhand von vordefinierten Kennzahlen bewerten. Zur Wissensbewertung ist es daher erforderlich, dass das Unternehmen eine qualitative Bewertungsphilosophie aufbaut, die es erlaubt, Wissen indirekt durch bestimmte Indikatoren zu messen, beispielsweise die Bereitschaft Wissen im Unternehmen zu teilen.[65]

1.2.5. Wissensbilanz - Wissen als Kapital

Einen weiteren Ansatz des Wissensmanagements stellt die Wissensbilanz dar, die Wissen in unterschiedliche Kapitalarten klassifiziert. Die Ressource Wissen wird hier, im Gegensatz zu den zuvor genannten Konzepten, aus einer rein kapitalistischen Perspektive betrachtet. Eine Wissensbilanz ist dabei aber demnach keine Bilanz im klassischen finanziellen Sinne. Sie legt Rechenschaft über die Verwendung des intellektuellen Kapitals ab und bilanziert Zielerreichungen. Sie bezieht sich auch nicht auf Wissen im Sinne von Inhalten. Verständnisprobleme bezüglich der Bedeutung der Wissensbilanz sind historisch auf Grund von Schwierigkeiten bei der Übersetzung des englischen Begriffes „Intellectual Capital Statement" und „Intellectual Capital Report" zu erklären.

Eine Wissensbilanz ist ein Instrument zur gezielten Darstellung und Entwicklung des intellektuellen Kapitals einer Organisation. Sie zeigt die Zusammenhänge zwischen den Zielen, den Geschäftsprozessen, dem intellektuellen Kapital und dem Geschäftserfolg einer Organisation auf und beschreibt diese Elemente mittels Indikatoren.[66] Die Gründe für die Erstellung einer Wissensbilanz können ganz unterschiedlicher Natur sein. Das reicht von der Sichtbarmachung des vorhandenen Wissens für die eigenen Mitarbeiter, bis hin zur Befriedigung von Anforderungen der Stake- und Shareholder.

---

65 Vgl. ebd., S. 56f.

66 Vgl. Bundesministerium für Wirtschaft und Technologie, Dokumentation Nr. 536, 2006, S. 13.

Vor allem aber dient die Wissensbilanz dazu, das intellektuelle Kapital eines Unternehmens zu messen, zu klassifizieren und zu analysieren. Dies bringt folgende Vorteile mit sich:

- Strategische Steuerung der Organisation
- Positionierung bei potentiellen Kapitalgebern
- Erfüllung von rechtlichen Anforderungen
- Rekrutierung von neuem Personal
- Positionierung bei potentiellen Kooperationspartnern
- Akquisition und Bindung von Kunden/ Lieferanten

Dazu sind bereits verschiedene Modelle und Vorgehensweisen veröffentlicht worden[67], der folgende Abschnitt beschränkt sich aber auf das Modell des Arbeitskreises Wissensbilanz.[68] Zum einen lässt sich dieses Konzept sehr gut in das Wissensmanagementkonzept nach Probst integrieren, denn so fördert einerseits das Vorhandensein von intellektuellem Kapital die Nutzung von Wissen. Das intellektuelle Kapital ist beispielsweise notwendig, um neue Wirkstoffe zu entwickeln. Daraus können dann Produkte, Patente und Marken entstehen, wodurch das Wissen am Markt genutzt wird. Andererseits erfordern die Bausteine Wissenserwerb und Wissensentwicklung den Erwerb von intellektuellem Kapital. Die Art des intellektuellen Kapitals und die Art und Weise wie Wissen erworben oder entwickelt wird, beeinflussen sich wechselseitig. Darüber hinaus ergänzt diese Perspektive die Sichtweise von Probst, denn bei den Bausteinen des Wissensmanagements steht allein die Ressource Wissen im Vordergrund, wohingegen die Wissensbilanz stärker die ökonomischen Aspekte von Wissen betrachtet. Zudem ist dieses Modell sehr gut operationalisierbar und konkret, wodurch es sich als theoretische Grundlage für die folgende Untersuchung sehr gut eignet.

---

[67] Siehe beispielsweise North, Klaus (1999): Wissensorientierte Unternehmensführung: Wertschöpfung durch Wissen, S. 147; Mertins, Kai; Alwert, Kay; Heisig, Peter (Hg) (2005): Wissensbilanzen. Intellektuelles Kapital erfolgreich nutzen und entwickeln. Danish Agency for Trade and Industry (Hg) (2000): A Guideline for Intellectual Capital Statements in Practice – Inspiration and Good Advice.

[68] Vgl. Bundesministerium für Wirtschaft und Technologie (2006): Dokumentation Nr. 536.

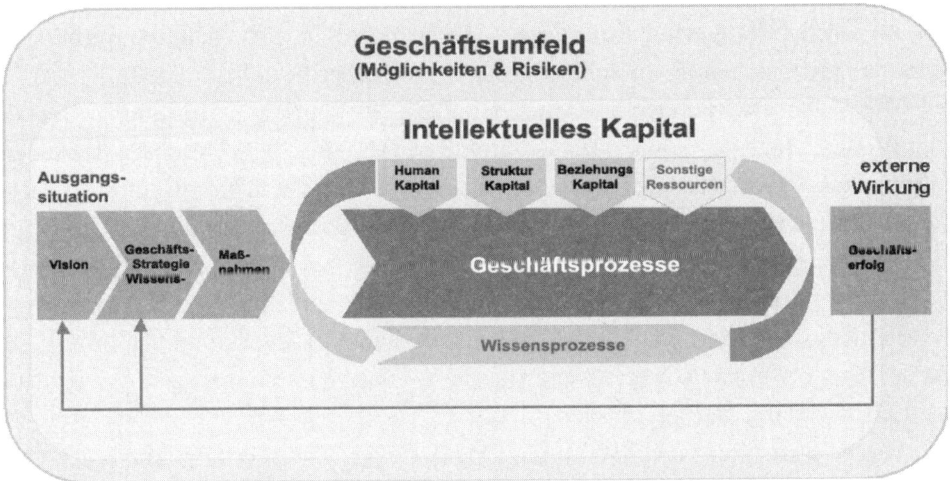

Abbildung 9: Modell der Wissensbilanz des Arbeitskreises Wissensbilanz[69]

Das intellektuelle Kapital wird hier als Ressource betrachtet, die in die gesamten Geschäftsprozesse eingebracht wird und sich in die nachstehenden drei Kategorien untergliedern lässt:

- Humankapital
- Strukturkapital
- Beziehungskapital

Auf Grund dieser Unterteilung ist das Konzept der Wissensbilanz den humanorientierten Ansätzen des Wissensmanagements zuzuordnen. Diese intellektuellen Kapitalarten konzentrieren sich vorwiegend auf die Organisationsmitglieder die entweder im Falle des Humankapitals selbst Träger des Kapitals sind oder in Bezug auf Struktur- und Beziehungskapital zu deren Entwicklung maßgeblich beitragen.

Humankapital umfasst unter anderem die Kompetenzen, Fertigkeiten und Motivation der Mitarbeiter. Das Humankapital ist im Besitz der Mitarbeiter, das Wissen ist somit an den Mitarbeiter und nicht an das Unternehmen gebunden.

Beziehungskapital stellt die Beziehung zu Kunden und Lieferanten sowie zu sonstigen Partnern und der Öffentlichkeit einer Organisation dar.

Strukturkapital umfasst all jene Strukturen und Prozesse, welche die Mitarbeiter benötigen, um in ihrer Gesamtheit produktiv und innovativ zu sein. Es besteht

---

69 Arbeitskreis Wissensbilanz, www.akwissensbilanz.org/methode/strukturmodell.htm.

aus all jenen intelligenten Strukturen, welche mit dem Unternehmen verbunden sind und auch nach dem Ausscheiden von Mitarbeitern bestehen bleiben.

Die Wechselwirkungen zwischen Human-, Struktur- und Beziehungskapital, die Wissensprozesse, sowie das Zusammenwirken mit den Geschäftsprozessen führen zum Geschäftserfolg der Organisation. Unter Berücksichtigung des Geschäftsumfeldes, der Geschäftsstrategie sowie der angestrebten Entwicklung der Wissensstrategie werden Maßnahmen abgeleitet, die auf eine Verbesserung beziehungsweise Optimierung des intellektuellen Kapitals zielen. Die sich daraus ergebenden Konsequenzen für den Geschäftserfolg haben Auswirkungen auf die Vision des Unternehmens sowie auf die Geschäfts- und Wissensstrategie, die gegebenenfalls angepasst werden müssen.[70]

Die Wissensbilanz stellt somit eine Methode dar, die es ermöglicht, einen umfassenden und strukturierten Überblick über das in einem Unternehmen vorhandene Wissen zu gewähren. Extern kann die Wissensbilanz zur Positionierung gegenüber den Stakeholdern genutzt werden, intern dient sie dazu, Stärken und Schwächen in Bezug auf das vorhandene Wissen aufzuzeigen und erforderliche Maßnahmen daraus abzuleiten. Zwischen dem Modell der Wissensbilanz und den Bausteinen des Wissensmanagements bestehen zum Teil enge Verbindungen. So stellen die Bausteine Wissenserwerb und Wissensentwicklung eine Investition im Sinne der Wissensbilanz dar. Andererseits wird der Erwerb von Wissen beziehungsweise die Wissensentwicklung durch vorhandenes intellektuelles Kapital begünstigt, so fördert ein hohes Strukturkapital, beispielsweise in Form von Netzwerken, den Erwerb von Wissen. Wiederum korreliert eine starke Wissensbilanz mit einer hohen Wissensnutzung, denn wo ein hohes Maß an intellektuellem Kapital vorhanden ist, kann dieses Wissen auch effektiv genutzt werden. Dabei ist zu beachten, dass die Wissensbilanz ein statisches Modell ist, das entweder einen Ist- oder einen Sollzustand dokumentiert. Im Gegensatz dazu sind die Bausteine des Wissensmanagements ein dynamisches Modell, ein Regelkreis, der den Übergang von einem Ist- zu einem Sollzustand darstellt.

1.2.6. Zusammenfassung Wissensmanagement

Sowohl der Ansatz der Wissensspirale nach Nonaka als auch der Ansatz der wissenschaftlichen Betriebsführung nach Taylor spiegeln grundsätzlich das dieser Ar-

---

[70] Vgl. Bundesministerium für Wirtschaft und Technologie (2006): Dokumentation Nr. 536, S. 24.

beit zu Grunde liegende Verständnis über Wissensmanagement wider. Jedoch betrachten diese beiden Konzepte Wissensmanagement auf einer wesentlich stärker aggregierten Ebene und dienen daher eher dem Grundverständnis als der Operationalisierung für das Erhebungsinstrument. Die Bausteine des Wissensmanagements nach Probst et. al. hingegen haben sich nach eingehender Prüfung als am besten geeignet für diese Untersuchung erwiesen. Dies ist darin begründet, dass sich diese Bausteine detailliert mit dem effektiven und effizienten Einsatz der Ressource Wissen beschäftigen. Zudem können diese Bausteine entsprechend der Vorgaben für diese Studie operationalisiert werden. Grundsätzlich ist der Ansatz der Wissensbilanz für diese Studie von großem Interesse, da er einen detaillierten Überblick über die vorhandenen Wissensressourcen gibt. Auf Basis des vorhandenen Wissens kann dann die Steuerung der Ressource Wissen erfolgen. Demzufolge wird auch dieser Ansatz operationalisiert und fließt so in das Erhebungsinstrument ein. Insgesamt stellen die erläuterten Ansätze einen Überblick über die ideengeschichtliche Weiterentwicklung des Wissensmanagements dar. So werden Modelle[71] aus dem 19. und 20. Jahrhundert vorgestellt, welche wiederum mit den beiden Untersuchungszeiträumen korrelieren. Zum Teil fließen diese Konzepte direkt in die leitfadengestützte Untersuchung ein, zum Teil bilden sie auch Erklärungsmuster für die vergleichende Analyse der beiden Untersuchungszeiträume.

2. DAS MENSCHENBILD ALS GRUNDLAGE DER BETRACHTUNG

Letztendlich ist jede Entscheidung und jede Maßnahme eines Managers begründet durch seine Auffassung über die Natur des Menschen und sein Verhalten. Das gleiche gilt für Entscheidungen und Maßnahmen, die nicht zwischen einzelnen Personen, sondern von einem Unternehmen getroffen werden. Diese Auffassung kann als Menschenbild, die daraus resultierenden Normen, Regeln und Verhaltensweise als Unternehmenskultur bezeichnet werden. Die Betrachtung des Menschenbildes ist an dieser Stelle von Bedeutung, da durch das jeweilige Menschenbild der Umgang mit den Individuen einer Organisation und insbesondere mit dem an die Mitarbeiter gebundenen Wissen stark geprägt wird. Ziel dieses theoretischen Teiles ist es, die theoretischen Grundlagen für den Untersuchungsleitfaden zu erläutern, der die Problemstellung umfassend abbildet. Von daher ist es unabdingbar, das jeweilige Menschenbild mit in Betracht zu ziehen. Letztlich ist der gesamte Aufbau des Wissensmanagements innerhalb der Unternehmung durch

71 Zu den Modellen des Wissensmanagements siehe Teil II, Kapitel 1.2.

das vorherrschende Menschenbild geprägt und spielt daher für die folgende Untersuchung eine bedeutende Rolle. Nachfolgend werden verschiedene Typisierungen von Menschenbildern, als Teil der Unternehmenskultur, vorgestellt. Besonders interessant ist dabei die ideengeschichtliche Weiterentwicklung der Ansätze. Im Folgenden werden Ansätze aus dem 19. und 20. Jahrhundert dargestellt. Dadurch werden bereits die Unterschiede im Umgang mit der Ressource Wissen, betrachtet aus einer kulturellen Perspektive, zwischen den beiden Untersuchungszeiträumen deutlich.

2.1. Die Führungsphilosophien nach McGregor

2.1.1. Das Menschenbild der Theorie X – traditionelle Ansichten über Führung und Lenkung

Diese Führungsphilosophie stellt einen sehr frühen und möglicherweise ersten Ansatz eines Menschenbildes dar, der die Basis für zahlreiche weitere Managementphilosophien bildet.[72] Es wird zwischen zwei gegensätzlichen Konzepten unterschieden, die sogenannte Theorie X und die Theorie Y.

McGregors Theorie X liegen drei grundlegende Auffassungen über das menschliche Verhalten zu Grunde:

1. Der Durchschnittsmensch hat eine angeborene Abneigung gegen Arbeit und versucht ihr aus dem Weg zu gehen wo er kann.
2. Weil der Mensch durch Arbeitsunlust gekennzeichnet ist, muss er zumeist gezwungen, gelenkt, geführt und mit Strafe bedroht werden, um ihn mit Nachdruck dazu zu bewegen, das vom Unternehmen gesetzte Soll zu erreichen.
3. Der Durchschnittsmensch zieht es vor, an die Hand genommen zu werden, möchte sich vor Verantwortung drücken, besitzt verhältnismäßig wenig Ehrgeiz und ist vor allem auf Sicherheit aus.[73]

Diese Aussagen entsprechen im Wesentlichen den Annahmen, die Taylors Grundsätzen wissenschaftlicher Betriebsführung zu Grunde liegen. Das Organisations-

---

72 Beispielsweise der Taylorismus, siehe dazu Taylor, Frederick (1917): Die Grundsätze wissenschaftlicher Betriebsführung.

73 Vgl. McGregor Douglas (1970): Der Mensch im Unternehmen, S. 27-28.

prinzip eines Unternehmens ist bestimmt durch Lenkung und Kontrolle, die wiederum durch Autorität bedingt sind.

Die Motivation von Mitarbeitern, beziehungsweise das gezielte Setzen von Anreizfaktoren sind begründet in diesen Auffassungen über das menschliche Verhalten. Manager, die über ihren Mitarbeiter ein Menschenbild hegen, das in etwa der Theorie X entspricht, werden finanzielle Anreize zur Motivation einsetzten. Das heißt, sie bezahlen faire Löhne, schaffen gute Arbeitsbedingungen, sorgen für zusätzliche Sozialleistungen und sichern die Beschäftigung. Sofern jedoch die Grundbedürfnisse, wie zum Beispiel Nahrung bereits erfüllt sind, führen diese Anreizfaktoren zu keiner weiteren Motivation mehr. Bedürfnisse des Menschen, die auf einer höheren Ebene liegen, dazu zählen soziale und individuelle Bedürfnisse, lassen sich dadurch nicht befriedigen. Motivatoren, die zur Befriedigung dieser Bedürfnisse dienen, stehen aber in einem Führungsstil der sich nach der Theorie X richtet, nicht zur Disposition.

2.1.2. Das Menschenbild der Theorie Y – Verschmelzen der individuellen Ziele mit den Belangen des Unternehmens

Den Gegenpol zur Theorie X bildet die Theorie Y, deren Grundlage die Verschmelzung der individuellen Ziele mit den Belangen des Unternehmens ist. Die Theorie Y basiert auf folgenden Annahmen über das menschliche Verhalten:

1. Die Verausgabung durch körperliche und geistige Anstrengung beim Arbeiten kann als ebenso natürlich gelten wie Spiel oder Ruhe.
2. Von anderen überwacht und mit Strafe bedroht zu werden, ist nicht das einzige Mittel, jemanden zu bewegen, sich für die Ziele des Unternehmens einzusetzen. Zugunsten von Zielen, denen er sich verpflichtet fühlt, wird sich der Mensch der Selbstdisziplin und der Selbstkontrolle unterwerfen.
3. Wie sehr er sich Zielen verpflichtet fühlt, ist eine Funktion der Belohnung, die mit deren Erreichen verbunden sind.
4. Der Durchschnittsmensch lernt, unter geeigneten Bedingungen Verantwortung nicht nur zu übernehmen, sondern sogar zu suchen.
5. Die Anlage zu einem verhältnismäßig hohen Grad von Vorstellungskraft, Urteilsvermögen und Erfindungsgabe für die Lösung organisatorischer Probleme ist in der Bevölkerung weit verbreitet und nicht nur hier und da anzutreffen.

6. Unter den Bedingungen des modernen industriellen Lebens ist das Vermögen an Verstandeskräften, über das der Durchschnittsmensch verfügt, nur zum Teil genutzt.[74]

Nach McGregors Auffassung ist der Mensch nicht von Grund auf arbeitsscheu, sondern Arbeit kann durch bestimmte äußerliche Bedingungen als Strafe oder als Befriedigung hingenommen werden. Hier spielt die Art der Belohnung eine zentrale Rolle. Arbeit muss persönliche Bedürfnisse befriedigen und die persönliche Entwicklung fördern, um als Mittel zur Bedürfnisbefriedigung wahrgenommen zu werden. Ebenso ist die Suche nach Verantwortung etwas, das durch gezielte Anreizfaktoren und positive Erfahrungen, gefördert werden kann. Im Gegensatz zur Theorie X geht die Theorie Y von einem dynamischen Verhalten des Menschen aus, auf welches das Unternehmen durch gezielte Maßnahmen Einfluss ausüben kann. Der Mitarbeiter wird nicht nur als Arbeitskraft gesehen, sondern in seiner Gesamtheit wertgeschätzt und entsprechend behandelt.

2.2 Das Menschenbild nach Edgar Schein

Eine andere Kategorisierung von Menschenbildern nimmt Edgar Schein vor. Schein, ein Schüler von McGregor, beschreibt in seinen zahlreichen Veröffentlichungen den Einfluss und die Auswirkungen von Menschenbildern auf die Organisation eines Unternehmens. Nach Scheins Meinung hängt die Effizienz eines Managers davon ab, inwiefern seine Annahmen über das Verhalten seiner Mitarbeiter, also sein Menschenbild, mit dem der Realität übereinstimmen.[75] Die verschiedenen Menschenbilder lassen sich in vier Kategorien gliedern, die in den folgenden Abschnitten chronologisch beschrieben sind.

2.2.1. Der rational-ökonomische Mensch

Im Großen und Ganzen entspricht das Menschenbild des rational-ökonomischen Menschen dem der Theorie X, von McGregor. Die Handlungen eines rational-ökonomischen Menschen zielen letztendlich auf eine Maximierung seiner eigenen

---

[74] Vgl. ebd., S. 35f.

[75] Vgl. Schein, Edgar (1980): Organisationspsychologie, S. 77.

Interessen ab. Der rational-ökonomisch denkende Angestellte lässt sich wie folgt definieren:

1. Der Mensch wird in erster Linie durch wirtschaftliche Anreize motiviert und tut das, wovon er sich den größten Gewinn verspricht.
2. Da die wirtschaftlichen Anreize der Kontrolle durch Organisationen unterliegen, wird der Mensch als im Wesentlichen passiv begriffen. Er kann von der Organisation manipuliert, motiviert und kontrolliert werden.
3. Die Empfindungen des Menschen sind im Wesentlichen irrational. Man muss verhindern, dass sie dem rational kalkulierten Eigeninteresse zuwider laufen.
4. Organisationen können und müssen so gestaltet werden, dass sie die Empfindungen des Menschen und damit seine unwägbare Komponente weitgehend neutralisieren und kontrollieren.[76]

2.2.2. Der Mensch als soziales Wesen

Nachdem zahlreiche Studien zur Motivation von Arbeitern durchgeführt wurden, stellte sich heraus, dass diese Ergebnisse zum Großteil den Untersuchungen bezüglich des rational-ökonomischen Menschen widersprachen. Auf Grund dieser Untersuchungen wird der Mensch als soziales Wesen betrachtet, dessen Verhalten wie folgt definiert wird.

1. Der Mensch wird vorwiegend von sozialen Bedürfnissen motiviert und gewinnt sein Identitätsbewusstsein aus der Beziehung zu seinen Mitmenschen.
2. Als Folge der industriellen Revolution, die zu einer verstärkten Arbeitsteilung führte, sowie der Arbeitsrationalisierung, wurde Arbeit selbst sinnentleert. Der Sinn wird seither eher im sozialen Gefüge als am Arbeitsplatz gesucht.
3. Der Mensch reagiert stärker auf die sozialen Kräfte die im Kollegenkreis wirksam werden, als auf Anreize und Kontrollen durch das Management.
4. Der Mensch reagiert so ausreichend auf das Verhalten des Managements, dass ein Vorgesetzter auf die sozialen Bedürfnisse des Untergebenen eingehen kann.[77]

---

[76] Vgl. ebd., S. 78.

[77] Vgl. ebd., S. 82.

Es ist jedoch fraglich, inwiefern der Prozess der Arbeitsteilung, als Folge der industriellen Revolution, automatisch zu einer Sinnentleerung führte. Für die Arbeitsrationalisierung im Sinne von Fließbandarbeit mag dies sicherlich zutreffend gewesen sein, für andere Bereiche, beispielsweise im tertiären Sektor, war dies nicht automatisch der Fall. Grund dafür ist, dass in der Akkordarbeit die Verrichtung des Arbeitsprozesses nach strengen Vorgaben im Vordergrund stand und nicht die Umsetzung der Ideen und Vorstellungen der Mitarbeiter.

Im Gegensatz zum vorher beschriebenen Menschenbild des rational-ökonomischen Menschen, muss der Manager, um effizient zu sein, sich nicht nur um die Arbeit an sich und die diesbezügliche finanzielle Entschädigung kümmern, sondern auch um die konkreten sozialen Bedürfnisse seiner Mitarbeiter. Dazu kommt, dass der Manager jetzt nicht mehr jeden Mitarbeiter als Individuum betrachten muss, sondern auch das soziale Gefüge in dem dieser sich befindet. Anreizfaktoren können und müssen sowohl für einzelne Personen als auch für Gruppen gesetzt werden.

2.2.3. Der Mensch, der sich selbst verwirklicht

Dieses Menschenbild korreliert mit den Aussagen McGregors über das Menschenbild der Theorie Y. Im Gegensatz zum vorher genannten Menschenbild geht es dem Mitarbeiter hier nicht allein darum, seine sozialen Bedürfnisse zu befriedigen. Er sucht nun in der Arbeit Sinn und Erfüllung. Diesem Menschenbild liegen folgende Annahmen zu Grunde:

1. Menschliche Motive gehören unterschiedlichen Klassen an, die sich in ein hierarchisch gegliedertes System ordnen lassen:
   a) Die einfachen Grundbedürfnisse des Lebens und Überlebens, der Gefahrlosigkeit und Sicherheit
   b) Soziale und ähnliche Bedürfnisse
   c) Ego-Befriedigung und das Bedürfnis der Selbst-Achtung
   d) Das Verlangen nach Autonomie und Unabhängigkeit
   e) Das Bedürfnis der Selbstverwirklichung im Sinne einer maximalen Nutzung der eigenen Ressourcen. Sobald die untergeordneten Grundbedürfnisse befriedigt sind, werden die höherrangigen Bedürfnisse freigesetzt. Selbst der trägste, unbegabteste Mensch strebt nach Selbst-

verwirklichung, nach Sinngebung und Erfüllung in seiner Arbeit, sobald seine Grundbedürfnisse mehr oder minder gestillt sind.
2. Der Mensch versucht sich in seiner Arbeit zu Vervollkommnen und ist dazu auch in der Lage. Dazu muss er über ein gewisses Maß an Autonomie und Unabhängigkeit verfügen, eine langfristige Lebensperspektive entwickeln, besondere Begabungen und Kenntnisse pflegen und größtmögliche Flexibilität in der Anpassung an neue Lebensumstände entfalten.
3. Der Mensch ist in erster Linie selbst-motiviert und selbst-kontrolliert. Von außen gesetzte Anreize und Kontrollen hemmen die Entfaltung der Persönlichkeit und reduzieren sein Maß an Selbstverwirklichung.
4. Es gibt keinen angeborenen Konflikt zwischen der Selbstverwirklichung und effektiverer Leistung in einer Organisation. Wenn man ihm die Chance einräumt, wird der Mensch von sich aus und freiwillig seine eigenen Ziele mit denen der Organisation integrieren.[78]

2.2.4. Der komplexe Mensch

Nach jahrzehntelanger Forschung und Weiterentwicklung der Menschenbilder, die jedoch zu pauschalisierend sind, wurde das Bild des komplexen Menschen geschaffen. Demnach ist der Mensch ein sehr komplexes Wesen, das sich zudem durch seine individuelle Komplexität von anderen Mitmenschen unterscheidet und sich somit nicht pauschal in eine Kategorie einordnen lässt. Folgende Annahmen liegen dem Bild des komplexen Menschen zu Grunde:

1. Der Mensch ist nicht nur komplex, sondern auch höchst variabel, er hat vielfältige Motive, die ihrer Bedeutung nach hierarchisch geordnet sind. Aber diese Hierarchie ändert sich je nach Situation von Zeit zu Zeit; des Weiteren stehen seine Motive untereinander in Interaktion und werden zu vielschichtigen Motiv-Mustern.
2. Der Mensch ist in der Lage, sich durch seine Erfahrungen in der Organisation neue Motive anzueignen, da letztlich sein Motivationsmuster und der psychologische Vertrag, den er mit einer Organisation eingeht, das Ergebnis einer komplizierten Interaktion seiner ursprünglichen Bedürfnisse mit den Erfahrungen in der Organisation sind.

[78] Vgl. ebd., S. 89.

3. Die Motive des Menschen können in verschiedenen Organisationen oder in verschiedenen Teilbereichen der gleichen Organisation sehr unterschiedlich ausfallen. Eine der formalen Organisation entfremdete Person kann die Erfüllung ihrer sozialen oder ihrer Selbstverwirklichungsbedürfnisse in Gewerkschaften oder in informellen Suborganisationen finden. Handelt es sich um eine komplexe Aufgabe, etwa die des Managers, dann erfordern die verschiedenen Teilbereiche der Arbeit unterschiedliche Motive.
4. Der Mensch kann sich aufgrund vieler verschiedener Motive produktiv für eine Organisation engagieren. Seine höchste Befriedigung und die höchste Leistung der Organisation hängen nur zum Teil vom Wesen der Motivatoren ab. Die Art der zu erfüllenden Aufgabe, die Fähigkeiten und Erfahrungen des Menschen, die Natur der anderen Menschen in einer Organisation – das alles erzeugt in Interaktion ein bestimmtes Grundmuster des Arbeitsverhaltens und der Gefühle. So kann zum Beispiel ein hoch befähigter, aber schwach motivierter Arbeiter die gleiche Leistung erbringen und die gleiche Befriedigung empfinden wie ein ungelernter, aber stark motivierter Arbeiter.
5. Der Mensch antwortet auf die verschiedenen Management-Strategien je nach seinen eigenen Motiven, Fähigkeiten und nach der Art der gestellten Aufgabe, mit anderen Worten, es gibt keine verbindlich gültige Management-Strategie, die für alle Menschen und alle Zeiten funktioniert.[79]

Es reicht nun also nicht mehr aus, wenn ein Manager seinen Mitarbeitern die Chance zur Selbstverwirklichung gibt. Stattdessen muss er besonders feinfühlig und empathisch auf die komplexen Bedürfnisse seiner Mitarbeiter eingehen. Zudem gilt es zu beachten, dass sich die Mitarbeiter in ihrer Komplexität voneinander unterscheiden. Um wirklich erfolgreich agieren zu können, muss sich der Manager diese Unterschiede zunutze machen und für den Gesamterfolg einsetzen. Bei diesem Menschenbild steht das Individuum im Vordergrund, auf das konkret eingegangen werden muss.

[79] Vgl. ebd., S. 94.

2.3. Zusammenhang Menschenbild und Wissen

Das Menschenbild einer Unternehmung ist fest in deren Unternehmenskultur verankert und gibt die Rahmenbedingungen für den Umgang mit Wissen vor. So gibt es auf der einen Seite lernfreundliche Unternehmenskulturen, die den Menschen mit seinen Kompetenzen in den Mittelpunkt stellen, sein Wissen wertschätzen und die Weiterentwicklung von Wissen fördern. Diese Unternehmen betrachten die Ressource Wissen als einen wichtigen Produktionsfaktor, den es effizient einzusetzen gilt. Auf der anderen Seite gibt es Unternehmen, die den Menschen als reine Arbeitskraft betrachten und keinerlei Wert auf Wissensentwicklung und -nutzung legen. Die Analyse des Menschenbildes des jeweiligen Untersuchungszeitraums ist insofern von Interesse, als der Einsatz der Ressource Wissen dadurch gesteuert wird. Da die Konzepte der Menschenbilder für eine Dokumentenanalyse schwer operationalisierbar sind, fließen sie indirekt in die Untersuchung ein. Vielmehr bilden sie den Handlungsrahmen für sämtliche Aktivitäten des Unternehmens, die in Zusammenhang mit dem Umgang mit der Ressource Wissen stehen, sowie mit den Entscheidungen bezüglich der Globalisierung des Unternehmens. Für die vergleichende Untersuchung bilden diese Konzepte ein Raster für die Erklärung von Unterschieden und Gemeinsamkeiten zwischen den beiden Perioden der Globalisierung. Die erläuterten Menschenbilder spiegeln die ideengeschichtliche Weiterentwicklung der Menschenbilder wider, analog zu den theoretischen Entwicklungen auf den Gebieten des Wissensmanagements und der Globalisierung. So ist zwischen den Konzepten des Wissensmanagements und den Menschenbildern eine deutliche Korrelation im Verlauf der historischen Entwicklung festzustellen. So folgt der Ansatz des Wissensmanagements nach Taylor aus den 1910er Jahren, die wissenschaftliche Betriebsführung, im Wesentlichen den Führungsphilosophien der Theorie X nach McGregor aus den 1970er Jahren, beziehungsweise dem rational-ökonomischen Menschen nach Schein aus den 1980er Jahren. Auf beiden Gebieten fand dann eine Veränderung statt, hin zu den Bausteinen des Wissensmanagements, die im Grunde einhergehen mit der Führungsphilosophie Y beziehungsweise dem Bild des komplexen Menschen. In Bezug auf die theoretischen Entwicklungen auf dem Gebiet der Globalisierung ist eine direkte Beziehung zu den Menschenbildern nur schwer herstellbar. Jedoch sind letztlich alle unternehmerischen Entscheidungen, die maßgebliche Treiber der Globalisierung sind, von dem vorherrschenden Menschenbild beeinflusst, wodurch sich der Zusammenhang dieser beider Theorien erklärt.

In der folgenden Studie sind unter dem Begriff Menschenbild vor allem die Annahmen über die Natur des Menschen zu verstehen, die ein Unternehmen hegt.

Das Menschenbild eines Unternehmens ist häufig so tief in der Unternehmenskultur verankert, so dass eine andere Sichtweise auf den Menschen, insbesondere den Mitarbeiter nicht in Betracht kommt. Aus dem jeweiligen Menschenbild leiten sich dann implizit verschiedene Verhaltensweisen im Umgang mit den Mitarbeitern ab.

3. GLOBALISIERUNG

Um den Begriff Globalisierung zu definieren, erscheint es sinnvoll, eine Abgrenzung zu Internationalisierung herzustellen. Unter Globalisierung wird dabei der Prozess der zunehmenden weltweiten Vernetzung der nationalen Märkte und Gesellschaften auf Grund technischen Fortschritts in den Bereichen Information, Kommunikation, Transport, Verkehr und Kapital sowie der zunehmenden Liberalisierung des Welthandels verstanden.[80] Im Gegensatz dazu ist unter dem Begriff Internationalisierung, in Bezug auf Unternehmen, jegliche Art von grenzüberschreitenden Aktivitäten zu verstehen.[81] Diese Definition ist insofern genauer, da ein Internationalisierungsprozess nicht global, also weltweit, sondern international, dass heißt vor allem zwischen mehreren industrialisierten Nationen abläuft. Die Globalisierung kann daher eher als eine Steigerung der Internationalisierung gesehen werden. Diese tritt ein, wenn neben dem eigenen Land nicht nur einzelne weitere Länder oder Wirtschaftsgebiete involviert sind, sondern wenn die ganze Welt von bestimmten Entwicklungen betroffen ist.[82]

3.1. Theoretische Ansätze der Globalisierung

Die nachfolgenden theoretischen Ansätze der Globalisierung basieren auf einer ökonomischen Sichtweise von Globalisierung. Das bedeutet nicht, dass andere Ansätze von geringerer Bedeutung sind, sondern heißt, dass sie für die Beantwortung der dieser Studie zu Grunde liegenden Fragen nicht relevant sind. Die folgen-

---

80 Vgl. Germann, Harald; Raab, Silke; Setzer, Martin (1999): Die Messung der Globalisierung: ein Paradoxon, S. 1f.; Weizsäcker, Carl Christian von (1999) Logik der Globalisierung, S. 47f.

81 Vgl. Dülfer, Eberhard (2001): Internationales Management in unterschiedlichen Kulturbereichen, S. 127.

82 Vgl. Germann, Harald; Rürup, Bert; Setzer, Martin (1996): Globalisierung der Wirtschaft: Begriff, Bereiche, Indikatoren, S. 18f.

den Ansätze wurden gewählt, weil sie zum einen die Globalisierung aus ganz unterschiedlichen Perspektiven erklären und zum anderen zeigen diese Ansätze die ideengeschichtliche Weiterentwicklung der theoretischen Modelle. Diese Theorien fließen jedoch nicht direkt in die Gestaltung des Untersuchungsleitfadens ein, sondern dienen einerseits dem Gesamtverständnis der Problemstellung beziehungsweise der Rahmenbedingungen der Untersuchung und andererseits stützen sie die Analyse der Untersuchungsergebnisse.

3.1.1. Theorie der Komparativen Kostenvorteile von David Ricardo

Die Theorie der Komparativen Kostenvorteile von David Ricardo aus den 1820er Jahren stellt eines der ersten Modelle zur Erklärung von grenzüberschreitenden Aktivitäten, als Grundlage der Globalisierung, dar.

Dieser Ansatz begründet den internationalen Handel und stellt damit die wichtigste Grundidee der Nationalökonomie dar.[83] Im Gegensatz zur Theorie der absoluten Kostenvorteile von Adam Smith aus den 1780er Jahren, nach der sich Länder auf die Produktion von denjenigen Gütern spezialisieren, bei denen sie absolute Kostenvorteile haben,[84] sind es laut Ricardo die relativen Kostenvorteile, die im Außenhandel erzielt werden können und für eine Volkswirtschaft den Anreiz zur Außenwirtschaft darstellen. Auch diejenigen Länder, die in allen Bereichen über absolute Kostenvorteile verfügen, sollten laut Ricardo Außenhandel betreiben, weil dann in Folge von Spezialisierungen wohlstandserhöhende Effekte eintreten.[85] Entscheidend in Ricardos Theorie sind demnach die relativen, nicht die absoluten Kostenvorteile. Der Außenhandel zwischen verschiedenen Volkswirtschaften lässt sich letztendlich dadurch begründen, dass Länder durch Spezialisierung relative Kostenvorteile für bestimmte Produkte generieren, die sie dann exportieren. Im Gegensatz dazu werden Güter, für die im Inland relative Kostennachteile bestehen, importiert.[86] Nach der theoretischen Herleitung des klassischen

83 Vgl. Dülfer, Eberhard (1996): Internationales Management in unterschiedlichen Kulturbereichen, S. 31-32.

84 Vgl. Kutschker, Michael; Schmid, Stefan (2004): Internationales Management, S. 378; Smith, Adam (1775/1976): Der Wohlstand der Nationen. Eine Untersuchung seiner Natur und seiner Ursachen.

85 Vgl. Ricardo, David (1972): Grundsätze der politischen Ökonomie und der Besteuerung, S. 107, bzw. Ricardo, David (1817): On the principles of political economy and taxation.

86 Vgl. Kutschker, Michael; Schmid, Stefan (2004): Internationales Management, S. 381.

Außenhandels, die jedoch nur eine gewisse Art von Handel erklärt, werden nun weiter greifende, theoretische Begründung der Internationalisierung dargelegt.

3.1.2. Neue Außenhandelstheorie

Zwar stellt die klassische Außenhandelstheorie eine grundlegende theoretische Erklärung von grenzüberschreitenden Aktivitäten dar, jedoch dürfte es nach diesem Modell keinen intra-industriellen internationalen Handel geben. Denn in Folge von Spezialisierungseffekten würden sich einzelne Nationen nur auf die Produktion von bestimmten Gütern festlegen. Dadurch können sie komparative Kostenvorteile schaffen, die für sie einen Wettbewerbsvorteil darstellen. Empirische Beobachtungen zeigen jedoch, dass gerade in Europa der Innovationswettbewerb in der zweiten Hälfte des 19. Jahrhunderts zu einer intra-industriellen Spezialisierung führte, also zu einem Handel mit Substituten.[87] Zwischen den einzelnen Ländern gibt es nur geringe Unterschiede in Bezug auf die Herstellkosten. Grund dafür sind Unterschiede in der Faktorausstattung sowie unterschiedliche Umweltbedingungen. So werden in fast jedem europäischen Land Automobile hergestellt und wechselseitig im- und exportiert. Gemäß der klassischen Außenhandelslehre dürfte es dieses Phänomen nicht geben, denn demnach sollte sich jede Nation auf eine bestimmte Produktkategorie spezialisieren. Diese Spezialisierung erfolgt daher nicht auf Produktebene, sondern auf Ebene von Innovationen. Dazu zählen einerseits Prozessinnovationen und andererseits Produktinnovationen, sowohl in Form von neuen Produkten, als auch in Form von Funktions- und Designoptimierungen. Die neue Außenhandelstheorie versucht dieses Phänomen zu erklären, indem sie mikroökonomische beziehungsweise unternehmerische Handlungsmotive in den Vordergrund stellt. Für den Fall der Prozessinnovationen können Kostensenkungen in Folge von Verfahrensänderungen erreicht werden, die wiederum zu einer Preissenkung führen. Im besten Fall kann diese Preisreduzierung genutzt werden, um den Marktanteil der im Ausland abgesetzten Produkte zu erhöhen. Im Gegensatz dazu kann ein Unternehmen durch Produktinnovationen für eine begrenzte Zeit eine Monopolstellung auf dem internationalen Markt erreichen, da für einen gewissen Zeitraum kein anderes Unternehmen dieses Produkt anbietet oder zumindest nicht mit denselben Features. Diese Monopolstellung durch Innovationsvorsprung ist aber nur von begrenzter Dauer, denn Konkurrenten werden versu-

---

[87] Vgl. Hotz-Hart, Beat (Hg) (2001): Innovationen: Wirtschaft und Politik im globalen Wettbewerb, S. 185-191.

chen das Produkt zu imitieren und den Vorsprung aufzuholen. Demnach tritt der Innovationswettbewerb nach und nach in den Hintergrund, stattdessen setzt dann ein Preiswettbewerb ein. Daher spielen unternehmerische Entscheidungen eine große Rolle, denn sie sind ausschlaggebend für Innovationsprozesse innerhalb von Unternehmen und stehen damit im Mittelpunkt der neuen Außenhandelstheorie.[88] Im Zusammenhang mit der folgenden Untersuchung ist die neue Außenhandelstheorie einerseits von Interesse, da sie eine ideengeschichtliche Weiterentwicklung der Erklärungsansätze zur Globalisierung darstellt, andererseits erklärt sie die Unzulänglichkeiten der Theorie von Ricardo und bildet einen Rahmen für die später folgende Analyse der Untersuchungsergebnisse. Zudem stehen Innovationen im Mittelpunkt dieser Theorie, wodurch sich wiederum der Zusammenhang mit den zuvor erläuterten Theorien des Wissensmanagements ergibt. Denn der effektive und effiziente Einsatz der Ressource Wissen ist eine unabdingbare Voraussetzung für die Schaffung von Innovationen.

3.1.3. Die Transaktionskostentheorie als theoretische Erklärung internationaler Aktivitäten

Die Transaktionskostentheorie stellt eine Weiterentwicklung der Außenhandelstheorien dar. Sie entspricht der Sichtweise der modernen Institutionenökonomie und steht daher im Gegensatz zu dem neoklassischem Ansatz nach Ricardo. Dieses Modell wurde gewählt, weil es eine breitere und komplexere Sichtweise auf die Erklärung von internationalen Geschäftsaktivitäten bietet. Sie beschränkt sich demnach nicht nur auf die Erklärung von internationalem Handel, sondern auch auf die Begründung von Direktinvestitionen, denen im Zusammenhang mit der Globalisierung eine große Bedeutung beigemessen wird.

Die Transaktionskostentheorie erläutert die Zusammenhänge und die Wechselwirkungen zwischen Unternehmen, Markt und verschiedenen Kooperationsformen zwischen Unternehmen. Sie unterstützt Entscheidungsprozesse in Bezug auf die Wahl der Organisations- und Kooperationsform von Unternehmen. Unter Transaktionen versteht Oliver Williamson die Grundeinheiten der Analyse der Transaktionskostentheorie. Eine Transaktion stellt die Übertragung von sogenannten Verfügungsrechten an Gütern und Dienstleistungen dar.[89] Dazu zählen die expliziten und impliziten Kosten der (Vertrags-)Verhandlungen über Güter und (Dienst-)Leistungen zwischen mindestens zwei Akteuren. Innerhalb der Transak-

[88] Vgl. ebd., S. 185-191.

[89] Vgl. Williamson Oliver (1996): Transaktionskostenökonomik, S. 41.

tionskostentheorie wird zwischen Exante- und Expost-Transaktionskosten unterschieden.[90] Erstere sind Informations-, Verhandlungs- und Vertragskosten, also Anbahnungskosten. Letztere sind den Kosten der Überwachung, Durchsetzung und nachträglichen Anpassung der Vertragskonditionen, also Kontroll- und Anpassungskosten zuzuordnen.[91] Effiziente Transaktionen entstehen dann, wenn die Akteure diese so organisieren, dass sie - im Vergleich zu anderen Vertrags- beziehungsweise Organisationsformen - die geringsten Transaktions- und Produktionskosten aufweisen.[92] Die Grundlage der Annahmen der Transaktionskostentheorie bildet ein bestimmtes Menschenbild, welches sich in drei Verhaltensannahmen gliedert. Beschränkte Rationalität, Opportunismus und Risikoneutralität.[93] Erstere bedeutet, dass die Akteure auf Grund kognitiver Aufnahme- und Verarbeitungsgrenzen letztendlich nur beschränkt rational handeln, obwohl sie eigentlich rationales Verhalten anstreben.[94] Im Zusammenhang mit einer unsicheren, komplexen Umwelt ergeben sich hieraus Probleme für die Vertragsgestaltung, da die Akteure nicht in der Lage sind, den Vertrag vollkommen zu spezifizieren, wodurch nachvertragliche Unsicherheitszonen entstehen.[95] Die zweite Verhaltensannahme, der Opportunismus, unterstellt den Akteuren, dass sie sich gegenüber ihren Vertragspartnern strategisch verhalten, also versuchen, ihre Interessen durchzusetzen.[96] Die dritte und letzte Verhaltensannahme, die Risikoneutralität, dient lediglich der analytischen Vereinfachung. Sie unterstellt den Akteuren, dass sie allen Vertrags- oder Organisationsalternativen neutral gegenüberstehen und sich auch untereinander nicht in ihrer Risikoneigung unterscheiden.[97] Transaktionen müssen folglich so gestaltet werden, dass Unsicherheitsprobleme soweit wie möglich minimiert werden und zudem Vorkehrungen vor dem möglicherweise opportunistischen Verhalten der Beteiligten getroffen werden.

---

90 Vgl. ebd., S. 20f.; Ebers, Mark; Gotsch, Wilfried (1995): Institutionenökonomische Theorien der Organisation, S. 209.

91 Vgl. Picot, Arnold (1982): Transaktionskostenansatz in der Organisationstheorie: Stand der Diskussion und Aussagewert, S. 267f.

92 Vgl. Williamson Oliver (1996): Transaktionskostenökonomik, S. 22; Ebers, Mark; Gotsch, Wilfried (1995): Institutionenökonomische Theorien der Organisation, S. 209.

93 Vgl. ebd., S. 20f; ebd., S. 210.

94 Vgl. ebd., S. 45f; ebd., S. 210.

95 Vgl. Picot, Arnold; Dietl, Helmut (1990): Transaktionskostentheorie, S. 179.

96 Vgl. Williamson Oliver (1996): Transaktionskostenökonomik, S. 47-50; Ebers, Mark; Gotsch, Wilfried (1995): Institutionenökonomische Theorien der Organisation, S. 210.

97 Vgl. ebd., S. 38f; ebd., S. 210.

Im Laufe oder in Folge einer Transaktion kann es zu transaktionsspezifischen Investitionen in bestimmte Einsatzfaktoren kommen. Hierdurch können durch die damit verbundenen Spezialisierungsvorteile komparative Kostenvorteile gewonnen werden, wodurch die Produktionskosten sinken.[98] Die Transaktionskosten können aber im Gegensatz dazu durch transaktionsspezifische Investitionen steigen. Auch die Unsicherheit als Merkmal der Transaktion beeinflusst deren Kosten. Eine weitere Kosteneinflussgröße stellt die angenommene Häufigkeit der Transaktionen dar. Mit zunehmender Anzahl identischer Transaktionen besteht die Möglichkeit zur Realisierung von Skalen- und Synergieeffekten. Sofern diese Potenziale genutzt werden, sinken die Produktions- und Transaktionskosten je Transaktion mit der Zunahme identischer Transaktionen.[99]

Vor dem Hintergrund der Verhaltensannahmen und der Merkmale der Transaktionen empfiehlt die Transaktionskostentheorie nun für unterschiedliche Situationen auch unterschiedliche Vertrags- beziehungsweise Organisationsformen. Je nach Ausprägung der Transaktionsmerkmale werden drei Typen institutioneller Arrangements unterschieden: Markt und Hierarchie und die dazwischen liegenden Hybridformen, die sowohl marktliche als auch hierarchische Elemente aufweisen. Die marktorientierte Form betrachtet die Transaktionskosten aus einer makroökonomischen Perspektive, im Gegensatz dazu konzentriert sich die Hierarchie, beispielsweise in der Form eines Konzerns, auf die mikroökonomischen Aspekte. In Situationen, in denen die Transaktion dadurch gekennzeichnet ist, dass keine spezifischen Investitionen getätigt werden und die vereinbarten Leistungen leicht mess- und kontrollierbar sind, empfiehlt die Transaktionskostentheorie den Markt als institutionelle Form.[100] Als Organisationsform besitzt dieser, bedingt durch den Konkurrenzdruck, einen hohen Anreiz für die Akteure sich vertragsgemäß zu verhalten, da auf Grund der nicht-spezifischen Leistungserstellung jederzeit der Transaktionspartner gewechselt werden kann. Die Steuerungs- und Kontrollmechanismen des Marktes schützen vor opportunistischem Verhalten und den Folgen der beschränkten Rationalität, dadurch sind die Transaktionskosten im Gegensatz zur Hierarchie relativ niedrig. Die Hierarchie als Koordinationsform ist hingegen dann das im Vergleich effizientere institutionelle Arrangement, wenn Transaktionen mit spezifischen Investitionen verbunden sind, beziehungsweise die daraus resultierenden Leistungen einer relativ hohen Unsicherheit unterliegen, da sie nur schwer mess- und kontrollierbar sind.[101] Da der Marktmechanismus hier nicht mehr richtig funktioniert, entsteht ein hoher Anreiz für einen Vertragspartner, sich

---

98 Vgl. ebd., S. 54f; ebd., S. 212.

99 Vgl. ebd.; S. 60f; ebd., S. 213.

100 Vgl. ebd., S. 73f; ebd., S. 216.

opportunistisch zu verhalten. Die dem entgegenwirkenden Steuerungs- und Kontrollmechanismen verursachen im Vergleich zum Markt höhere Kosten der Etablierung und Nutzung dieser Organisationsform. Innerhalb der Transaktionskostentheorie wird angenommen, dass hauptsächlich die Faktorspezifität und die Unsicherheit die Effizienz alternativer Organisationsformen beeinflussen. Daraus folgt, dass mit zunehmender Spezifität und Unsicherheit bei konstanten Produktionskosten hierarchische, im Vergleich zu marktlichen Koordinationsformen, effizienter werden. Grund dafür ist, dass Hierarchielösungen die Transaktionskosten, die sich aus der beschränkten Rationalität und dem möglichen Opportunismus der Akteure ergeben, besser berücksichtigen.

Zusammenfassend lässt sich feststellen, dass Transaktionskosten durch Spezialisierung gesenkt und somit komparative Kostenvorteile erzielt werden können. Ebenso führt eine häufige Wiederholung von Transaktionen zur Senkung der Kosten. Zudem führt der Einsatz des Faktors Wissen zu Innovationen, die wiederum eine Senkung der Transaktionskosten mit sich bringen, ein Beispiel dafür sind Innovationen im Bereich der Produktionstechnologie. Jedoch kommt es bei der Betrachtung der Transaktionskosten nicht auf die absolute Höhe, sondern auf die relative Höhe an. Grundsätzlich ist dazu anzumerken, dass makroökonomisch gesehen, durch die Ausweitung der Geschäftsaktivitäten auf internationales Terrain die Transaktionskosten gesenkt und dadurch komparative Kostenvorteile erreicht werden können. In Bezug auf die internationale Tätigkeit einer Unternehmung lässt sich zudem sagen, dass ob und in welcher Form ein Unternehmen international tätig ist, von der Höhe der Transaktionskosten abhängt. Auf der mikroökonomischen Ebene tragen die Transaktionskosten zur Entscheidung eines Unternehmens für eine Internationalisierungsform bei, denn es wählt diejenige Form, bei der die relativen Transaktionskosten am niedrigsten sind. Das Spektrum reicht dabei von marktlichen Organisationsformen wie beispielsweise dem Export bis hin zu hierarchischen Arrangements wie der Direktinvestition.

3.1.4. Porter – Wettbewerbsvorteile von Nationen

Aus der Perspektive der Ideengeschichte heraus betrachtet, stellt der Ansatz von Porter eine wesentliche Weiterentwicklung dar und wirft auf die Globalisierung

---

[101] Vgl. Williamson Oliver (1996): Transaktionskostenökonomik, S. 74f.; Williamson Oliver (1991): The nature of the firm origins, evolution and developments, S. 279f.; Ebers, Mark; Gotsch, Wilfried (1995): Institutionenökonomische Theorien der Organisation, S. 216.

einen Blick aus einer völlig anderen Perspektive. Im Vordergrund stehen der internationale Wettbewerb und die Entwicklung von Wettbewerbsvorteilen, dabei spielt insbesondere der Netzwerkgedanke eine entscheidende Rolle. Porter's Diamant-Ansatz untersucht den Ursprung der Internationalisierung, wobei dieser auf der Wettbewerbsfähigkeit von Nationen beruht. Die Grundlagen von Porter's Überlegungen stellen empirische Beobachtungen über weltweit erfolgreiche Unternehmungen aus ein und derselben Branche dar, die oftmals aus dem gleichen Land stammen.[102] Wettbewerbsvorteile von Nationen sind demnach Vorteile auf Grund derer eine Nation befähigt ist, innerhalb einer gewissen Branche, weltweit wettbewerbsfähig zu sein. Porter bezieht seinen Ansatz vorrangig auf eine branchenspezifische Wettbewerbsfähigkeit einer Nation.

Die folgende Abbildung stellt Porter's Diamant-Ansatz dar. Demnach wird die Wettbewerbsfähigkeit von vier Kerneinflussfaktoren sowie zwei ergänzenden Faktoren wechselseitig beeinflusst. Die Anordnung der Elemente entspricht optisch in etwa einem Diamanten, daher der Name Diamant-Ansatz.

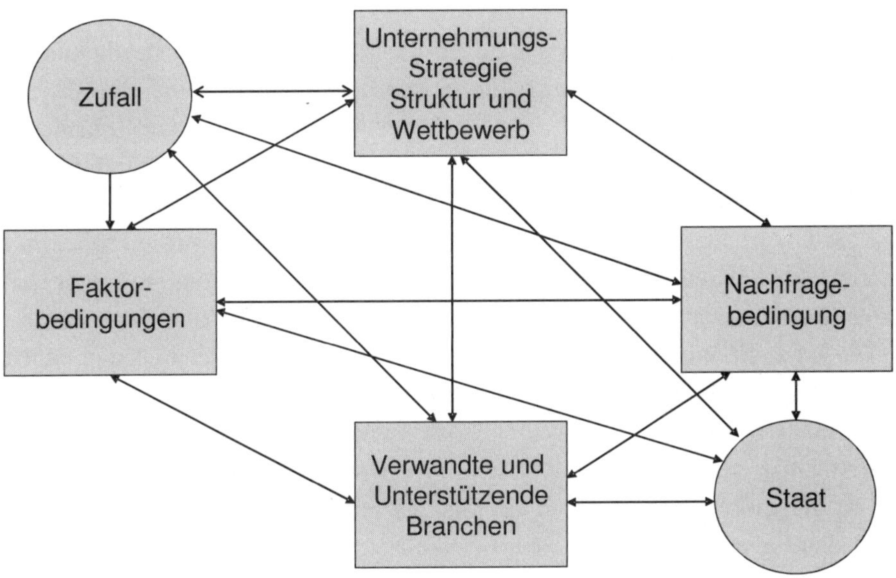

Abbildung 10: Der Portersche Diamant Ansatz[103]

[102] Vgl. Porter, Michael (1990): The Competitive Advantage of Nations. Harvard Business Review 68, no. 2.

[103] Vgl. Porter, Michael (1991): Nationale Wettbewerbsvorteile. Erfolgreich konkurrieren auf dem Weltmarkt; S. 151.

Die vier Kerneinflussfaktoren stellen zugleich die Bestimmungsfaktoren für den Wettbewerbsvorteil dar.

Unter den Faktorbedingungen ist die Position eines Landes, im Hinblick auf dessen Produktionsfaktoren, zu verstehen. Dabei ist zwischen der quantitativen Faktorausstattung und der qualitativen Ausstattung zu unterscheiden. In Bezug auf den Faktor Arbeit spielt nicht nur das Vorhandensein von ausreichend vielen Arbeitnehmern eine Rolle, sondern auch deren Ausbildungsniveau und Qualifikation. Für Porter sind vor allem die so genannten fortschrittlichen Faktoren von entscheidender Bedeutung. Dazu zählt die Fähigkeit eines Landes die Produktionsfaktoren effizient zu nutzen und zu kombinieren und sich mit Hilfe von Innovationen an die sich ändernden Marktanforderungen anzupassen. In diesem Punkt widerspricht Porter Ricardo. Nach dessen Theorie lassen sich durch eine reiche Faktorausstattung komparative Vorteile erzielen. Nach Porter's Auffassung können aber auch Länder mit einer niedrigen Faktorausstattung Wettbewerbsvorteile generieren, weil sie gelernt haben, diese knappe Ressource effektiv und effizient einzusetzen.[104]

Die Nachfragebedingungen stehen für die Höhe und die Art der Inlands- beziehungsweise Auslandsnachfrage, die letztendlich für den Innovationsdruck im Land verantwortlich sind. Sind die Nachfrager anspruchsvolle Konsumenten, die trendbewusst und aufgeschlossen gegenüber Innovationen sind, so erhöht sich der Innovationsdruck auf die Unternehmen. In Bezug auf internationale Aktivitäten kann ein Unternehmen dann von diesem Innovationsdruck profitieren, wenn der Geschmack der Konsumenten global orientiert ist, dadurch können Unternehmen international einen Vorsprung erlangen.[105]

Die Existenz international wettbewerbsfähiger, verwandter und unterstützender Branchen im Inland fördert die Wettbewerbsfähigkeit und die Internationalisierung einer Branche oder aber auch eines Standortes. Ein typisches Beispiel dafür sind Zulieferbranchen. In der Automobilindustrie wird dies besonders deutlich, da die Zulieferunternehmen im Gleichschritt mit den Automobilherstellern ins Ausland gehen. Ebenso können nachgelagerte Branchen zur Wettbewerbsfähigkeit einer Branche oder eines Standortes Unternehmens beitragen, dazu zählt vor allem der Handel, der größtenteils international aktiv ist.

Die Unternehmensstrategie, die Struktur und der Wettbewerb stellen den vierten Bestimmungsfaktor des Porterschen Ansatzes dar. Für Porter ist entscheidend wie die Unternehmen mit ihrer Struktur und ihrer Strategie auf die ersten drei Be-

[104] Vgl. ebd., S. 151f.

[105] Vgl. ebd., S. 151f.

stimmungsfaktoren reagieren. Bestimmte landes- und branchenspezifische Einflüsse gehen mit den unternehmensinternen Strategien und Strukturen sowie weiteren Faktoren einher und beeinflussen so die Wettbewerbsfähigkeit. Zudem beeinflusst der Wettbewerbsdruck auf dem Markt den Anreiz zur dauerhaften Wahrung der Wettbewerbsvorteile.[106]

Der Staat spielt insofern eine Rolle, da er Strukturanpassungen vornehmen und Einfluss auf die zuvor genannten Kernfaktoren nehmen kann. Durch Subventionen und Regulierungen greift der Staat permanent in den Markt ein und kann dadurch die Wettbewerbsfähigkeit einer Branche fördern oder einschränken. Dem Staat obliegt dadurch die Macht, den Wettbewerb einer Nation zu steuern und Innovationen anzustoßen, zu fördern oder aber auch zu hemmen. Hier ist anzumerken, dass sich der Begriff Markt nicht nur auf Gütermärkte anwenden lässt, in der folgenden Studie steht der Markt Wissen in Mittelpunkt.

Dem Zufall kommt ebenfalls eine zentrale Bedeutung zu, Porter versteht darunter zufällige Entdeckungen, Durchbrüche bei Basistechnologien sowie politische und militärische Auseinandersetzungen.

Nach Porter's Auffassung spielt die Wettbewerbsfähigkeit einer Branche innerhalb einer Nation eine entscheidende Rolle bei der Betrachtung des Ursprungs der Internationalisierung. Eine Unternehmung einer bestimmten nationalen Branche ist international umso wettbewerbsfähiger, je besser die sechs Kerneinflussfaktoren des Diamant Ansatzes innerhalb dieser Branche zusammenspielen.[107] Das heißt, je besser das Zusammenspiel der Kerneinflussfaktoren ist, desto stärker ist eine Internationalisierung des Unternehmens begünstigt. Dieser netzwerkorientierte Ansatz ermöglicht eine viel tiefere theoretische Erklärung der Globalisierung und eignet sich daher hervorragend als Raster für die Analyse der Ergebnisse der leitfadengestützten Untersuchung.

3.2. Globalisierung – ein aktuelles Phänomen oder eine langjährige Entwicklung?

Auch wenn der Begriff der Globalisierung erst gegen Ende des 20. Jahrhunderts starke Verwendung findet[108], so darf keinesfalls davon ausgegangen werden, dass weltwirtschaftliche Beziehungen erst seitdem bestehen.[109] Die folgenden Ab-

---

106 Vgl. Kutschker, Michael; Schmid, Stefan (2004): Internationales Management, S. 443.

107 Vgl. ebd., S. 443.

108 Siehe dazu Teil I Einführung.

109 Zur Entwicklung der Globalisierung aus historischer Perspektive siehe auch Fässler, Peter (2007): Globalisierung beziehungsweise Osterhammel, Jürgen; Petersson, Niels (2007):

schnitte geben daher einen kurzen Überblick über die Entwicklung des Phänomens Globalisierung.

3.2.1. Charakterisierung der Weltwirtschaft (1893-1913)

Die ersten Anzeichen von internationaler Geschäftstätigkeit stammen aus dem Zeitalter Mesopotamiens, also etwa 2000 Jahre vor Christus und haben sich dann über die Jahre hinweg kontinuierlich weiterentwickelt.[110] Entscheidend dazu beigetragen hat die europäische Expansion, die mit der Entdeckung Amerikas 1492 einsetzte.[111] Dennoch weisen diese frühen Anzeichen der Globalisierung, zum Beispiel die erste Weltreise eines Florentiner Kaufmanns[112] oder die interkontinentale Vernetzung durch das amerikanische Silber[113], erhebliche Unterschiede zu den Aktivitäten im 19. Jahrhundert auf. Die internationalen Aktivitäten vor der Industrialisierung können als weltweite Vernetzung betrachtet werden, während von einer weltwirtschaftlichen Integration erst ab der Mitte des 19. Jahrhunderts gesprochen werden kann.[114] Generell lässt sich die Entwicklung der Weltwirtschaft in drei Phasen: Integration, Expansion und Intensivierung unterteilen, die im Folgenden charakterisiert werden.[115]

Während der industriellen Revolution in Europa und USA entwickelten sich die weltwirtschaftlichen Beziehungen zu einer entscheidenden Voraussetzung für

---

Geschichte der Globalisierung. Dimensionen Prozesse Epochen.

110 Siehe hierzu zum Beispiel Fischer, Wolfram; McInnis, Marvin; Schneider, Jürgen (Hg) (1986): The emergence of a world economy 1500 – 1914; Moore, Karl; Lewis, David (1999): Birth of the Multinational. 2000 Years of Ancient Business History – From Ashur to Augustus.

111 Vgl. Schmitt, Eberhard (1991): Die Anfänge der europäischen Expansion; Schmitt, Eberhard; Verlinden, Charles (Hg) (1986): Die mittelalterlichen Ursprünge der europäischen Expansion.

112 Vgl. Schneider, Jürgen (1999): Francesco Carlettis Reise um die Welt 1594 – 1602, S. 137-151, in: Beck, Thomas et. al. (Hg) (1999): Überseegeschichte. Beiträge der jüngeren Forschung.

113 Vgl. Schleich, Thomas (1988): Edelmetalle, S.392-411, in: Schmitt, Eberhard (Hg) (1988): Dokumente zur Geschichte der europäischen Expansion, Band .4, Wirtschaft und Handel der Kolonialreiche.

114 Vgl. Predöhl, Andreas (1961): Weltwirtschaft, S. 604f.; Wagner-Braun, Margarete, Kulturelle Aspekte der Integration Chinas in die Weltwirtschaft heute und vor 100 Jahre, S. 164; Conrad, Sebastian; Osterhammel Jürgen (Hg) (2004): Das Kaiserreich transnational. Deutschland in der Welt 1871-1914.

115 Vgl. Predöhl, Andreas (1961): Weltwirtschaft, S. 604.

wirtschaftliches Wachstum[116], aber auch für eine Wohlstandssteigerung, sowie für die Beschäftigung und Ernährung der wachsenden Bevölkerung.[117] Die Expansion der Weltwirtschaft ist gekennzeichnet durch das starke Wachstum von Wirtschaft und Bevölkerung.[118] Insbesondere zwischen 1896 und 1913 erlebte diese Weltkonjunktur eine Hochphase, mit einem jährlichen Wachstum von 3-4 Prozent.[119] In diesem Zeitraum entwickelte sich eine interkontinentale Weltwirtschaft. Als Konsequenz dieser Weltwirtschaft stieg unter anderen der Welthandel stark an, der bis zum Jahre 1913 um das 25-fache gewachsen war. Das Aushängeschild des deutschen Exports im 19. Jahrhundert war neben der Elektroindustrie die chemische Industrie.[120] Insbesondere die erzielten Forschungsergebnisse im Bereich der Farben und Pharmakologie begründeten diesen Vorsprung.[121]

Der Export allein genügt jedoch nicht als Hinweis auf eine zunehmende weltwirtschaftliche Integration. Insbesondere zwei weitere Indikatoren weisen auf die Bildung einer Weltwirtschaft hin: Die interkontinentale Preiskonvergenz beziehungsweise die Bildung von Weltmarktpreisen und die steigenden Auslandsinvestitionen.[122]

Die Industrialisierung führte auf Grund der zunehmenden zwischenstaatlichen Arbeitsteilung zu einer Ausweitung der Angebots- und Nachfragebeziehungen, wobei dabei die Kapitalindustrie deutlich schneller gewachsen ist als die Konsumindustrie.[123] Dies hatte die Bildung von Weltmarktpreisen[124] zur Folge, die als In-

---

116 Zu den Kräften und Grenzen des Wachstums siehe Paqué, Karl-Heinz (2010): Wachstum! Die Zukunft des globalen Kapitalismus.

117 Vgl. Pohl, Hans (2005): Trends in der Weltwirtschaft von der Mitte des 19. Jahrhunderts bis zum Ersten Weltkrieg, S. 55. Zum Vergleich der wirtschaftlichen Entwicklung der Industrieländer im Zeitalter der Industrialisierung siehe auch Feldenkirchen, Wilfried (1983): Wirtschaftswachstum, Technologie und Arbeitszeit von der Frühindustrialisierung bis zum ersten Weltkrieg.

118 Vgl. Predöhl, Andreas (1961): Weltwirtschaft, S. 607.

119 Vgl. Pohl, Hans (2005): Trends in der Weltwirtschaft von der Mitte des 19. Jahrhunderts bis zum Ersten Weltkrieg, S. 58.

120 Vgl. Quincke, Friedrich (1926): Chemische Industrie, S. 167f.

121 Vgl. Wagner-Braun, Margarete (2005): Innovationen als Determinanten der Globalisierung im 19. und 20. Jahrhundert, S. 145.

122 Vgl. Fässler, Peter (2007): Globalisierung, S. 80.

123 Zum Begriff der Industrialisierung siehe unter anderem Hoffmann, Walther (1956): Industrialisierung, S. 224ff.

124 Hinter dem Begriff des Weltmarktpreises steht die theoretische Überlegung, dass bei einem weltweit integrierten Markt sich nur ein Preis – der Weltmarktpreis entwickeln kann; bei fraktionierten Märkten unterscheiden sich die Preise dann nur durch die Transportkosten, die Preiskurven verlaufen parallel, siehe dazu auch Torp, Cornelius (2005): Die Herausforderung

dikator für eine Weltkonjunktur herangezogen werden konnten. So entstanden bereits im ausgehenden 19. Jahrhundert Warenbörsen für relativ homogene Güter und dadurch Weltmärkte und Weltmarktpreise zum Beispiel für Getreide, Wolle, Baumwolle, Petroleum, Kaffee, Zucker und Nichteisenmetalle.[125]

Unternehmen gründeten nun aber auch vermehrt Vertriebs- und Produktionsniederlassungen im Ausland, tätigten verstärkt Direktinvestitionen[126] und beschränkten sich nicht mehr auf den Handel allein, daher kann die Zeit der industriellen Revolution auch Phase der weltwirtschaftlichen Integration bezeichnet werden. Obwohl es bereits im Mittelalter vereinzelt zu Direktinvestitionen im Ausland kam, lassen sich wirklich bedeutende Direktinvestitionen, in Bezug auf das Volumen, erst ab der Mitte des 19. Jahrhunderts feststellen. So kauften nun beispielsweise europäische und nordamerikanische Unternehmen Plantagen oder beteiligten sich an internationalen Infrastrukturprojekten, wie beispielsweise dem Bau der Bagdadbahn. Insgesamt stiegen die Auslandsinvestitionen zwischen 1870 und 1913 von ca. 10 Mrd. USD auf ca. 47,5 Mrd. USD an.[127] Besonders für den Technologietransfer und die technische Wissensvermittlung zwischen verschiedenen Ländern, spielten die Direktinvestitionen von Unternehmen eine große Rolle. Charakteristisch für die Zeit der Weltwirtschaft vor 1913 war auch, dass Direktinvestitionen vor allem im primären und tertiären Sektor getätigt wurden. Dazu zählen beispielsweise Investitionen in den Rohstoffsektor und in Dienstleistungsunternehmen wie Banken oder Transportbetriebe. So brachte die Industrialisierung einen Strukturwandel zu Gunsten des sekundären Wirtschaftssektors mit sich, der zu einem anhaltenden Wachstum des Sozialproduktes führte.

Die Weltwirtschaft ab der Mitte des 19. Jahrhunderts lässt sich durch fünf wesentliche Merkmale charakterisieren. Innovationen auf dem Gebiet der Produktion, dem Transport und der Kommunikation ermöglichten nun weltweites Agieren.[128] Eine wesentliche Voraussetzung für den Strukturwandel und das Wirtschaftswachstum war die Revolutionierung des Transport- und Kommunikations-

---

der Globalisierung. Wirtschaft und Politik in Deutschland 1860-1914, Göttingen, S. 34.

125 Vgl. Borchardt, Knut (2001): Globalisierung in historischer Perspektive, S. 9.

126 Unter Direktinvestitionen sind ausländische Vermögensanlagen zu verstehen, bei denen neben dem Kapitalfluss auch der Einfluss und die Kontrolle auf die Geschäftstätigkeit im Ausland, eine Rolle spielen.

127 Vgl. Fässler, Peter (2007): Globalisierung, S. 82; Kabisch, Thomas (1982): Deutsches Kapital in den USA.

128 Vgl. ebd., S. 75.

wesen, die Entwicklung von neuen Technologien und der Transfer von Technologien, so wurde der Verkehr zum Integrationsinstrument der Weltwirtschaft.[129]

Ein weiteres Merkmal war die Einführung von internationalen Rechts-, Währungs- und Technologiestandards, wodurch die Kosten und das Risiko für international tätige Unternehmen deutlich minimiert werden konnten.[130] Dazu zählen technologische Standards etwa beim Schienenverkehr oder den Telegraphenverbindungen, der internationale Goldstandard oder aber auch das Patentgesetz. Das Deutsche Reich erließ 1877 ein einheitliches Patentgesetz, zum Ende des 19. Jahrhunderts hatte alle Staaten, die nur im geringstem Maße am Welthandel beteiligt waren, eigene Patentgesetze erlassen. Durch ein Erfindungspatent wurde das Recht zur Alleinverwertung, zumindest zeitweise, einer technischen Erfindung beurkundet.[131] Neben dem rechtlichen Schutz, der dadurch für die Unternehmen gegeben war, erfüllten die Patente auch den Zweck weitere Forschung anzuregen.[132] Für den Welthandel waren insbesondere Verträge zwischen Staaten von großer Bedeutung. Es entstand ein rechtliches Rahmenwerk, das die Grundlage für den Ausbau der Verkehrs-, Handels- und Kreditwirtschaft bildete.[133] Diese internationalen Kollektivverträge sollten insbesondere den Welthandel liberalisieren und eine internationale Verflechtung ermöglichen. Es gab jedoch auch rechtliche Rahmenbedingungen, wie das Patentrecht oder die Zollbestimmungen, die insbesondere Direktinvestitionen begünstigten oder sogar erforderten. Dies war dann der Fall, wenn einerseits nur im Land produzierte Güter dem Patentschutz unterlagen oder die Einfuhr von Gütern extrem hohen Zöllen unterlag, so dass eine Produktion vor Ort lukrativer war. Diese internationalen Rechtsstandards führten somit zu einer Intensivierung der Weltwirtschaft.

Das dritte Charakteristikum stellte die Existenz eines Hegemons sowohl auf maritimem als auch auf ökonomischem Gebiet dar, in diesem Fall übernahm Großbritannien diese Rolle.[134] Die Dominanz des Vereinigten Königreichs beispielsweise auf dem Gebiet der Direktinvestitionen ist unverkennbar. Im Jahre 1914 konnte fast die Hälfte der weltweiten Auslandsdirektinvestitionen dem Vereinigten Königreich zugeschrieben werden. England erreichte 1914 einen Kapital-

---

129 Vgl. Predöhl, Andreas (1961): Weltwirtschaft, S. 606; Pohl, Hans (2005): Trends in der Weltwirtschaft von der Mitte des 19. Jahrhunderts bis zum Ersten Weltkrieg, S. 58f.

130 Vgl. Fässler, Peter (2007): Globalisierung, S. 75.

131 Vgl. Machlup, Fritz (1964): Patentwesen, S. 231f.

132 Vgl. Quincke, Friedrich (1926): Chemische Industrie, S. 170.

133 Vgl. Pohl, Hans (2005): Trends in der Weltwirtschaft von der Mitte des 19. Jahrhunderts bis zum Ersten Weltkrieg, S. 59.

134 Vgl. ebd. S. 75.

export, gemessen an der Bruttokapitalbildung, von 50 Prozent, was bisher kein anderes Land erreicht hatte.[135] Die Vorherrschaft des Vereinigten Königreichs ging dabei soweit, dass analog zu den USA heute, die geschäftlichen und monetären Regeln bestimmt wurden. Das Britische Pfund stellte zu dieser Zeit die Leitwährung dar, ähnlich wie heute der US-amerikanische Dollar.[136] Das Vereinigte Königreich beherrschte zudem den weltweiten Hauptverkehrsträger, die Seeschifffahrt und London war das Zentrum der Überseekabel. Der enorme Kapitalexport Großbritanniens[137] trieb die Globalisierung voran, da dadurch sämtliche überseeische Gebiete erschlossen und vernetzt wurden.[138]

Ende des 19. Jahrhunderts traten auch verstärkt multinationale Unternehmen in den Markt. Das rasante Wachstum der Weltwirtschaft[139] wurde nicht zuletzt durch eine (wirtschafts-) politische Leitidee, den Liberalismus, der diesen Zeitraum kennzeichnete, begründet.[140] Im Laufe des 19. Jahrhunderts setzte sich eine positive Auffassung gegenüber dem freien Handel aber auch der Liberalisierung der Finanz- und Kapitalmärkte durch, die das Wachstum der Weltwirtschaft förderte.

Die zuvor beschriebene Phase der weltwirtschaftlichen Expansion endete mit dem Ergebnis einer bi-zentrischen Weltwirtschaft, ausgerichtet auf die zwei Kraftfelder Westeuropa und Nordamerika. Diese beiden Zentren durchdrangen sich gegenseitig und überschnitten sich nicht nur in den Absatzmärkten. Nachdem nun das Wachstum der Wirtschaft bei gleichzeitiger Ausdehnung des Wirtschaftsraums weitestgehend abgeschlossen war, setzte Anfang des 20. Jahrhunderts eine Phase der Intensivierung ein, das heißt Wachstum im gegebenen Raum.[141]

---

135 Vgl. Dunning, John (1979): Studies in International Investment, S. 18.

136 Vgl. Schumann, Harald (1999): Das Jahrhundert des Kapitalismus: Die Globalisierung – Revolution des Kapitals, S. 121f.

137 Die britischen Auslandsanlagen wurden für 1914 auf 18,3 Mrd. Dollar geschätzt, danach folgte Frankreich mit 8,6 Mrd. Und das Deutsche Reich mit 5,6 Mrd. , siehe dazu beispielsweise Tilly, Richard (1992): Der deutsche Kapitalmarkt und die Auslandsinvestitionen von 1870 bis 1913.

138 Vgl. Pohl, Hans (2005): Trends in der Weltwirtschaft von der Mitte des 19. Jahrhunderts bis zum Ersten Weltkrieg, S. 55.

139 In dem Zeitraum zwischen 1872 und 1913 hat sich der Weltexport mehr als verdreifacht, siehe dazu Torp, Cornelius (2005): Die Herausforderung der Globalisierung. Wirtschaft und Politik in Deutschland 1860-1914, Göttingen, S. 372.

140 Vgl. ebd. S. 76.

141 Vgl. Predöhl, Andreas (1961): Weltwirtschaft, S. 609f.

3.2.2. Charakterisierung der Globalisierung zwischen (1985-2005)

Die derzeitige Phase der Globalisierung manifestierte sich Mitte der 80er Jahre des 20. Jahrhunderts, ausgelöst durch eine Liberalisierung der Märkte und die Verbreitung moderner Informations- und Kommunikationstechnologien. Das Wort Globalisierung ist heutzutage in aller Munde und wird in ganz unterschiedlicher Art und Weise verwendet, oftmals mit einer negativen Konnotation. Um die Globalisierung von 1985-2005 zu charakterisieren, empfiehlt es sich zunächst die Objekte der Globalisierung, das heißt die Bereiche die heute von der Globalisierung betroffen sind, getrennt zu betrachten und im Anschluss daran deren Wechselwirkungen.[142] In jedem Objekt trugen verschiedene Aspekte zur Intensivierung der Globalisierung bei. Die nachfolgenden Abbildung gibt einen Überblick über die Objekte der Globalisierung und deren Zusammenspiel.

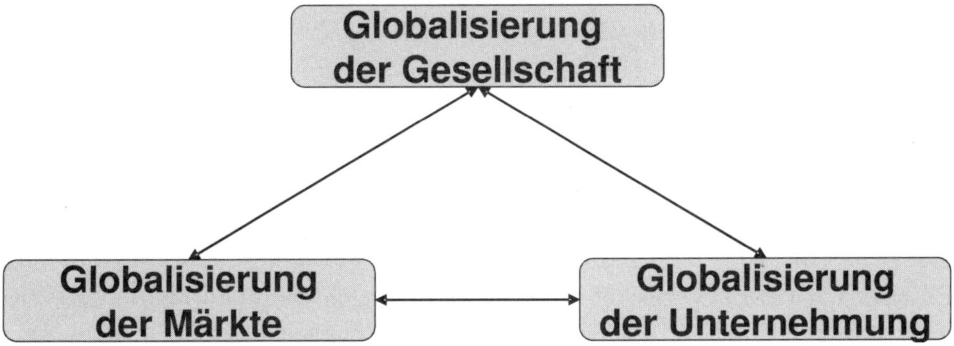

Abbildung 11: Objekte der Globalisierung[143]

3.2.2.1. Globalisierung der Märkte

Aus volkswirtschaftlicher Sicht zählen dazu insbesondere die Finanz- beziehungsweise Kapitalmärkte, die Arbeitsmärkte und die Waren- und Dienstleistungsmärkte. Die Globalisierung der Märkte stellt einen Prozess dar, der mit einst abgeschotteten Märkten begonnen hat, die sich zunächst zu länderübergreifenden Märkten und schließlich zu Weltmärkten entwickelt haben.[144] Im 19. Jahrhundert war der

142 Zur Globalisierung der Märkte und Unternehmen siehe auch Nahrendorf, Rainer; Schäfer, Waldemar (Hg) (1996): Wegmarkierungen. 50 Jahre Wirtschaftsgeschichte im Handelsblatt.

143 Vgl. Kutschker, Michael; Schmid, Stefan (2004): Internationales Management, S. 161.

144 Vgl. Bamberger, Ingolf; Wrona, Thomas (1997): Globalisierungsbetroffenheit und Anpassungsstrategien von Klein- und Mittelunternehmen – Ergebnisse einer empirischen Untersu-

Finanzmarkt noch stärker, aber nicht ausschließlich, an den Waren- und Arbeitsmarkt gekoppelt. Diese Bindung besteht heute nur noch in einem geringen Maße, was beispielsweise dadurch deutlich wird, dass Statistiken zufolge die Finanzmärkte die am frühesten globalisierten Märkte sind. Ein Grund dafür ist, dass sich mittlerweile Finanztransaktionen mit großen Volumina problemlos über Ländergrenzen hinweg durchführen lassen und dadurch die internationale finanzielle Verflechtung begünstigt wird. Der Grad der Globalisierung des Finanzmarktes lässt sich besonders deutlich veranschaulichen, durch die Betrachtung der Entwicklung des Wertpapierhandels. Das von institutionellen Investoren verwaltete Vermögen ist in den letzten Jahrzehnten rasant von knapp drei Billionen USD im Jahr 1980 auf gut 55 Billionen USD im Jahr 2005 gewachsen.[145]

Die Entwicklung der Warenmärkte lässt sich mit einem Blick auf den Anstieg der deutschen Im- und Exporte verdeutlichen. Während die deutschen Exporte im Jahr 1980 noch bei 179 Mrd. € und die Importe bei 174 Mrd. € lagen, verdreifachte sich der Außenhandel, so dass die Exporte im Jahr 2005 bereits 786 Mrd. €, die Importe 625 Mrd. € betrugen.[146] In Bezug auf die Globalisierung der Märkte ist zudem anzumerken, dass sie sowohl in der Weltwirtschaft vor 1913 als auch der Globalisierung von 1985-2005 eine Rolle gespielt hat. Wobei Ende des 20. Jahrhunderts eine Intensivierung durch den Zusammenbruch des Kommunismus und die Öffnung der Grenzen eintrat. Dazu beigetragen hat auch die Integration Japans, dass seit 1945 Teil der freien Welt war. Dies wurde durch die Öffnung Chinas nach 1990 noch weiter verstärkt, so dass sich eine multizentrische Weltwirtschaft entwickelte.[147] Die Globalisierung der Märkte führte von einem verstärkten internationalen Handel hin zu wachsenden internationalen Direktinvestitionen.

3.2.2.2. Globalisierung der Unternehmung

Unternehmen treten sowohl als Aktoren als auch als Reaktoren im Globalisierungsprozess auf. Einerseits sind sie von der Globalisierung der für sie relevanten

chung, S. 714; Wrona, Thomas (1999): Globalisierung und Strategien der vertikalen Integration. Analyse – Empirische Befunde – Gestaltungsoptionen, S. 123f.; Wrona, Thomas (2000): Die Gestaltung von vertikalen Integrationsstrategien in globalisierenden Märkten. Ergebnisse einer empirischen Untersuchung, S. 69.

145 Vgl. Bundeszentrale für politische Bildung, www.bpb.de.

146 Vgl. Statistisches Bundesamt, www.destatis.de.

147 Vgl. Predöhl, Andreas (1961): Weltwirtschaft, S. 610.

Branchen und Märkte betroffen und müssen darauf ihre Struktur und Strategie anpassen. Auf der anderen Seite treten sie aber auch selbst als Aktoren auf und nehmen so direkten Einfluss auf den Globalisierungsprozess.[148] So genannte Multinationals, Unternehmen die weltweit tätig sind, sind entlang ihrer kompletten Wertschöpfungskette globalisiert. Daher ist es für diese Unternehmen selbstverständlich, dass die Beschaffung weltweit erfolgt, die Produktion beispielsweise in ein Niedriglohnland verlegt und der Absatzmarkt international betrachtet wird. Darüber hinaus sind auch sämtliche Hilfsprozesse globalisiert. Die Kapitalbeschaffung erfolgt auf internationalen Kapitalmärkten, das Personalrecruiting auf dem internationalen Arbeitsmarkt. Das Handelsblatt lobte diese Unternehmen sogar einst als die Wachstumsmaschine der Weltwirtschaft. Für diese Unternehmen ist eine ständige Bewertung der weltweiten Standorte, nach Kosten und Produktivität, zum Tagesgeschäft.[149] Insbesondere die Arbeitsteilung in Produktions- und Innovationsprozessen begünstigte die globale Ausrichtung der Unternehmen. Während heute auch mittelständische Unternehmen global aktiv sind, waren es im 19. Jahrhundert vorwiegend die großen Konzerne.

3.2.2.3. Globalisierung der Gesellschaft

Auf Grund der Globalisierungstendenzen in den Märkten und den Unternehmungen setzte auch ein Globalisierungsprozess in der Gesellschaft ein.[150] So stellen beispielsweise globalisierte Unternehmen globale Produkte her, das heißt Produkte, die weltweit und ohne jegliche regionale Besonderheit produziert und vertrieben werden. Dazu zählen die großen Fastfood-Ketten wie McDonalds, Burger King, Kentucky Fried Chicken oder der Softdrinkhersteller Coca Cola, aber auch Textilartikel der Marken Adidas, Puma und Nike sind international verfügbar. Durch diese Unternehmensstrategie wird der Gesellschaft langsam aber sicher ein globaler Geschmack auferlegt. Ein weiteres bezeichnendes Beispiel für die Globalisierung der Gesellschaft ist die Barbie. Sie wird durch eine weltweite Arbeitsteilung hergestellt, weltweit gehandelt und transportiert und führt zu einer kulturellen Homogenisierung beziehungsweise Amerikanisierung. Die Barbie transpor-

---

148 Vgl. Kutschker, Michael; Schmid, Stefan (2004): Internationales Management, S. 161.

149 Vgl. Nahrendorf, Rainer; Schäfer, Waldemar (Hg) (1996): Wegmarkierungen. 50 Jahre Wirtschaftsgeschichte im Handelsblatt, S. 378.

150 Siehe dazu beispielsweise Brill, Klaus (2009): Deutsche Eiche made in China. Die Globalisierung am Beispiel eines deutschen Dorfes.

tiert körperliche und kulturelle Werte weltweit in Kinderzimmer.[151] Die Globalisierung der Gesellschaft führt zu einer kulturellen Vermischung und charakterisiert insbesondere die Globalisierung ab 1985, wohingegen in Weltwirtschaft noch keine Anzeichen dafür zu Erkennen waren.

3.2.3. Determinanten der Globalisierung

Im folgenden Abschnitt werden die Determinanten der Globalisierung sowohl für das 19. als auch für das 20. Jahrhundert gemeinsam betrachtet. Sind es doch größtenteils die gleichen Determinanten, die die Globalisierung ermöglichten und förderten, sie waren jedoch in den beiden Phasen unterschiedlich ausgeprägt und gewichtet. Diese Determinanten trugen zur Intensivierung der Weltwirtschaft beziehungsweise der Globalisierung bei. Sie lassen sich im Wesentlichen in die folgenden drei Kategorien untergliedern:

- wirtschaftlich-institutionelle Rahmenbedingungen
- technische Innovationen
- Träger der Globalisierung[152]

3.2.3.1. Wirtschaftlich-institutionelle Rahmenbedingungen

Insgesamt war das 19. Jahrhundert gekennzeichnet durch die Liberalisierung der Wirtschaftssysteme in ganz Europa. Dazu trug entscheidend der Cobden-Chevalier-Vertrag (1860) zwischen den führenden Handelsmächten Großbritannien und Frankreich bei. Dieser Vertrag war Vorbild für zahlreiche folgende bilaterale Freihandelsverträge.[153] Gleichzeitig begann damit die handelspolitische Periode der unbedingten Meistbegünstigung. Das heißt, es galt grundsätzlich ein gleiches Zollniveau für jedes Land, mit Ausnahme von bestimmten Beschränkungen, mit dem Ziel, die Entstehung und Ausübung von monopolistischer Marktmacht im in-

---

151 Vgl. Fässler, Peter (2007): Globalisierung, S. 11f.

152 Vgl. Wagner-Braun, Margarete (2005): Innovationen als Determinanten der Globalisierung im 19. und 20. Jahrhundert, S. 131.

153 Vgl. Pohl, Hans (2005): Trends in der Weltwirtschaft von der Mitte des 19. Jahrhunderts bis zum Ersten Weltkrieg, S. 59.

ternationalen Handel zu verhindern.[154] Allgemein gesprochen gab es im 19. Jahrhundert keinerlei Hemmnisse, die eine weltweite Verflechtung und Vernetzung behindert oder eingeschränkt hätten, es herrschte ein relativer Freihandel, ohne dass durch Zölle der Wettbewerb verzerrt wurde.[155] So wurde die Weltmarktgemeinschaft auch im 19. Jahrhundert kontinuierlich erweitert, dadurch konnten große Landstriche inklusive der Nutzung deren Rohstoffvorkommen und Landwirtschaft erschlossen werden. Dies hatte zum einen erhebliche Auswirkungen auf die Produktionsmöglichkeiten und zum anderen eine Erweiterung der Absatzmärkte zur Folge.[156] Einen entscheidenden Impuls für den Globalisierungsprozess im 19. Jahrhundert lieferte die Etablierung des ersten Weltwährungssystems, des klassischen Goldstandards, der ein weltumspannendes Netz an Wechselkursrelationen aufbaute und festlegte. Dieses feste Wechselkurssystem bot Kaufleuten und Unternehmen eine berechenbare Grundlage für deren Kalkulationen und Investitionsentscheidungen und hatte so eine Senkung der Transaktionskosten zur Folge. Dennoch reduzierte sich zunächst das Wachstumstempo des Welthandels deutlich. [157] Während im 20. Jahrhundert internationale Institutionen für internationale Finanz- und Währungsabkommen zuständig waren, übernahmen im 19. Jahrhundert vorwiegend Banken, internationale Konzerne und nationale Regierungen diese Aufgaben.[158] Daraus resultierten im Wesentlichen Kollektivverträge auf den Gebieten Post, Schifffahrt und Patentwesen.

Der Globalisierungsprozess im 20. Jahrhundert war geprägt durch zwei wichtige Impulse: Den Fall des Eisernen Vorhangs und darauf folgend die Eingliederung der osteuropäischen Staaten in die EU einerseits und die Wirtschaftsreformen Chinas andererseits, welche zur Integration Chinas in die Weltwirtschaft führten.[159] Insbesondere diese beiden Tatsachen führten zu einer deutlichen Ausweitung des relevanten Marktes, sowohl in Bezug auf den Absatzmarkt, als auch in Bezug auf potentielle Standorte für Direktinvestitionen und insbesondere auch für den Arbeitsmarkt. Für die Steigerung des Welthandelsvolumens waren in die-

---

154 Vgl. Pütz, Theodor (1961): Meistbegünstigung, S. 285ff.

155 Vgl. Cameron, Rondo (1992): Geschichte der Weltwirtschaft, Band 2: Von der Industrialisierung bis zur Gegenwart, Stuttgart, S. 154.

156 Vgl. Torp, Cornelius (2005): Die Herausforderung der Globalisierung. Wirtschaft und Politik in Deutschland 1860-1914, Göttingen, S. 31.

157 Vgl. Wagner-Braun, Margarete (2005): Innovationen als Determinanten der Globalisierung im 19. und 20. Jahrhundert, S. 134.

158 Vgl. Tilly, Richard (1999): Globalisierung aus historischer Sicht und das Lernen aus der Geschichte, S. 34.

159 Vgl. Wagner-Braun, Margarete (2005): Innovationen als Determinanten der Globalisierung im 19. und 20. Jahrhundert, S. 132.

ser Zeit im Wesentlichen drei international arbeitende Institutionen verantwortlich. Zunächst wurde im Jahr 1947 das GATT unterzeichnet, ein allgemeines Zoll- und Handelsabkommen, das es sich zum Ziel gesetzt hatte Zoll- und Handelsbarrieren abzubauen.[160] Das GATT, das eine moderne Form der Meistbegünstigung darstellte, legte den Grundstein für die spätere Gründung der World Trade Organization (WTO) im Jahre 1995, die im Wesentlichen zwei Kernaufgaben verfolgte: Zum einen die Koordination der Wirtschaftspolitik der Mitgliedsstaaten und zum anderen die Streitentscheidung zwischen Mitgliedern.[161] Daneben wurde im Jahr 1950 die Europäische Gemeinschaft für Kohle und Stahl und 1958 die Europäische Wirtschaftsgemeinschaft mit dem Ziel gegründet, die Länder Europas wirtschaftlich und politisch zu vereinen und um dauerhaften Frieden zu sichern. Diese Gemeinschaft hat sich seitdem kontinuierlich weiterentwickelt und ging in der heutigen Europäischen Union auf, die einen EU-weiten Binnenmarkt für den freien Verkehr von Waren, Dienstleistungen, Personen und Kapital schuf.[162] Europa konnte sich durch die zuvor beschriebene Verbesserung der Rahmenbedingungen zu einer Großraumwirtschaft entwickeln, denn der Prozess der Europäischen Integration, sowohl funktionell als auch institutionell, erhielt kontinuierlich neue Impulse.[163] Neben diesen eher handelsorientierten Institutionen sind der Internationale Währungsfonds (IWF), die Weltbank und die Bank für Internationalen Zahlungsausgleich für die internationalen Finanz- und Währungsabkommen zuständig. Der Zusammenbruch des Währungssystems von Bretton-Woods (1973) führte zur Einführung eines Systems mit flexiblen Wechselkursen. Dadurch konnte sich das System an die Marktströmungen anpassen und auf Veränderungen entsprechend reagieren.[164] Obwohl im historischen Verlauf immer wieder Festkurssysteme eingerichtet wurden, so hat es sich doch gezeigt, dass zu einer funktionierenden Marktwirtschaft zwingend flexible Wechselkurse gehören.[165] So hatte die Ablösung des Währungssystems die Beschleunigung der Globalisierung zur Folge, begründet durch die Zunahme der internationalen Kapitalbewegungen und die rasant angestiegenen Direktinvestitionen.[166] Durch die Einführung des Euro im Jahr 1999, zunächst nur als Buchgeld und ab dem 1.1.2002 als Bargeld, entstan-

---

160 Vgl. World Trade Organization, The General Agreement on Tariffs and Trade, www.wto.org.

161 Vgl. World Trade Organization, www.wto.org.

162 Vgl. Das Portal der Europäischen Union, www.europa.eu/abc/history/index_de.htm.

163 Vgl. Predöhl, Andreas; Jürgens, Harald (1961): Europäische Integration, S. 371ff.

164 Vgl. Wagner-Braun, Margarete (2005): Innovationen als Determinanten der Globalisierung im 19. und 20. Jahrhundert, S. 135.

165 Vgl. Wagner-Braun, Margarete (2002): International veränderte Währungsverhältnisse als Impuls für die Weiterentwicklung der Wechselkurstheorie, S. 81f.

den für Unternehmen wieder ähnliche Rahmenbedingungen wie durch den Goldstandard. Das Risiko von Wechselkursschwankungen wurde deutlich reduziert, zumindest in der Euro-Zone war keine Abwertung der Währung mehr möglich. Die Stabilisierung nach außerhalb der Eurozone wurde durch die Europäische Zentralbank sichergestellt. Ein letzter aber nicht weniger bedeutender Aspekt in diesem Zusammenhang ist die Liberalisierung und Deregulierung der Märkte. Die Abschottung und staatliche Regulierung zahlreicher Märkte führte dazu, dass sich in diesen Märkten kein freier Wettbewerb entwickeln konnte und diese Märkte von einem internationalen Wettbewerb abgeschirmt waren. Ein Beispiel dafür war der Markt der Telekommunikation, der lange Zeit staatlich reguliert war und erst mit der Deregulierung dieses Marktes konnten sich moderne Kommunikationstechnologien wie der Mobilfunk oder das Internet ausbreiten und so zu einer verstärkten internationalen Vernetzung beitragen. Ein wesentlicher Unterschied der beiden Phasen in Bezug auf die Kommunikation ist die Billigkeit und die Massenhaftigkeit der Nachrichtenübermittlung in der Globalisierung.[167] Darüber hinaus ist anzumerken, dass die institutionellen und organisatorischen Rahmenbedingungen im 20. Jahrhundert eine erstaunliche Kontinuität aufweisen. Dies liegt insbesondere daran, dass die großen Herausforderungen auf die gegenwärtigen Märkte bereits seit Ende des 19. Jahrhunderts zu den wirtschaftlichen Entwicklungen in Deutschland zählen.[168]

3.2.3.2. Technische Innovationen

Eine wesentliche Determinante in Bezug auf die Globalisierung ist die Entwicklung des Verkehrs.[169] Die Verkehrsinfrastruktur trägt erheblich zu einer internationalen Vernetzung bei. Betrachtet man die Entwicklungen auf dem Gebiet der Eisenbahn, die letztendlich durch die Erfindung der Dampfmaschine ausgelöst wurde, wird deutlich, dass das Eisenbahnnetz sehr schnell auch über die einzelnen Ländergrenzen hinweg ausgebaut und dadurch ein internationaler Handels- und Reiseverkehr ermöglicht wurde. Zwar gab es früher schon Handels- und Reisever-

166 Vgl. Morgan Guaranty Trust Company of New York, World Financial Markets, November 1998, Heft 10.

167 Vgl. Borchardt, Knut (2001): Globalisierung in historischer Perspektive, S. 7.

168 Vgl. Abelshauser, Werner (2004): Das Produktionsregime der chemischen Industrie im sozialen Produktionssystem der deutschen Wirtschaft des 20. Jahrhunderts, S. 75.

169 Vgl. Wagner-Braun, Margarete, Kulturelle Aspekte der Integration Chinas in die Weltwirtschaft heute und vor 100 Jahre, S. 165.

kehr über Ländergrenzen hinweg, jedoch beschleunigte die Eisenbahn diesen Austausch im besonderen Maße. Durch den rasanten und großflächigen Ausbau des Eisenbahnnetzes, das nahezu alle von der Industrialisierung betroffenen Staaten einbezog, konnte die Transportkapazität beträchtlich gesteigert werden.[170] Dadurch wurde der Transport zudem bedeutend günstiger, zuverlässiger und risikoärmer.[171] Die technischen Verbesserungen in der Dampfschifffahrt, wie beispielsweise der Einsatz von Dieselmotoren ermöglichten auch transatlantische Fahrten im großen Stil. Daher blieb die Hochseeschifffahrt im interkontinentalen Verkehr führend. Wohingegen der Verkehr innerhalb der Kontinente verstärkt durch die Eisenbahn abgedeckt wurde.[172] So führten die verkehrstechnischen Fortschritte im Zusammenhang mit der Reduzierung der Tarife für die Nutzung der Verkehrswege zu einer erheblichen Leistungssteigerung im Transportbereich.[173] Die Senkung der Transportkosten als wesentlicher Teil der Transaktionskosten machte den internationalen Handel auch für Massengüter finanziell lukrativ und eine intensive internationale Arbeitsteilung ökonomisch sinnvoll.

Eine weitere Determinante der Globalisierung stellt die Kommunikation, besser gesagt die Kommunikationstechnologie dar. War es doch die Erfindung des Telegraphen die erstmals eine grenzüberschreitende Kommunikation nahezu in Echtzeit ermöglichte und dadurch zur internationalen Vernetzung beitrug. Durch die rasante Verkürzung bei der Übermittlung von Informationen wurde die gesamte Logistik des Welthandels enorm verändert. Zudem trug die Telegraphie dazu bei, internationale Finanz- und Kapitalmärkte zu integrieren.[174] Neben der verbalen Kommunikation wurde auch die nonverbale Kommunikation in Form von Briefen zu dieser Zeit revolutioniert. So konnte durch die Gründung des Weltpostvereins im Jahre 1878 der Weltpostverkehr zwischen 32 Staaten vereinheitlicht werden.[175]

170 Vgl. Wagner-Braun, Margarete (2005): Innovationen als Determinanten der Globalisierung im 19. und 20. Jahrhundert, S. 138.

171 Vgl. Pohl, Hans (2005): Trends in der Weltwirtschaft von der Mitte des 19. Jahrhunderts bis zum Ersten Weltkrieg, S. 59.

172 Vgl. ebd., S. 60.

173 Vgl. Wagner-Braun, Margarete (2005): Innovationen als Determinanten der Globalisierung im 19. und 20. Jahrhundert, S. 138.

174 Vgl. Torp, Cornelius (2005): Die Herausforderung der Globalisierung. Wirtschaft und Politik in Deutschland 1860-1914, S. 40f.

175 Vgl. Pohl, Hans (2005): Trends in der Weltwirtschaft von der Mitte des 19. Jahrhunderts bis zum Ersten Weltkrieg, S. 61.

Auch in der zweiten Phase spielen die Entwicklungen und Fortschritte im Verkehr eine zentrale Rolle, wenn es um die internationale Vernetzung geht. Nur dass es im 20. Jahrhundert nicht mehr die Eisenbahn oder das Schiff waren, die den internationalen Austausch forcierten, sondern das Kraftfahrzeug und das Flugzeug. Wenngleich diese Verkehrsmittel bereits zu Beginn des 20. Jahrhunderts entwickelt wurden, so manifestierte sich ihr Impuls für den Globalisierungsprozess erst aus kontinuierlichen Verbesserungsinnovationen und daraus resultierenden Skaleneffekten. Das Flugzeug hat neben dem enormen Transportzeitgewinn noch weitere Vorteile: Es wurden zudem Regionen erreicht und am internationalen Austausch beteiligt, die per Schiff oder Eisenbahn nur sehr schwer erreichbar waren. Außerdem beschränkt sich der Handel nun nicht mehr auf leicht transportierbare und nicht verderbliche Güter, denn per Frachtflugzeug lassen sich auch schnell verderbliche Lebensmittel binnen kürzester Zeit in die ganze Welt liefern. Neben dem reinen Handel und der internationalen Produktion hat aber auch die Tourismusbranche erheblich von der Senkung der Transportkosten, der Steigerung der Transportzeit sowie von Erweiterung der Reichweite profitiert.

Die Innovationen auf dem Gebiet der Informations- und Kommunikationstechnologie bewirkten die Transformation von der Industriegesellschaft hin zu einer Informationsgesellschaft. Insbesondere zwei Basisinnovationen waren dafür entscheidend, die Entwicklung des Computers beginnend durch Konrad Zuse sowie Satelliten, die eine globale Kommunikation ermöglichten.[176] Die modernen Informations- und Kommunikationstechnologien, derer wir uns heute bedienen, ermöglichen neben einer mündlichen Kommunikation auch eine schriftliche Kommunikation in Echtzeit. Zudem trägt das Internet ganz entscheidend zur internationalen Vernetzung bei, denn über das Internet ist neben einer weltweiten Kommunikation auch ein weltweiter Handel möglich. In diesem Zusammenhang spielt Sprache eine bedeutende Rolle. Während eine Fremdsprachenausbildung im 19. Jahrhundert noch einigen Privilegierten vorenthalten war, lernt heute jedes Kind Englisch in der Schule, teilweise bereits im Kindergarten. Die Kommunikation im internationalen Handel verläuft fast ausschließlich auf Englisch. Insbesondere die modernen Informations- und Kommunikationstechnologien sind geprägt durch die englische Sprache, existieren doch zahlreiche Begriffe für die es keine adäquate deutsche Übersetzung gibt, wie beispielsweise Browser, Download oder E-Mail.

Es sind diese entscheidenden Basisinnovationen auf dem Gebiet der Informations- und Kommunikationstechnologie, die im 20. Jahrhundert dominierten. Wo-

---

176 Vgl. Seitz, Konrad (2000): Die neue Welt der Geo-Ökonomie: Das globale Ringen um die technologische Vorherrschaft, S. 310.

hingegen im 19. Jahrhundert die Verbesserungsinnovationen und Optimierungen im Transportwesen im Vordergrund standen.[177]

3.2.3.3. Träger der Globalisierung

In beiden Perioden waren es multinational agierende Unternehmen und Konzerne, die den Globalisierungsprozess voran trugen. Darunter zu verstehen sind Konzerne, die internationale Unternehmensnetzwerke aufbauen konnten, indem sie Tochterunternehmen im Ausland gründeten und führten. Dabei wurde auch die Managementfunktion über die nationalen Grenzen hinweg ausgeübt.[178] Motive für diese Direktinvestitionen gab es zahlreich. Dazu zählen beispielsweise die Ertragssteigerung, die Erschließung neuer Absatzmärkte, Sicherung einer globalen Präsenz, Nutzung von Kosten- und Standortvorteilen sowie die Umgehung von Importrisiken und Zollschranken. Die enorme Bedeutung dieser multinationalen Unternehmen wird beispielsweise dadurch deutlich, dass 1997 allein die 100 größten Unternehmen dieser Art etwa 50 Prozent des Gesamtbestandes der internationalen Direktinvestitionen tätigten.[179] Das heißt, die Globalisierung ist gekennzeichnet durch einen sehr hohen Grad an Arbeitsteilung und dezentraler Teilefertigung. Bedingt ist dies insbesondere durch das Ausmaß an Direktinvestitionen, die sich nahezu weltweit erstrecken. In der Weltwirtschaft vor 1913 hingegen konzentrierte sich der Wertschöpfungsprozess auf den bi-zentrischen Bereich, Nordamerika und Europa.[180]

3.3. Zusammenhang Globalisierung und Wissen

Wie bereits zuvor erläutert wird die Weltwirtschaft beziehungsweise die Globalisierung in der vorliegenden Arbeit als Rahmenbedingung für die Entwicklungen innerhalb zweier bestimmten Perioden gesehen. In beiden Phasen trugen die genannten Basisinnovationen entscheidend dazu bei, den internationalen Wissens- und Technologietransfer zu fördern.

---

177 Vgl. Wagner-Braun, Margarete (2005): Innovationen als Determinanten der Globalisierung im 19. und 20. Jahrhundert, S. 140.

178 Vgl. Brandi, Corinna (1979): Multinationale Unternehmen und staatliche Wirtschaftspolitik in westlichen Industriestaaten, S. 11-16.

179 Vgl. Kreile, Michael Internationalisierung von Produktion und Dienstleistungen, S. 272.

180 Vgl. Wagner-Braun, Margarete (2005): Innovationen als Determinanten der Globalisierung im 19. und 20. Jahrhundert, S. 143f.

Das Verhältnis von Globalisierung und Innovationen ist sehr komplex, da es sich um eine wechselseitige Beeinflussung handelt. Einerseits stellen Innovationen die Determinanten der Globalisierung dar und ermöglichen die ständige Zunahme der internationalen Vernetzung. So haben insbesondere die Innovationen in den Bereichen der Informations- und Verkehrstechnologie zu einer Verstärkung des Globalisierungsprozesses beigetragen. Andererseits führt die Globalisierung der Märkte zu einem verstärkten internationalen Wettbewerbsdruck, dem Unternehmen nur mit Hilfe von Innovationen standhalten können. So zeigte beispielsweise die neue Außenhandelstheorie, dass Unternehmen in Folge von Innovationen eine kurzzeitige Monopolstellung auf dem internationalen Markt und damit einen Wettbewerbsvorteil erreichen können. Voraussetzung für die Schaffung von Innovationen ist das Vorhandensein der Ressource Wissen, denn Innovationen entstehen durch die Neukombination von bestehendem Wissen. Da in diesem Zusammenhang besonders die wettbewerbsfördernden Eigenschaften von Wissen eine Rolle spielen, wird Wissen hier aus der ressourcentheoretischen Perspektive betrachtet. Auf Grund dessen, dass Wissen entscheidend für den Innovationsprozess ist, steht der Aspekt Wissen im Mittelpunkt der Betrachtung, der als Forschungswissen bezeichnet werden kann. Insbesondere in der chemischen Industrie ist diese Art des Wissens besonders wichtig. Denn letztlich ist es das Wissen innerhalb der Forschung, das zu Innovationen führt. Andere Aspekte von Wissen treten in den Hintergrund.

Auf Basis dieser theoretischen Grundlagen gilt es nun einen Leitfaden zu konzipieren, auf Basis dessen eine Dokumentenanalyse durchgeführt werden kann. Die genannten theoretischen Konzepte fließen dabei einerseits direkt in die Untersuchung ein, deren Ziel es ist, die Rolle von Wissen vor dem Hintergrund der Globalisierung, zu erforschen. Andererseits geben sie ein Erklärungsmuster für Gemeinsamkeiten und Unterschiede der Untersuchungsergebnisse.

4. ERHEBUNGSINSTRUMENT – KRITERIENKATALOG

Die zuvor erläuterten Modelle und theoretischen Konzepte bilden die Grundlage für den Untersuchungsleitfaden der Dokumentenanalyse. Dabei fließen jedoch nicht alle geschilderten Konzepte gleichermaßen in diesen Leitfaden ein, denn nicht alle Ansätze eigenen sich für eine direkte praktische Anwendung.

Ziel dieses Kriterienkatalogs ist es, einen Leitfaden für die Untersuchung der einzelnen Quellen und Dokumente zu bilden, um dadurch eine strukturierte Analyse und Aufbereitung der Ergebnisse zu ermöglichen. Insbesondere da es sich um zwei Untersuchungszeiträume handelt, ist es zwingend notwendig, die Dokumente und Quellen aus den beiden Perioden gemäß der gleichen Vorgaben zu untersuchen. Nur eine klar strukturierte Vorgehensweise erlaubt in einem weiteren Schritt eine vergleichende Analyse. Zudem trägt der Untersuchungsleitfaden in entscheidendem Maße dazu bei, die Dokumente möglichst objektiv, nach einem vorgegebenen Schema zu analysieren.

In den folgenden Abschnitten werden die Kriterien für den Leitfaden erläutert, anhand dessen die gesamten Dokumente und Quellen untersucht werden. Auf Basis dieser Kriterien werden zunächst die beiden Zeiträume getrennt analysiert, um anschließend in einer zweiten Stufe die Ergebnisse zu vergleichen. Ziel der Untersuchung ist es, die Rolle der Ressource Wissen bei der Bayer AG sowie deren Gemeinsamkeiten und Unterschiede in den beiden Phasen der Globalisierung herauszufinden. Folgende Abbildung gibt einen Überblick über die ausgewählten Kriterien und deren Verbindung zueinander. Die in dieser Abbildung genannten Kriterien stehen im Zentrum der leitfadengestützen Analyse.

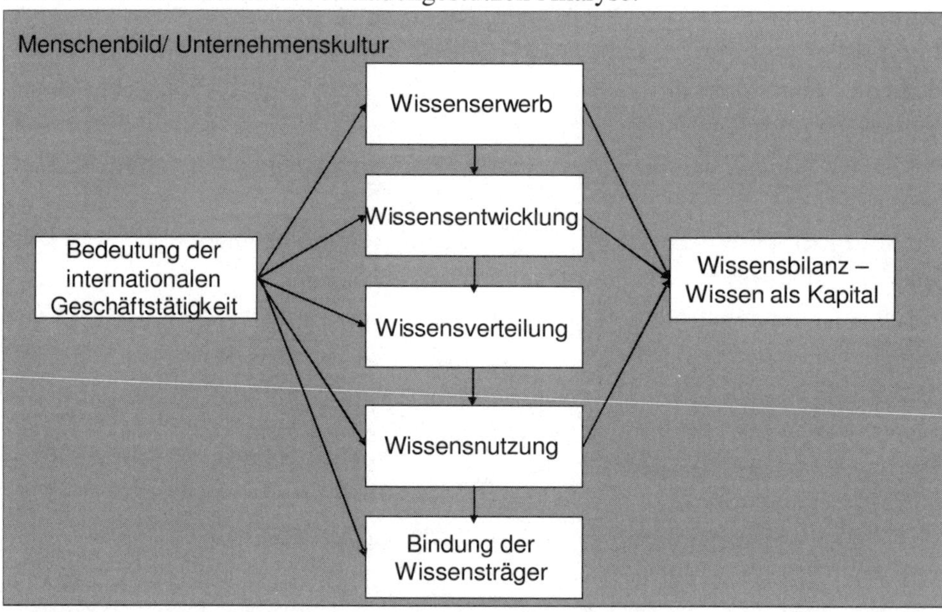

Abbildung 12: Darstellung des Kriterienkatalogs[181]

Die acht Kriterien lehnen sich größtenteils an die Bausteine des Wissensmanagements nach Probst et. al. an,[182] wurden jedoch für diese spezielle Untersuchung

[181] Eigene Darstellung

[182] Vgl. Probst, Gilbert; Raub, Steffen; Romhardt, Kai (1999): Wissen managen. Wie Unternehmen Ihre wertvollste Ressource optimal nutzen, S. 49f.

angepasst und um weitere Untersuchungskriterien erweitert. Auf die Bausteine Wissensziele, Wissensidentifikation und Wissensbewertung wurde bewusst verzichtet, da einerseits die Untersuchung dieser Bausteine mittels einer Dokumentenanalyse der vorhandenen Quellen nicht möglich ist und andererseits diese Bausteine für die Zielsetzung der Untersuchung nur in geringem Maße relevant sind.[183] Stattdessen steht die Erweiterung und der Einsatz der Ressource Wissen im Vordergrund. Im Fokus der folgenden Untersuchung steht der Aspekt von Wissen, der in der chemischen Industrie besonders bedeutsam war und als Forschungswissen bezeichnet werden kann. Das Kriterium Menschenbild wurde ergänzt, da das jeweils im historischen und gesellschaftlichem Kontext vorherrschende Menschenbild die Grundlage für den Umgang einer Organisation mit der Ressource Wissen bildet. Letztlich gibt das Menschenbild einer Unternehmung den Verhaltenskorridor der Organisationsmitglieder vor. Dadurch wird auch der Umgang mit der Ressource Wissen entscheidend beeinflusst. Des Weiteren wird das Kriterium Einfluss der internationalen Geschäftstätigkeit untersucht, da die internationale Vernetzung sowie der internationale Wettbewerb Auswirkungen auf verschiedene Bausteine des Wissensmanagements haben. Die theoretischen Grundlagen der Globalisierung spielen für die Erstellung des Untersuchungsleitfadens eine nur indirekte Rolle im Sinne der Bedeutung von Rahmenbedingungen. Für die Analyse der internationalen Geschäftstätigkeiten sind diese Ansätze und Modelle jedoch von direkter Bedeutung und bilden ein Raster zur Einordnung der Untersuchungsergebnisse. Das achte Kriterium, die Wissensbilanz, soll einen strukturierten Überblick über das vorhandene Wissen der beiden Perioden und insbesondere die Aufteilung in die drei verschiedenen Arten von Wissenskapital geben. Zudem soll dadurch die Ressource Wissen von einer anderen Perspektive beleuchtet werden, um ein möglichst breites Bild der Ergebnisse zu erzielen.

Menschenbild

Die Einstellung eines Unternehmens zu den Mitarbeitern spiegelt auch dessen Einstellung zur Ressource Wissen wider, da letztendlich der Mitarbeiter als Träger dieser Ressource agiert. In der Unternehmenskultur zeigt sich ebenfalls, ob das Unternehmen den Mitarbeiter als reinen Arbeitsfaktor betrachtet, wie eine Maschine, oder der Mitarbeiter als Individuum gesehen und dementsprechend behandelt wird.

Das jeweilige Menschenbild eines Unternehmens wird zum Beispiel in Aussagen über die eigenen Mitarbeiter oder in Aussagen zu den Unternehmenswerten

---

[183] Zu den Bausteinen des Wissensmanagements siehe Teil II, Kapitel 1.2.4.

sichtbar. Heutzutage ist es üblich, dass jedes Unternehmen seine Strategie, Vision und seine Unternehmenswerte öffentlich kommuniziert. Jedoch finden sich auch außerhalb dieser absichtlich und zielgerichtet kommunizierten Unternehmenskultur Hinweise auf das Menschenbild, beispielsweise beim Thema Weiterbildung oder Sozialleistungen. Ziel dieses Kriteriums ist es, die Ausrichtung des Menschenbildes, im jeweiligen Untersuchungszeitraums und dessen Auswirkung auf den Umgang mit der Ressource Wissen herauszuarbeiten.

Wissenserwerb

Das Kriterium Wissenserwerb wurde gewählt, um aufzuzeigen, ob und inwiefern Wissen extern erworben wird. Zudem gilt es zu analysieren, ob die unterschiedlichen Rahmenbedingungen der beiden Phasen einen Einfluss auf den Wissenserwerb nahmen. Für den Erwerb von Wissen gibt es zahlreiche Methoden, eine davon ist der Erwerb im Rahmen von Merger und Akquisitionen. Durch die Übernahme eines Unternehmens erfolgt eine horizontale und oder vertikale Diversifikation des Wissens, je nachdem ob es sich bei dem erworbenen Unternehmen um einen Konkurrenten oder einen Zulieferer beziehungsweise Abnehmer handelt. Der Wissenserwerb kann zudem über der Rekrutierung bestimmter Wissensträger oder wissensintensiver Dienstleistungen erfolgen. Dazu zählt auch gezieltes Headhunting, Industriespionage oder die externe Vergabe von Forschungsaufträgen an Institute.

Wissensentwicklung

Im Gegensatz zum Wissenserwerb erfolgt die Wissensentwicklung innerhalb des Unternehmens und zeigt sich vor allem in der Aus- und Weiterbildung der Mitarbeiter. Ein Unternehmen, das Wert auf die eigene Entwicklung von Wissen legt, investiert verstärkt zum einen in die Ausbildung eigener Mitarbeiter, wie zum Beispiel Lehrlinge und Trainees, und fördert zum anderen vorhandene Mitarbeiter durch gezielte Weiterbildungsmaßnahmen. Darüber hinaus wird die Wissensentwicklung durch Aktivitäten im Bereich Forschung und Entwicklung deutlich. Durch die Schaffung eines Prämiensystems für Verbesserungsvorschläge, kann die interne Wissensentwicklung gefördert werden. Auch durch die Zusammenarbeit in Teams kann durch die Nutzung der Synergien neues Wissen entwickelt werden. Zudem dienen interne Bibliotheken, in denen auch aktuelle Fachzeitschriften verfügbar sind, zur internen Wissensentwicklung.

Wissensverteilung

Dieses Kriterium zielt auf die Verteilung beziehungsweise Bereitstellung des Wissens innerhalb des Unternehmens ab. Diese kann innerhalb eines Unternehmens grundsätzlich auf sehr unterschiedliche Weise erfolgen, formell oder informell, strukturiert oder unstrukturiert. Gefördert wird die Verbreitung des Wissens vor allem durch Teamarbeit, beziehungsweise allgemein durch eine gute Zusammenarbeit innerhalb des Betriebes. Zur Wissensverbreitung tragen Kommunikationsmedien wie Mitarbeiterzeitschriften, Telefon, Intra- und Internet bei. Das Abhalten von regelmäßigen Besprechungen, Diskussionsrunden und Mitarbeiterveranstaltungen ist ein weiteres Indiz für die Verbreitung von Wissen. Neben diesen formellen Verbreitungswegen findet Wissensverteilung auch an informellen Orten statt, wie zum Beispiel in Teeküchen, bei sportlichen oder kulturellen Veranstaltungen oder innerhalb der Mitarbeiter-Wohnsiedlungen.

Wissensnutzung

Die optimale Nutzung des vorhandenen Wissens stellt einen kritischen Erfolgsfaktor eines Unternehmens dar. Es gilt daher, Gemeinsamkeiten und Unterschiede in der Nutzung des Wissens und vor allem welcher Art von Wissen in den beiden Phasen der Globalisierung herauszufinden. Die unterschiedlichen Arten von Wissen können auf ganz verschiedene Art und Weise genutzt werden. Indikatoren für die Ideenproduktivität sind beispielsweise das betriebliche Vorschlagwesen oder das Patentwesen. Jedoch sind längst nicht alle innovativen Ideen patentierfähig. Eine entscheidende Rolle spielen auch organisatorische Innovationen, die in einem weiteren Schritt wiederum technische Innovationen begünstigen. Objektiv sichtbar werden die optimale Nutzung des Wissens und vor allem die Kombination verschiedenster Wissensarten in erfolgreichen Produkten und Marken.

Bindung der Wissensträger

Der Baustein Wissensbewahrung nach Probst et. al.[184] umfasst sämtliche IT unterstützten Möglichkeiten der Wissensspeicherung wie zum Beispiel Wissensdatenbanken oder Dokumentenmanagementsysteme. Da dieses Kriterium aber nur auf die aktuelle Phase der Globalisierung anwendbar ist, wurde für diese Untersuchung alternativ das Kriterium Bindung der Wissensträger gewählt. Zwar wurde Wissen auch schon vor der Einführung der EDV archiviert und gespeichert, zum Beispiel in heute historischen Archiven, auf Karteikarten, in Dokumentationsmappen oder in Form von chemischen Rezepten – diese Perspektive wird aber auch

---

[184] Vgl. Probst, Gilbert; Raub, Steffen; Romhardt, Kai (1999): Wissen managen. Wie Unternehmen Ihre wertvollste Ressource optimal nutzen, S. 49f.

unter dem Punk Wissensverteilung behandelt. Die Bindung der Wissensträger an das Unternehmen war jedoch von größerer Bedeutung. Um das Wissen, besser gesagt die Wissensträger an das Unternehmen zu binden, setzen die Unternehmen sowohl auf materielle als auch auf immaterielle Anreizfaktoren. Zu den finanziellen Anreizen zählen unter anderem Dienstaltersprämien, Gewährung von zusätzlichen Urlaubstagen mit steigender Betriebszugehörigkeit sowie Sozialleistungen zum Beispiel in Form von Versicherungen. Die immateriellen Anreize, oftmals die entscheidenden, sind beispielsweise das Freizeitangebot, die Bereitstellung von kulturellen und sportlichen Einrichtungen oder die Schaffung einer Loyalitätshaltung der Mitarbeiter durch soziales Engagement. Auch die Schaffung von verbesserten Arbeitsbedingungen zählt zu den immateriellen Anreizen. Die Bindung ist deswegen von großer Bedeutung, weil zahlreiche Innovationen durch die kreative Leistung einzelner Mitarbeiter und Wissenschaftler entstehen. Dieses Phänomen wird unter dem Begriff Bootleggin subsumiert.[185]

Bedeutung der internationalen Geschäftstätigkeit

Da Globalisierung an sich als Kriterium viel zu weit gefasst und äußerst schlecht zu operationalisieren ist, wurde stellvertretend dafür das Kriterium Bedeutung der internationalen Geschäftstätigkeit gewählt. Hierzu zählt der Einfluss der internationalen Aktivitäten auf die Forschung, auf die Preisgestaltung und nicht zuletzt auf die Mitarbeiter. Aber auch die Ausprägung der internationalen Aktivitäten sowie die Einflussfaktoren auf die Internationalisierung gilt es zu untersuchen. Darüber hinaus gilt es mittels dieses Kriteriums herauszufinden, welche Vor- und Nachteile die Internationalisierung in den beiden Phasen für ein Unternehmen bringt und wodurch sich diese unterscheiden.

Wissensbilanz – Wissen als Kapital

Wissen lässt sich gemäß der Theorie der Wissensbilanz in drei Kategorien gliedern. Dieses Kriterium wurde gewählt um zu untersuchen, welche Art von Wissen in welcher Phase der Globalisierung dominierte und welchen Einflussfaktoren dies zuzuschreiben ist. Zudem gilt es, die unterschiedlichen Ausprägungen der verschiedenen Wissensarten zu analysieren. Das Humankapital gliedert sich in Spezialwissen und Erfahrung, über die nur sehr wenige Mitarbeiter verfügen, und in ein allgemeines, unternehmensspezifisches Wissen, über das ein Großteil der Belegschaft verfügt. Aussagen zum Strukturkapital eines Unternehmens lassen

---

185 Siehe dazu Michalik, Claudia (2003): Innovatives Engagement. Eine empirische Untersuchung zum Phänomen des Bootlegging.

sich nach eingehender Untersuchung der Patente, Marken und Methoden treffen. Wesentlich vielschichtiger ist das Beziehungskapital eines Unternehmens. Die Beziehungen, auf deren Ebene Wissen ausgetauscht wird, können sowohl zu Kunden als auch zu Lieferanten bestehen. Ebenso können vertraglich vereinbarte Beziehungen, zum gezielten Know-how-Transfer, zwischen konkurrierenden Unternehmen bestehen. Nicht weniger bedeutend sind die Beziehungen, die mit Forschungseinrichtungen und Hochschulen gepflegt werden, um so von den neuesten Forschungserkenntnissen profitieren zu können.

Die Auffassung von Wissen in der vorliegenden Studie entspricht weitestgehend den Aussagen des Knowledge-Based-Views, da sowohl davon ausgegangen wird, dass Wissen Innovationen ermöglicht und fördert als auch, dass Wissen das langfristige Fortbestehen eines Unternehmens sichert. Die Untersuchung konzentriert sich auf den Aspekt von Wissen, der als Forschungswissen bezeichnet werden kann, also die Art von Wissen, die Innovationsprozesse beeinflusst und aktiv zur Wissensnutzung beiträgt. Andere Aspekte von Wissen, wie beispielsweise unternehmerisches Wissen oder Lernen, spielen für die Fragestellungen der folgenden Studie eine eher untergeordnete Rolle und werden daher nur am Rand berührt.

III. EMPIRISCHE UNTERSUCHUNG AM BEISPIEL DER BAYER AG

1. FORSCHUNGSLEITENDE FRAGEN

Ziel dieser Studie ist es die zuvor erarbeiteten Forschungsfragen zu beantworten:[186]

- Welche Rolle wird dem Faktor Wissen, sowohl allgemein im Rahmen der Forschung und Entwicklung als auch in Bezug auf eine erfolgreiche Unternehmenstätigkeit beigemessen?
- Welche Unterschiede und Gemeinsamkeiten in Bezug auf die Rolle von Wissen gibt es zwischen den beiden Untersuchungszeiträumen?
- Was sind die Gründe für diese Unterschiede und Gemeinsamkeiten?
- Welchen Einfluss üben die Globalisierung beziehungsweise die internationalen Aktivitäten auf Wissen aus?
- Welche Rolle spielt das Menschenbild in Bezug auf den Einsatz von Wissen?

Um diese forschungsleitenden Fragen zu beantworten wurde eine qualitative Dokumentenanalyse konzipiert und durchgeführt. Es wurden zahlreiche Dokumente für die beiden Untersuchungszeiträume (1893-1913 und 1985-2005) geprüft. Für beide Phasen wurde ein Zeitraum von 20 Jahren untersucht, um so ausreichend Quellen nutzen zu können. Die Weltwirtschaft erreichte ihren Höhepunkt, aber auch ihr abruptes Ende mit Beginn des Ersten Weltkrieges. Aus diesem Grund werden die 20 Jahre vor Beginn dieser Zäsur gewählt. Die Globalisierung erfuhr, insbesondere durch die Entwicklungen auf dem Gebiet der Kommunikationstechnologie in den 1980er Jahren einen starken Schub. Daher wurde ein Zeitraum von 20 Jahren, beginnend in der Mitte der 80er Jahre, gewählt.

Der Ablauf dieser unternehmensgeschichtlichen Untersuchung lässt sich grob anhand des folgenden Schaubildes verdeutlichen.

---

186 Zur These der Untersuchung und der daraus abgeleiteten Forschungsfragen siehe Teil I, Kapitel 2.

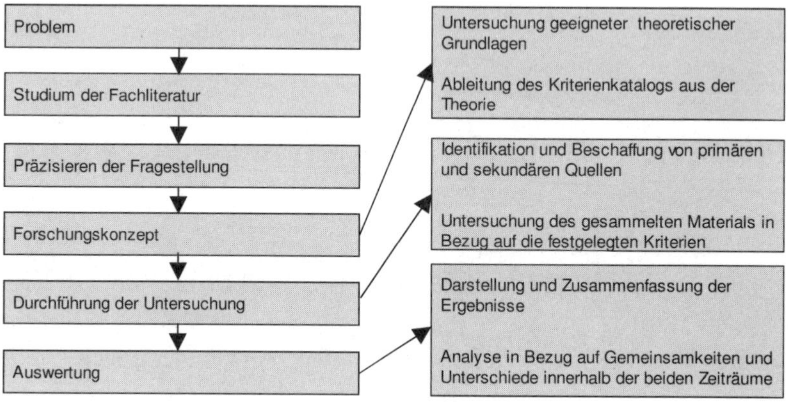

Abbildung 13: Darstellung des Untersuchungsablaufs[187]

Wie zuvor bereits erläutert, ist es das Ziel dieser Untersuchung, die Rolle von Wissen vor dem Hintergrund der Globalisierung zu erforschen. Im Mittelpunkt des Interesses stehen dabei Gemeinsamkeiten und Unterschiede zwischen den beiden Untersuchungszeiträumen. Stellvertretend für die erste Periode werden Quellen aus dem Zeitraum 1893-1913 analysiert, für den zweiten Zeitraum Quellen aus dem Zeitraum 1985-2005. Auf Basis dieser Vorgaben wurde ein Forschungskonzept erarbeitet, das die Untersuchungsmethode und die Untersuchungskriterien festgelegt.

2. DIE BAYER AG – EIN UNTERNEHMEN DER CHEMIEINDUSTRIE – ALS UNTERSUCHUNGSGEGENSTAND

Um diese forschungsleitenden Fragen zu beantworten galt es, einen geeigneten Untersuchungsgegenstand beziehungsweise, ein zu untersuchendes Unternehmen zu definieren. Die Entscheidung fiel auf die chemische Industrie[188], da die Chemieindustrie sehr wissensintensiv war und ist und in beiden Zeitabschnitten zahlreiche Innovationen hervorbrachte.[189] Darüber hinaus bestanden in der chemischen

187 Eigene Darstellung

188 Zum Begriff chemische Industrie siehe unter anderem Quincke, Friedrich (1926): Chemische Industrie, S. 167f.; Riebel, Paul (1959): Chemische Industrie, S. 492f.

189 Anmerkung: Eine Patentrecherche am 01.06.2008 lieferte bei der Suche nach Patenten der Farbenfabriken Friedr. Bayer im Zeitraum von 1893 – 1913 1445 Einträge; Eine Patentrecherche am 01.06.2008 lieferte bei der Suche nach Patenten der Bayer AG 204942 Einträge. Zur Messung von Innovationen mittels Patenten siehe beispielsweise Kleinknecht, Alfred

Industrie seit langer Zeit Im- und Exportverträge, diese Unternehmen waren also bereits früh international tätig. Hinzu kommt, dass die Chemieindustrie als Querschnittindustrie gesehen werden kann, da sie sowohl vertikal als auch horizontal mit zahlreichen anderen Industrien verbunden ist, die Spanne reicht dabei von der Automobil- bis hin zur Textilindustrie. Aus den genannten Gründen erscheint diese Branche als äußerst repräsentativ für die folgende Untersuchung.

Bei der Wahl des Unternehmens fiel die Entscheidung zu Gunsten der Bayer AG. Bayer war bereits Ende des 19. Jahrhunderts auf verschiedenen internationalen Märkten tätig, so dass angenommen werden kann, dass die Globalisierung einen Einfluss auf das Unternehmen ausübte.[190] Dies ist ein erster Grund dafür, warum dieses Unternehmen gewählt wurde. Außerdem wurde eine Patentrecherche durchgeführt die ergab, dass Bayer überaus zahlreiche Patente angemeldet hatte.[191] Daraus lässt sich schließen, dass Bayer als innovatives Unternehmen betrachtet werden kann, das sich als Untersuchungsgegenstand für die folgende Studie sehr gut eignet. Zudem ist die Bayer AG heute immer noch erfolgreich auf dem internationalen Markt tätig. Dies könnte ein weiterer Hinweis dafür sein, dass das Unternehmen die Ressource Wissen bisher sehr erfolgreich eingesetzt hat. Darüber hinaus waren die Quellen des Unternehmensarchivs der Bayer AG problemlos zugängig und bei einem ersten Besuch konnte festgestellt werden, dass die Quellenlage für die gewünschten Untersuchungszeiträume sehr gut ist.[192] In den folgenden Abschnitten werden daher die chemische Industrie, sowie das Unternehmen Bayer als Untersuchungsgegenstand im speziellen, charakterisiert.

(1993): New Concepts in Innovation Output Measurement; Schwitalla Beatrix (1993): Messung und Erklärung industrieller Innovationsaktivitäten mit einer empirischen Analyse für die westdeutsche Industrie; Meißner, Dirk; Sabisch, Helmut (Hg) (2001): Das nationale Innovationssystem Deutschlands; Burhop, Carsten; Lübbers, Thorsten (2008): Incentives and Innovation?, S. 15.

190 Erste Direktinvestition in den USA 1865, Quelle: www.bayer.de

191 Anmerkung: Eine Patentrecherche am 01.06.2008 lieferte bei der Suche nach Patenten der Bayer AG 204942 Einträge.

192 Zur Quellenlage des Bayer Archivs siehe beispielsweise Göb, Peter (1983): Unternehmensarchive in ihrer Bedeutung für die Wissenschaft am Beispiel des Bayer-Archivs; Pogarell, Hans-Hermann (2007): Hundert Jahre historisches Archiv der Bayer AG – ein Beitrag zur Unternehmenskultur, in Zeitschrift: Archiv und Wirtschaft (2007), Heft 3, S. 121-130.

2.1. Die chemische Industrie in Deutschland in der Weltwirtschaft (1893-1913)

Während die Chemie bis zum Ende des 16. Jahrhunderts noch stark von der Alchemie geprägt war, erhielt sie im 18. und 19. Jahrhundert neue Impulse aus der Wissenschaft. Dadurch wurde die Chemie auch fester Bestandteil in der Medizin, denn sie ermöglichte nun einen Blick auf die Hintergründe. Zu den Begründern der klinischen Chemie, die ihre Anwendung in selbständigen Laboratorien fand, zählten Johann Joseph Scherer und Johann Franz Simon.[193] Scherer war promovierter Mediziner und studierte ab 1839 Chemie bei Justus von Liebig in München. Ab 1847 war er ordentlicher Professor für organische Chemie an der Uni Würzburg wo er zuletzt das Institut für Chemie und Hygiene leitete.[194] Simon studierte zunächst Pharmazie und anschließend, 1835, dann Chemie in Berlin. 1842 habilitierte er sich dann in pathologischer Chemie, war anschließend an der Charité als Chemiker tätig und unter anderem das „Journal für praktische medizinische Chemie" heraus.[195] Insbesondere die Labordiagnostik entwickelte sich von anfangs Wahrsagerei über strukturierte Beobachtungen hin zu einer angewandten Wissenschaft, die den eben genannten Blick auf die Hintergründe erst möglich machte.[196] Auch die physikalische Chemie entwickelte sich erst Ende des 19. Jahrhunderts, dazu trug vor allem Wilhelm Ostwald bei, der zahlreiche Lehrbücher zur neuen Fachrichtung verfasste.[197] Ostwald studierte seit 1900 Chemie in Leipzig und wurde anschließend dort promoviert. Zunächst war er dann als Research Assistant am Physiologischen Institut der State University of California und später an zoologischen Institut der Uni Leipzig tätig. 1923 wurde er außerordentlicher, 1935 dann ordentlicher Professor für Kolloidchemie.[198] Eine weitere, für die chemische Industrie entscheidende, Entwicklung machte 1856 William Perkin als er

---

193 Vgl. Merten, Utz; Merten, Marc (2006): Laboratoriumsmedizin. Basis aller Diagnostik, S. 40f. Zur Entwicklung der klinischen Chemie siehe auch Grund, Christina (2001): Der Würzburger Chemiker Johann Joseph von Scherer und die Begründung der klinischen Chemie im 19. Jahrhundert.

194 Vgl. Killy, Walther; Vierhaus, Rudolf. (Hg) (2001) Deutsche Biographische Enzyklopädie, Band 9, S. 332.

195 Vgl. Killy, Walther; Vierhaus, Rudolf. (Hg) (2001) Deutsche Biographische Enzyklopädie, Band 8, S. 610.

196 Vgl. Barthels, Monika (2003): Sinne, Sensoren und Systeme, S. 10f.

197 Vgl. Spilcke-Liss, Carl Gerhard (2009): Der Wirkungskreis von Wilhelm Ostwalds Leipziger Schule der physikalischen Chemie.

198 Vgl. Killy, Walther; Vierhaus, Rudolf. (Hg) (2001) Deutsche Biographische Enzyklopädie, Band 7, S. 520.

durch Zufall den ersten synthetischen Farbstoff, das Mauvein entdeckte.[199] Die weitreichende Bedeutung dieser Invention und die positive Auswirkung für die Farbenfabriken konnte aber zu diesem Zeitpunkt noch niemand ahnen. Die damalige Technik konnte das steigende Bedürfnis nach farbiger Bekleidung nicht stillen.[200] Dies hatte zur Folge, dass die chemische Industrie zunächst von der Herstellung chemischer Textilhilfsmittel bestimmt wurde, so dass sich die ersten chemischen Fabriken in der Nähe von Textilbetrieben entwickelten.[201] Auf Grund dieser Erfahrungen konnte die deutsche chemische Industrie vor allem im Bereich der Farben eine weltweite Vorreiterrolle einnehmen.[202] Daneben entstanden Ende des langen 19. Jahrhunderts noch weitere Produkte die bis heute noch eine große Rolle spielen.[203] Ein wichtiger und zu diesem Zeitpunkt vollkommen neuer Bereich waren die Kunststoffe, so wurden beispielsweise 1900 die Silikone und 1912 PVC entwickelt. Im Bereich der Textilhygiene war sicherlich das 1907 auf den Markt gebrachte Produkt Persil die bekannteste Innovation.[204] Bis zum ersten Weltkrieg konnte diese Branche jährliche Wachstumsraten von bis zu 15 Prozent im Jahre 1909 erreichen.[205] Eine wesentliche Vorbedingung dafür war der Schutz dieser Erfindungen. Ziel dieses Erfindungsschutzes war es zum einen die chemischen Verfahren zu schützen und zum anderen eine weiter Forschung anzuregen.[206] Ein Grund, warum Deutschland im Bereich der synthetischen Farbstoffherstellung eine Vorrangstellung einnehmen konnte, war sicherlich in der Rohstoffarmut für die Herstellung von natürlichen Farbstoffen begründet.[207] Ein weiterer wichtiger Aspekt war auch der Wunsch nach einer Reduktion der Herstellkosten. Das Fehlen der natürlichen Farb- und Rohstoffe stimulierte die Ent-

199 Vgl. Garfield, Simon (2002): Lila. Wie eine Farbe die Welt veränderte, S. 73f.

200 Anmerkung: Die Entwicklung der Teerfarben spielte nicht nur für die Textilindustrie eine große Rolle, sondern z.B. für die graphische Farbenindustrie, siehe dazu Steinberg, Ernst-Heinrich (1925): Die graphische Farbenindustrie in Deutschland.

201 Siehe dazu beispielsweise Blumberg, Horst (1965): Die deutsche Textilindustrie in der industriellen Revolution.

202 Zur internationalen Bedeutung der deutschen chemischen Industrie siehe unter anderem Kabisch, Thomas (1982): Deutsches Kapital in den USA, S. 223f.

203 Zur Entwicklung der chemischen Industrie im 19. Jahrhundert siehe auch Wickel, Helmut (1932): I.-G. Deutschland. Ein Staat im Staate.

204 Vgl. Chemie-Wirtschaftsförderungs-Gesellschaft mbH, www.chemie-macht-zukunft.de.

205 Vgl. Plumpe, Gottfried (1990): Die I.G. Farbenindustrie, S. 50.

206 Vgl. Quincke, Friedrich (1926): Chemische Industrie, S. 167f.

207 Vgl. Krause, Dr. G. (1914): Die chemische Industrie im 19. Jahrhundert, S. 5. Anmerkung: Die hohen Einfuhrraten der Rohstoffe sprechen für die herrschende Rohstoffarmut.

wicklungstätigkeiten auf diesem Gebiet.[208] Jedoch bestand die eigentliche Herausforderung der Forschung nicht mehr auf der Entdeckung eines Farbstoffes an sich, sondern auf der Entwicklung eines adäquaten, rentablen Produktionsverfahrens und damit im Ergebnis eines billigeren Farbstoffes.[209] Darüber hinaus erkannten die Unternehmen der chemischen Industrie frühzeitig den Vorteil von Preisabsprachen und Kartellen und vereinbarten bereits 1881 die erste Alizarinkonvention in Deutschland. Um die Jahrhundertwende entstand dann die Idee der Interessengemeinschaft der Farbenindustrie (IG), die 1904 schließlich in der Form des Dreibundes umgesetzt wurde. Der Dreibund, beziehungsweise die so genannte kleine IG, wurde von Agfa, BASF und Bayer gegründet, zunächst mit dem Ziel, Erfahrungen auszutauschen und durch abgestimmte Produktionspaletten auf Konkurrenz zu verzichten. Obwohl die an der IG beteiligten Unternehmen auch auf anderen Gebieten der Chemie tätig waren, so war doch die Farbherstellung von entscheidender Bedeutung – auch für den Export. Immerhin entfielen 63 Prozent des Umsatzes der zukünftigen IG Farbenindustrie auf den Bereich der Farben.[210] So ist es auch nicht verwunderlich, dass im Jahre 1913 das Deutsche Reich mit einem Anteil von 88 Prozent am Weltexport das bedeutendste Farbenexportland war.[211] Insgesamt ließ sich feststellen, dass die chemische Industrie zu den Gewinnern der zunehmenden weltwirtschaftlichen Integration zählte. Der Grund dafür war einerseits die starke Abhängigkeit vom Import in Bezug auf Rohstoffe und Vorprodukte und andererseits der zuvor beschriebene Export.[212] Aber gerade im Hinblick auf die Exporttätigkeit der deutschen Chemieindustrie spielten die Zoll- und Patentbestimmungen der Einfuhrländer eine wesentliche Rolle. Insbesondere Frankreich und Russland wehrten sich gegen den Druck der deutschen Farbenindustrie, indem beispielsweise Russland Farben mit bis zu 134 Prozent Zoll belastete. In Frankreich hingegen lagen die Zölle deutlich niedriger, jedoch schützte das französische Patentgesetz nur die im Inland angewandten Verfahren und Produkte. So wurden die deutschen Unternehmen indirekt gezwungen eine Produktion in Frankreich aufzunehmen.[213] Das vorrangige Ziel dieser ausländischen Produkti-

---

208 Vgl. Junne, Gerd; Nour Salua (1974): Internationale Abhängigkeiten. Fremdbestimmung und Ausbeutung als Regelfall internationaler Beziehungen, S. 41.

209 Vgl. Engel, Alexander (2005): Produktionssysteme im Wettstreit. Wissensorganisation im Kampf um den Weltmarkt für Indigo, 1880-1910, S. 92.

210 Vgl. Plumpe, Gottfried (1990): Die I.G. Farbenindustrie, S. 131.

211 Vgl. ebd., S. 50f.

212 Vgl. Torp, Cornelius (2005): Die Herausforderung der Globalisierung. Wirtschaft und Politik in Deutschland 1860-1914, Göttingen, S. 356.

213 Vgl. Plumpe, Gottfried (1990): Die I.G. Farbenindustrie, S. 57f.

onsstätten war die Umgehung der Zoll- und Patentbestimmungen. Da in diesen Produktionsstätten vorrangig die Fertigstellung stattfand, waren sie technisch nur sehr schlecht ausgestattet. Nachdem Russland nur auf das Fertigerzeugnis Farben Zoll erhob, führten beispielsweise einzelne Unternehmen dort nur Zwischenprodukte ein, die dann vor Ort zu Endprodukten weiterverarbeitet wurden.[214] Insgesamt galt die chemische Industrie als stark auslandsorientiert und zudem gab es einen statistischen Zusammenhang zwischen den Auslandsinvestitionen und dem Marktanteil beziehungsweise der Bedeutung eines Unternehmens.[215]

Darüber hinaus wurde die chemische Industrie zum Ende des 19. Jahrhunderts durch maßgebliche Änderungen in der chemisch-wissenschaftlichen Ausbildung beeinflusst.[216] Diese veränderten Rahmenbedingungen hatten auch eine Verwissenschaftlichung der chemischen Industrie zur Folge. So war es zwar auch zuvor möglich, an rund 30 Universitäten und Hochschulen Chemie zu studieren, jedoch waren die Lehrpläne und Prüfungsanforderungen nur sehr vage definiert. Das Doktordiplom konnte an manchen Universitäten sogar nur durch eine mündliche Prüfung erlangt werden. Zudem klagten die maßgeblichen chemischen Verbände darüber, dass die Ausbildung zu spezialisiert und praxisfern war. Aus diesem Grund führten die meisten Unternehmen, so auch Bayer, eine innerbetriebliche Ausbildung ein, die an die Akademische anschloss.[217] Um eine Einheitlichkeit der Studien zu gewähren, setzte sich zum Beispiel der Verein deutscher Chemiker[218] für die Einführung eines Staatsexamens ein. An die Stelle des Examens trat später das Diplom, das Chemiestudium schloss damit nicht mehr automatisch mit einer Promotion ab. Dennoch war die Zahl der chemischen Dissertationen im Vergleich

214 Siehe dazu unter anderem Bayermagazin (1988): Streifzug durch die Bayer Geschichte (1863-1988); Verg, Erik; Plumpe, Gottfried; Schultheis, Heinz (1988): Meilensteine, www.-bayer.de.

215 Vgl. Schröter, Harm (1990): Die Auslandsinvestitionen der deutschen chemischen Industrie 1870 bis 1930, S. 1.

216 Zur Ausbildung der Chemiker im 19. Jahrhundert siehe beispielsweise Haber, Fritz (1927): Aus Leben und Beruf; Lundgreen, Peter (1973): Bildung und Wirtschaftswachstum im Industrialisierungsprozess des 19. Jahrhunderts; Schneider, Jürgen (1996): Wirtschaftsbürger und Unternehmer. Die Bedeutung von Produkt und Ausbildung am Beispiel der chemischen Industrie Deutschlands um 1900, in: Möckl, Karl (Hg) (1996): Wirtschaftsbürgertum in den deutschen Staaten im 19. und beginnenden 20. Jahrhundert; Lundgreen, Peter; Grelon, Andre (Hg) (1998): Ingenieure in Deutschland, 1770 – 1990.

217 Vgl. Burchardt, Lothar (1983): Die Förderung schulischer Ausbildung und wissenschaftlicher Forschung durch deutsche Unternehmen bis 1918, S. 15.

218 Zu den weiteren Aufgaben und Mitgliedern des Vereins deutscher Chemiker siehe beispielsweise Duisberg, Carl; Rassow, Berthold (1910): Protokoll der Mitgliederversammlung, S. 1.

zu anderen Fakultäten relativ hoch, wodurch der Nachschub an qualifizierten Wissenschaftler sichergestellt werden konnte.[219] Die Wissensvermittlung in den chemischen Vorlesungen erfolgte zunehmend durch so genannte Experimentalvorlesungen, wobei hier Justus von Liebig sicherlich zu den Vorreitern gezählt werden kann.[220] Liebig studierte ab 1820 Chemie in Bonn, Erlangen und zuletzt in Paris wo er unter anderem am École Polytechnique eine fundierte praktische Ausbildung erhielt. 1824 wurde er außerordentlicher Professor an der Uni Gießen. Dort führte er den Laboratoriumsunterricht ein und begründete seine berühmte internationale wissenschaftliche Schule der Chemie. Im Jahr 1852 wurde er nach München an die Bayerische Akademie der Wissenschaften berufen, wo er einige Jahre später auch die Präsidentschaft übernahm. Liebig gilt als Initiator des chemischen Hochschulstudiums und des Berufsstandes des allseitig gebildeten Chemikers, der sowohl in Lehre und Forschung als auch in der Praxis einsetzbar war.[221]

Hinzu kam, dass der Staat an der Wende zum 20. Jahrhundert die chemische Ausbildung an Universitäten finanziell stark unterstützte, und dass so die Zahl der Chemiestudenten proportional zum Wachstum der Industrie anstieg.[222] Im Gegensatz dazu führte die chemische Schulausbildung, im Vergleich zu Mathematik oder Physik noch ein Schattendasein. Zum Ende des 19. Jahrhunderts wurden in allen Schultypen die Unterrichtstunden für die Naturwissenschaftlichen Fächer, zu Gunsten der humanistisch-geisteswissenschaftlichen Fächer, reduziert. So war es schon aus zeitlichen Gründen nicht möglich einen experimentellen Arbeitsunterricht anzubieten, durch den die Schüler ein Verständnis für chemische Zusammenhänge und Denken entwickeln hätten können.[223] Warum aber konnte nun die deutsche chemische Industrie sich international eine Vorrangstellung erarbeiten? Ein wichtiger Grund lag in der Ausbildung, denn die führenden deutschen Forscher investierten ein hohes Maß an Zeit in ihre Schüler. Dadurch konnten sie sich, im Gegensatz zu anderen Wissenschaftlern im Ausland, Helfer für ihre Forschung heranziehen. Schließlich war es dann doch die Masse der gut ausgebildeten Forscher, die diese Entwicklung förderte.[224] Eine weitere Voraussetzung war die Er-

219 Vgl. Beer, Günther (1998): Die chemischen Dissertationen der Universität Göttingen 1743-1900, S. 11.

220 Vgl. Zu den chemischen Vorlesungen im 19. Jahrhundert siehe: Kreißl, Friedrich; Krätz, Otto (2008): Feuer und Flamme, Schall und Rauch, S. 43f.

221 Vgl. Remane, Horst (2001): Liebig, in: Killy, Walther; Vierhaus, Rudolf. (Hg) (2001) Deutsche Biographische Enzyklopädie, Band 6, S. 384.

222 Vgl. Krätz, Otto (1999): 7000 Jahre Chemie, S. 114f.

223 Vgl. Stoya, Eva-Maria (2002): Chemieunterricht in der NS-Zeit, S. 24f.

224 Vgl. Haber, Fritz (1927): Aus Leben und Beruf, S. 9f.

richtung und Modernisierung von chemischen Laboratorien, denn erst dadurch wurde es möglich zahlreiche junge Chemiker aufzunehmen und auszubilden. So arbeiteten gegen Ende des 19. Jahrhundert knapp 2000 gut ausgebildete Chemiker für die deutsche Industrie, wohingegen beispielsweise in Frankreich nur rund 40 Chemiker tätig waren.[225] Es war aber auch die Art und Weise wie in Deutschland geforscht wurde, die diese Vorreiterrolle begründete. Während in Frankreich und Großbritannien die Forscher vorwiegend frei arbeiten konnten, setzte in Deutschland eine Verwissenschaftlichung der industriellen Forschung ein.[226]

Die Grundlagenforschung im Bereich der Chemie wurde insbesondere zu Beginn des 20. Jahrhunderts durch die Gründung der Kaiser-Wilhelm-Gesellschaft gestärkt. Ziel dieser Gesellschaft war die Errichtung und Erhaltung von Forschungsinstituten, heute bekannt unter dem Namen Max-Planck-Gesellschaft. Ausschlaggebend für die Gründung dieser Gesellschaft waren zum einen die Vorbilder anderer großer Industrienationen wie England und Frankreich, ein breiter Fortschrittsglaube innerhalb der Gesellschaft sowie die große Initiative einzelner Persönlichkeiten.[227] In Bezug auf das Chemische Institut ist anzumerken, dass ein Plan zur Gründung eines solchen Institutes, unter Beteiligung von Carl Duisberg bereits seit 1905 vorlag, es jedoch an den finanziellen Mitteln zur Gründung scheiterte.[228] Die Umsetzung, unter leicht veränderten Bedingungen, wurde 1912 durch die Verbindung des Vereins „Chemische Reichsanstalt" mit der Kaiser-Wilhelm-Gesellschaft möglich. Diese Investitionen in die Grundlagenforschung trugen erheblich zur Spitzenstellung der deutschen chemischen Industrie im internationalen Vergleich bei. Die Zahl der Beschäftigen sowie die Patenterteilungen in der chemischen Industrie haben sich zwischen 1893 und 1913 mehr als verdoppelt, wodurch auch das starke Wachstum und die Innovationskraft dieser Branche widergespiegelt wird.[229]

---

225 Vgl. Leprieur, Francois (1981): Die deutschen und französischen Organiker im 19. Jahrhundert, S. 118.

226 Vgl. Andersen, Arne (1999): Chemie als Zukunftstechnologie, Teerfarbenindustrie vor dem ersten Weltkrieg, S. 97.

227 Zur Entstehung siehe Lemmerich, Jost (1981): Dokumente zur Gründung der Kaiser-Wilhelm-Gesellschaft und der Max-Planck-Gesellschaft zur Förderung der Wissenschaften.

228 Vgl. Harnack, Adolf von (Hg) (1928): Handbuch der Kaiser-Wilhelm-Gesellschaft zur Förderung der Wissenschaften, S. 38f.; Burchardt, Lothar (1975): Wissenschaftspolitik im Wilhelminischen Deutschland.

229 Vgl. Hoffmann, Walther (1965): Das Wachstum der deutschen Wirtschaft seit der Mitte des 19. Jahrhundert, S. 196ff.

2.2. Charakterisierung der Farbenfabriken Bayer in der Weltwirtschaft (1893-1913)

2.2.1. Der Unternehmer Carl Duisberg

Grundlegende Bedeutung für die Entwicklung des Unternehmens hatte der Aufbau einer leistungsfähigen Forschungsabteilung durch Carl Duisberg. Der Name Carl Duisberg steht wie kein anderer für das Unternehmen Bayer.

Friedrich Carl Duisberg wurde 1861 als Sohn eines Barmer Bandwirkers geboren.[230] Nach dem Abitur konnte er insbesondere an der der Oberrealschule angegliederten Fachschule für Chemie praktische Kenntnisse sammeln bevor er sich dem Studium widmete. Er studierte ab 1879 Chemie in Göttingen und Jena wo er bereits mit 20 Jahren promoviert wurde. Nachdem er sich zum Militärdienst als Einjähriger-Freiwilliger meldete ging er nach München und nutze gleichzeitig die Gelegenheit, ein Semester Kunst zu studieren. Darüber hinaus verschaffte er sich die Möglichkeit, im Laboratorium des berühmten Chemikers Adolf von Baeyer zu arbeiten. Bereits 1883 wurde er von den Farbenfabriken Bayer mit einem Forschungsauftrag an die Universität Straßburg geschickt. Den ersten Kontakt zu den Farbenfabriken stellte seine Mutter für ihn her, sie ging mit dem Unternehmensgründer Friedrich Bayer zur Schule. In Straßburg konnte er nachweisen, dass der vorgeschlagene Weg zur Herstellung des Indigo nicht machbar war. Daraufhin wurde er im Folgejahr in der Azofarbenabteilung der Farbenfabriken Bayer eingestellt. Es gelang ihm dort mehrere Farbstoffe zu entdecken und diese erfolgreich zu einem Patent anzumelden, wobei er großes Geschick zeigte. Ab dem Jahr 1885 kümmerte sich Duisberg daher persönlich um alle Patentangelegenheiten. Nur vier Jahre nach seinem Eintritt in das Unternehmen erhielt er Prokura und verlagerte seinen Aufgabenschwerpunkt auf die organisatorische Seite des Unternehmens. 1891 wurde das von ihm entworfene Laboratorium errichtet, das jedoch nur eine Vorstufe zu einem größeren Vorhaben war. Verbunden mit dem Umzug nach Leverkusen wurde Duisberg mit der Planung eines neuen Laboratoriums betraut. Dieser Plan beinhaltete die Organisation nach dem so genannten Box-System, das sowohl ökonomisch sinnvoll als auch platzsparend war. Sein 1895 erstellter Organisationsplan des neuen Leverkusener Werkes blieb über Jahrzehnte das Vorbild für die Konstruktion von Chemiefabriken. Später sprach er von dezentraler Zen-

230 Zur Biographie und zum unternehmerischen Werk von Carl Duisberg siehe unter anderem Flechter, Hans-Joachim (1981): Carl Duisberg. Eine Biographie; (1960) Carl Duisberg. Vom Chemiker zum Wirtschaftsführer.

tralisation. Jede große Abteilung war eine Fabrik für sich, die von einem das ganze wissenschaftliche und technische Gebiet beherrschenden, energischen Abteilungsvorstand geleitet wurde. Damit wurde Duisberg nicht nur als Wissenschaftler eine große Bedeutung beigemessen, sondern auch als Unternehmer der Weitsicht und großes organisatorisches Geschick bewies. Auch in den Folgejahren verfasste er immer wieder Denkschriften zu verschiedenen Themen, beispielsweise auch zur Organisation des Verkaufsgeschäfts. Duisberg lässt sich insgesamt durch eine sehr strukturierte Arbeitsweise charakterisieren, die nicht nur für die Forschung galt. So führte er auch eine strukturierte Kommunikation in Form von Coloristen-, Chemiker- und Ingenieurkonferenzen ein.[231] Carl Duisberg wurde dadurch eine der zentralen Figuren in der Geschichte des Bayer Konzerns und der deutschen Chemie- und Pharmaindustrie insgesamt. Nachdem Duisberg bisher alle Patentprozesse selbst geführt hat, wurde 1896 eine eigene Patentabteilung gegründet. Ein Jahr später kaufte er von den Erben von Friedrich Kekulé seine Bibliothek mit einem Bestand von 7000 Bänden, damit hatte Bayer einen Bestand wie kein anderes Unternehmen. Erst dadurch wurde den Mitarbeitern ein umfangreiches Literaturstudium ermöglicht, das die Grundlage für spätere Forschungserfolge bildete. 1899 wurde er Direktor und Leiter der wissenschaftlichen Laboratorien, ein Jahr später Vorstand und im Jahr 1912 Vorstandsvorsitzender. Wichtig war, dass die Direktion, bei einem großen Angebot von Erfindungen und Fabrikationsverfahren, die Entscheidung darüber zu treffen hatte, was erworben oder aufgenommen und was verworfen werden sollte. Dafür war seiner Meinung nach die Zusammenarbeit zwischen Kaufleuten und Techniker in der Direktion notwendig. Auch der Übergang von Farbstoffen zu pharmazeutischen Produkten, der entscheidend war für das Unternehmen, wurde durch diese Zusammenarbeit geprägt. Duisbergs Vision war die „Bayer-Familie“, das Unternehmen sollte eine Insel des sozialen Friedens sein. Aus diesem Grund gründete er zahlreiche Wohlfahrtseinrichtungen für seine Mitarbeiter und deren Familien. So legte er beispielsweise auch Wert darauf, dass die Arbeiterwohnungen nicht nur reine Unterbringungen waren, sondern dass die Häuser auch schön waren. Er sah es als Aufgabe der Industrie, die sozialen Probleme zu lösen – zu diesem Zeitpunkt fast revolutionäre Gedanken. Unter seiner Ägide wurden in den Bayer-Werken der Neun-Stunden-Tag eingeführt und die Lebensbedingungen der Arbeiter umfassend verbessert. Duisberg gilt als Prototyp eines neuen Unternehmertypus, dessen unternehmerisches Selbstverständnis geprägt war von der sozialen Verpflichtung der Gesellschaft gegenüber. Mehrere Stiftungen, wie zum Beispiel die Dr. Carl-Duisberg-Stiftung für

[231] Vgl. Verg, Erik; Plumpe, Gottfried; Schultheis, Heinz (1988): Meilensteine. 125 Jahre Bayer 1863 – 1988.

das Auslandsstudium deutscher Studenten, sowie die Benennung zahlreicher Straßen nach ihm erinnern bis heute an sein Werk. Daneben engagierte er sich insbesondere nach dem Ersten Weltkrieg für Universitäten und Studentenschaften, zum Beispiel durch die nach ihm benannte Stiftung. Besonders geprägt haben ihn seine Reisen in die USA, wo er von der Großzügigkeit der dortigen Unternehmensverhältnisse stark beeindruckt wurde. Das amerikanische Modell hat fortan seine Unternehmensführung stark beeinflusst und dazu geführt, dass er 1904 eine Denkschrift über die Vereinigung aller deutschen Teerfabriken – nach dem Vorbild der amerikanischen Trusts – verfasste. Dieses Werk stellt die ideelle Keimzelle der späteren IG Farben dar. Die Gründung der I.G. Farbenindustrie AG im Jahr 1925 war jedoch für ihn Sieg und Niederlage gleichzeitig. Einerseits fand die von ihm gewünschte Konzentration der Firmen statt, aber nicht in der von ihm angestrebten Form. 1926 wurde Duisberg zum Vorsitzenden des Aufsichtsrates der IG gewählt und zog sich nach und nach aus dem Tagesgeschäft zurück.[232] Insgesamt lässt sich das unternehmerische Handeln von Carl Duisberg am Besten mit dem eines modernen Managers beschreiben. Mit steigender Unternehmensgröße gab es auch zahlreiche Manager hinter im, die maßgeblich an der Umsetzung seiner Entscheidungen beteiligt waren, über die es in jedoch in der Literatur nur wenig zu finden ist.

Duisberg definierte sich selbst über seine beruflichen Qualifikationen und Erfolge. Dies wird insbesondere durch seine 1933 erschienene Autobiographie, in der er die wichtigen Stationen seines Lebens aufteilt in die „Lebenserinnerungen" und „Reiseerinnerungen", deutlich. Erstere werden durch einen Rückblick auf sein Berufsleben bestimmt. Den massiven Macht- und Bedeutungsverlusts, den Carl Duisberg als mächtiger und umtriebiger Industrieführer nach dem Ende des Ersten Weltkrieges erleben musste, empfand er als persönliche Niederlage.[233]

2.2.2. Das Unternehmen

In der Zeit von 1881 bis 1913 entwickelte sich Bayer zu einem international tätigen Chemieunternehmen. Die Farbstoffe blieben zwar immer noch der größte Geschäftsbereich, doch kamen neue Geschäftsfelder hinzu.

[232] Vgl. Schröter, Harm (2001): Duisberg, in: Killy, Walther; Vierhaus, Rudolf. (Hg) (2001) Deutsche Biographische Enzyklopädie, Band 2, S. 645ff; www.bayer.de

[233] Vgl. Nieberding, Anne (2003): Unternehmenskultur im Kaiserreich. J.M. Voith und die Farbenfabriken vorm. Friedr. Bayer & Co, S. 72f.

In Wuppertal-Elberfeld – von 1878 bis 1912 auch Firmenzentrale – entstand unter Carl Duisberg ein Wissenschaftliches Laboratorium, das für die industrielle Forschung Maßstäbe setzte. Die folgende Abbildung vermittelt einen Eindruck über die Ausstattung des Laboratoriums.

Abbildung 14: Wissenschaftliches Laboratorium Leverkusen[234]

Ergebnis der Bayer-Forschung waren zahlreiche Zwischenprodukte, Farbstoffe und Arzneimittel, darunter das von Felix Hoffmann[235] entwickelte und schließlich 1899 auf den Markt gebrachte Jahrhundertpharmakon Aspirin.[236]

Im Jahr 1888 richtete Bayer eine Pharmazeutische Abteilung ein, die einen zunehmend größeren Anteil vom Gesamtumsatz erwirtschaftete. In diese Zeit fiel auch die Aufnahme der Herstellung von organischen Grund- und Zwischenprodukten für Farbstoffe und Arzneimittel sowie von anorganischen Chemikalien. Kurz nach der Jahrhundertwende, 1904, begann Bayer mit der Herstellung von

---

[234] Vgl. Duisberg, Carl (1933): Meine Lebenserinnerungen, S. 112.

[235] Felix Hoffmann war Apotheker und studierte bei Adolf von Baeyer Chemie. Ab 1894 war er in der pharmazeutischen Forschungseinrichtung des Bayer-Stammwerkes in Elberfeld tätig. Weniger bekannt ist, dass Felix Hoffmann – nur elf Tage nach der ASS-Synthese – Heroin (Diacetylmorphin) synthetisch herstellte. Kurz nach seiner Synthese wurde Hoffmann die Leitung der kaufmännisch-pharmazeutischen Abteilung übertragen, zwei Jahre später wurde er Prokurist.

[236] Zur Entwicklung des Schmerzmittels Aspirin siehe auch Kuhnert, Nikolai (1999): Hundert Jahre Aspirin, S. 213.

Fotochemikalien, wie zum Beispiel Entwickler für Filme, und 1906 wurden Forschungsarbeiten zur Kautschuksynthese aufgenommen.

Bereits zu Ende des 19. Jahrhunderts legten die Farbenfabriken Bayer großen Wert auf die interne Bildung der Werksangehörigen. Der Grund für dieses Bildungsbestreben lag insbesondere in der ländlichen und abgelegenen Lage des Werks, wodurch Bildung durch externe Drittanbieter erschwert wurde.[237]

Ein entscheidendes Fundament für die Unternehmensentwicklung war der Aufbau einer weltweiten Vertriebsorganisation sowie einer internationalen Produktion. Schon in der Gründerzeit lieferte das Unternehmen Farbstoffe in viele Länder. 1913 stammten gut 80 Prozent des Umsatzes aus dem Export. In nahezu allen Ländern der Erde war Bayer frühzeitig vertreten. Bereits 1865 wurde eine Beteiligung an der ersten Teerfarbenfabrik der USA in Albany im Bundesstaat New York erworben.[238] Jedoch blieben die Bayer-Niederlassungen ressourcenmäßig immer stark abhängig vom Stammhaus, das heißt einerseits wurden Zwischenprodukte fast ausschließlich aus Deutschland bezogen und andererseits wurde das Management aus Deutschland entsandt. Aus steuerlichen Gründen gründete Bayer ein weiteres Tochterunternehmen, auf das sämtliche US-Patente übertragen wurden, um diese dann zu lizenzieren. Dadurch konnte der zu versteuernde Gewinn drastisch reduziert werden, wobei die Lizenzeinnahmen geringer zu versteuern waren als die Produktionsgewinne.[239] In den folgenden Jahrzehnten kamen weitere Beteiligungen im Ausland hinzu, um die Stellung auf wichtigen Märkten abzusichern und auszubauen. Kurz vor dem Ersten Weltkrieg besaß das Unternehmen Tochtergesellschaften in Russland, Frankreich, Belgien, Großbritannien und den USA. Von den etwa 10.000 Menschen, die Bayer 1913 beschäftigte, arbeiten fast 1.000 in den ausländischen Firmen.

Der Standort Elberfeld erwies sich im Laufe der Jahre für die stetige Expansion als zu klein. Deshalb kaufte Bayer 1891 zunächst die Alizarinrot-Fabrik von Dr. Carl Leverkus & Söhne[240] nördlich von Köln und später ein weiteres Gelände

---

237 Vgl. Caspari, Hugo (1909): Bildungsbestrebungen für die Werksangehörigen großer Firmen, S. 1f.

238 Zur Entwicklung der Farbenfabriken Bayer in den USA siehe u.a. Der Spiegel (1987): Weltfirma Deutschland, S. 116.

239 Vgl. Kabisch, Thomas (1982): Deutsches Kapital in den USA, S. 231.

240 Carl Leverkus absolvierte 1822 eine Apothekerlehre und studierte ein paar Jahre später Chemie in Paris, Berlin und Gießen wo er 1830 promoviert wurde. 1833 gründete er eine Fabrik zur Herstellung chemischer Produkte und im Folgejahr errichtete er die erste Ultramarinfabrik in Preußen. Im Jahr 1863 wurde das Unternehmen an den Rhein verlegt und 1874 in Rheinische Ultramarin- und Alizarinfabrik von Dr. Carl Leverkus & Söhne umbenannt. Siehe

am Rhein hinzu. Nach Plänen Duisbergs, der das Unternehmen von 1912 bis 1925 als Generaldirektor leitete, baute Bayer diesen Standort ab 1895 systematisch aus. 1912 wurde schließlich Leverkusen Firmensitz, der es bis heute auch geblieben ist.[241]

2.3. Die chemische Industrie in Deutschland in der Globalisierung (1985-2005)

Im ausgehenden 20. Jahrhundert erlebte die chemische Industrie in Deutschland starke Restrukturierungen. So wurde beispielsweise der Hoechst Konzern zu Sanofi-aventis umgebaut und die Schering AG mit der Bayer AG verschmolzen, um nur zwei bedeutende Beispiele zu nennen. Diese Umstrukturierungen hatten zur Folge, dass die Zahl der Beschäftigten in der chemischen Industrie stark zurückging, da viele Unterstützungsbereiche, zum Beispiel IT, ausgegliedert wurden und die Mitarbeiter fortan zu anderen Branchen hinzugerechnet wurden. Die in Deutschland erzeugten chemischen Produkte lassen sich in die folgenden Produktkategorien unterteilen. Den größten Teil nehmen die Fein- und Spezialchemikalien ein, dazu zählen unter anderem Farben und Lacke, Pflanzenschutzmittel, Klebstoffe und photochemische Erzeugnisse. Die zweit- und drittgrößte Produktgruppe stellen die pharmazeutischen Produkte sowie Kunststoffe und synthetischer dar. Weitere Produktgebiete sind organische Grundstoffe, Wasch- und Körperpflegemittel, anorganische Grundstoffe und Chemiefasern.[242]

Im Bereich der Pharmakologie stellten insbesondere mit Hilfe von Gentechnik erzeugte Medikamente bedeutende Innovationen dar, dazu zählt beispielsweise gentechnisch hergestelltes Insulin. Die klinische Chemie war vor allem in der zweiten Hälfte des 20. Jahrhunderts geprägt durch die Entwicklungen auf dem Gebiet der Chemotherapie sowie der Bakteriologie. Insgesamt hat sich in diesem Bereich im 20. Jahrhundert ein Paradigmenwechsel vollzogen, es stand nun nicht mehr allein die Heilung im Vordergrund, sondern auch die Prävention, die durch die neuen diagnostischen und therapeutischen Verfahren ermöglicht wurde.[243]

dazu Killy, Walther; Vierhaus, Rudolf. (Hg) (2001) Deutsche Biographische Enzyklopädie, Band 6, S. 357.

241 Vgl. www.bayer.de.

242 Siehe dazu Verband der Chemischen Industrie, www.chemische-industrie.de. Einen guten Überblick über die Entdecker und Entdeckungen auf dem Gebiet der Chemie gibt Neufeldt, Sieghart (2003): Chronologie Chemie.

243 Vgl. Merten, Utz; Merten, Marc (2006): Laboratoriumsmedizin. Basis aller Diagnostik, S. 51f. Zur allgemeinen Entwicklung der Labordiagnostik im 20. Jahrhundert siehe Barthels, Monika (2003): Sinne, Sensoren und Systeme.

Auffallend war jedoch, dass auf dem Gebiet der Fein- und Spezialchemikalien vorwiegend Innovationen stattfanden, die die Produkte verträglicher für die Umwelt machten. So wurden Farben und Lacke auf Wasserbasis auf den Markt gebracht, ebenso wie intelligente Pflanzenschutzmittel, die Schädlinge vernichten aber Nützlinge schonen. Eine entscheidende umweltfreundliche Verbesserung gelang auch auf dem Gebiet der Waschmittel durch die Herstellung von phosphatfreiem Waschmittel.[244] Die bereits im ausgehenden 19. Jahrhundert entwickelten Kunststoffe wurden kontinuierlich weiterentwickelt, so dass es nun leuchtende Kunststoffe gibt, die in der Automobilausstattung Verwendung finden.[245]

Die chemische Industrie ist eine stark international ausgerichtete Branche. Im Jahr 2001 trug die deutsche chemische Industrie beispielsweise den größten Teil zur Gesamtwertschöpfung der EU bei und Deutschland war der Mitgliedsstaat, mit dem höchsten Spezialisierungsgrad im Chemiesektor als Ganzes.[246] In Bezug auf die internationalen Verflechtungen lässt sich feststellen, dass die chemische Industrie überdurchschnittlich daran beteiligt ist. Dies ist darauf zurückzuführen, dass nicht nur der Export- und Importanteil dieser Branche kontinuierlich gestiegen ist, sondern deutsche Chemieunternehmen verstärkt Direktinvestitionen tätigen. Dazu zählen Investitionen in Beteiligungen, der Aufbau von internationalen Vertriebsnetzwerken und die Gründung von Firmen im Ausland. Der Bestand an Direktinvestitionen deutscher Chemieunternehmen im Ausland hat sich von 24,3 Mrd. DM im Jahr 1985 auf 69 Mrd. DM im Jahr 1998 fast verdreifacht. Umgekehrt dazu hat sich der Bestand an ausländischen Direktinvestitionen in die deutsche chemische Industrie in diesem Zeitraum mit einer Steigerung von 9,1 Mrd. DM auf 19,5 Mrd. DM mehr als verdoppelt.[247] Insgesamt lässt sich feststellen, dass in den Achtziger- und Neunzigerjahren ein enormer Internationalisierungsschub stattgefunden hat, wobei der Chemiesektor die sowohl realwirtschaftlich als auch kapitalmarktbezogen am stärksten internationalisierte Branche ist.[248] Diese starke internationale Verflechtung einerseits sowie das rapide wachsende Know-how im naturwissenschaftlichen und technischen Bereich andererseits führen zu einer Verschärfung des nationalen und internationalen Wettbewerbs. Um diesem

---

244 Vgl. Chemie-Wirtschaftsförderungs-Gesellschaft mbH, www.chemie-macht-zukunft.de.

245 Vgl. www.bayer.de; Die Welt: Plastik fährt mit, 30.06.2004.

246 Vgl. Eurostat (2004): Statistik kurz gefasst. Industrie, Handel und Dienstleistungen, 47/2004, S. 2.

247 Vgl. Verband der Chemischen Industrie (2000): Erfolgsformel Globalisierung? Ein Diskussionsbeitrag der chemischen Industrie in Deutschland, S. 11.

248 Vgl. Max-Planck-Institut für Gesellschaftsforschung (2002): Arbeitsbeziehungen in Deutschland: Wandel durch Internationalisierung, S. 14.

Wettbewerb stand zuhalten sind zunehmend kürzere Innovationszyklen und eine starke Differenzierung notwendig. Ein Branchenvergleich der Innovationsdauer hat jedoch gezeigt, dass Chemieunternehmen im Vergleich zu anderen Branchen mit erheblich längeren Innovationsprozessen zu kämpfen haben.[249] Der Prozess der Arzneimittelentwicklung nimmt beispielsweise einen Zeitraum von 12-14 Jahren ein, bis ein Medikament die Marktreife erlangt.[250] In den einzelnen Produktbereichen der chemischen Industrie sind unterschiedliche Wettbewerbsfaktoren relevant. Im Bereich der pharmazeutischen Erzeugnisse sind Produktinnovationen entscheidend, bei Grund- und Industriechemikalien entscheidet hingegen der Preis über die Wettbewerbsfähigkeit. Um diesem Preiskampf stand zuhalten, ist es von entscheidender Bedeutung, die Produktionsverfahren zu optimieren. Auf dem Gebiet der Fein- und Spezialchemikalien ist es eine Mischung aus Produkt- und Prozessinnovationen, die die Wettbewerbsfähigkeit sichert.[251]

In Bezug auf die politischen und gesetzlichen Rahmenbedingungen ist anzumerken, dass es im ausgehenden 20. Jahrhundert deutlich mehr Regelungen für die chemische Industrie gab, als dies noch Ende des 19. Jahrhunderts der Fall war. Die nachstehende Graphik gibt einen Überblick über die Normen und Vorschriften für die deutschen Chemieindustrie.

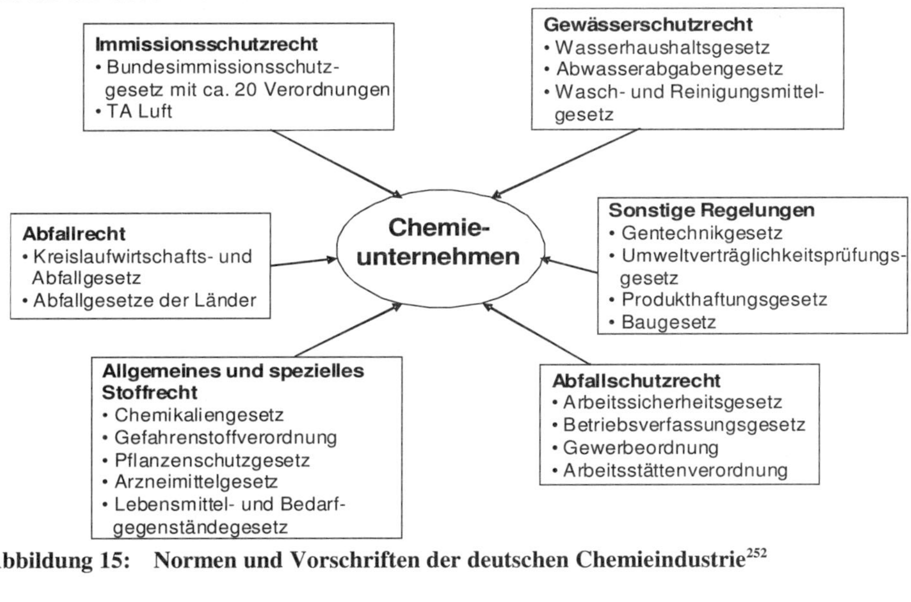

Abbildung 15: Normen und Vorschriften der deutschen Chemieindustrie[252]

---

249 Vgl. Davis, Travor; Milton Frank (2000): Innovation and Growth: a global perspective, S. 35.

250 Vgl. Bullinger, Hans-Jörg (Hg) (2007): Technologieführer, S. 234.

251 Vgl. Schmoly, Eva (2005): Wandel der Unternehmensorganisation infolge des globalen Wettbewerbs, S. 62.

So ist die chemische Industrie, aber nicht nur in Deutschland, sondern EU-weit, charakterisiert durch eine sehr hohe Regelungsdichte die teilweise direkten Einfluss auf die Forschungstätigkeiten der Unternehmen nimmt. Einerseits wirken diese Regelungen innovationshemmend, zum Beispiel auf dem Gebiet der Gentechnologie, wo bestimmte Forschungsmethoden nicht erlaubt sind. Andererseits wirken gerade die strengen Umweltgesetze innovationsfördernd, in dem sie die Entwicklung von umweltfreundlichen Produktionsverfahren und Produkten fördern.

Zur Ausbildung der Chemiker ist anzumerken, dass ein Chemiestudium zu Beginn des 21. Jahrhunderts an etwa 50 Hochschulen in Deutschland möglich war. Im Wintersemester 2005 machten 45.440 Studierende von diesem Angebot Gebrauch, dies entsprach ca. 2,29 Prozent aller Studierenden.[253] Insgesamt lag 2005 der Anteil der deutschen Studierenden in einer naturwissenschaftlichen Fachrichtung bei ca. 15 Prozent und damit über dem Durchschnitt der EU von ca. 10,5 Prozent.[254] Die deutsche chemische Industrie profitierte sicherlich von der überdurchschnittlichen Zahl der Studierenden dieser Fachrichtung in Form von qualifiziertem Personalnachschub.

Auch in der aktuellen Untersuchungsphase spielte die Grundlagenforschung eine entscheidende Rolle. Neben den Unternehmen der chemischen Industrie und den Hochschulen trugen auch zahlreiche Forschungsinstitute, zum Beispiel der Max-Planck-Gesellschaft, dazu bei, die chemische Grundlagenforschung in Deutschland voranzutreiben.[255]

Insgesamt lässt sich feststellen, dass die chemische Industrie ein komplexes System für Forschung und Entwicklung aufbaute. Durch ein ausgereiftes Ausbildungssystem konnten laufend wissenschaftliche Arbeitskräfte bereitgestellt werden. Das interne Forschungssystem entwickelte und optimierte kontinuierlich Produkte und Verfahren während sich andere Bereiche um das Patentrecht sowie die Kunden kümmerten. Dieses spezialisierte Innovationssystem florierte nicht zuletzt

---

252 Vgl. Schroll, Markus; Schwering, Markus (2001): Flucht nach vorn: Regelungsdickicht fordert Chemiebetriebe – Professionalisierung ist gefragt, S. 70.

253 Anmerkung: Die Anzahl beinhaltet die Fächer Biochemie, Chemie, Chemie-Ingenieurwesen/ Chemietechnik, Lebensmittelchemie, siehe dazu Statistisches Bundesamt Deutschland, www.destatis.de.

254 Vgl. Eurostat (2008): Europa in Zahlen – Eurostat Jahrbuch 2008, Kapitel 2: Bildung, Studierende im Tertiärbereich, 2005.

255 Siehe dazu Max-Planck-Gesellschaft, www.mpg.de.

auch wegen eines über Jahrzehnte aufgebauten Netzwerks und führte dazu, dass es andere Nationen schwer hatten, mit der deutschen Industrie zu konkurrieren.[256]

2.4. Charakterisierung der Bayer AG in der Globalisierung (1985-2005)

In der ersten Hälfte des 20. Jahrhunderts wurde Bayer entscheidend durch die Verflechtungen mit der IG Farben beeinflusst.[257] Die chemische Industrie wurde von einem regulierten Markt beziehungsweise von einem Oligopol beherrscht. Wobei anzumerken ist, dass die Produktpalette dieses Oligopols denen der Farbenfabriken Bayer zum Ende des 19. Jahrhunderts entsprachen. Das heißt auch, dass die Patententwicklung zu Beginn des 20. Jahrhunderts parallel zur Umsatzentwicklung lief. Im Gegensatz zum Konkurrenten DuPont war die IG technologisch voraus.[258] Zudem wurden während dieser Zeit die Investitionen in Grundlagenforschungsprojekte gedrosselt.[259] Erst durch die Entflechtung, veranlasst durch die amerikanische Besatzungsmacht, entstand das Unternehmen Bayer in seiner heutigen Form. Bayer ging gestärkt aus dieser Entflechtung hervor und konnte anschließend erfolgreicher agieren als im Konzern der IG zuvor. Dadurch legten die USA indirekt den Grundstein für den Erfolg des Unternehmens in der Globalisierung. Das Handelsblatt schrieb sogar, dass die Entflechtung durch die Alliierten auf die deutsche Chemie wie ein Dopingmittel gewirkt hat, wobei Bayer 1994 zum gewinnstärksten Unternehmen der drei IG-Nachfolger aufstieg.[260]

Im Jahr 1988 feierte Bayer das 125-jährige Jubiläum. Zu diesem Zeitpunkt betrug der Konzernumsatz rund 40 Mrd. DM und es arbeiteten weltweit mehr als 165.000 Menschen für Bayer. Im gleichen Jahr wurde die Bayer AG als erstes deutsches Unternehmen an der Börse in Tokio notiert.

Die 90er Jahre waren geprägt von einem tief greifenden Strukturwandel des Unternehmens. Im Gefolge der politischen Umwälzungen in Deutschland und Osteuropa nach 1989 widmete sich das Unternehmen verstärkt diesen viel versprechenden Märkten. So wurde bereits 1992 in Bitterfeld der Grundstein für ein

[256] Vgl. Reinhardt, Carsten; Travis, Anthony (2004): Wahrnehmung Realitäten der deutschen industriellen Forschung (1880-1925), S. 45.

[257] Siehe dazu beispielsweise Plumpe, Gottfried (1990): Die I.G. Farbenindustrie; Bartmann, Wilhelm (2003): Zwischen Tradition und Fortschritt.

[258] Vgl. Kahlert, Heinrich (2001). Chemiker unter Hitler. Wirtschaft, Technik und Wissenschaft der deutschen Chemie von 1914 bis 1945, S. 151.

[259] Vgl. ebd., S. 530.

[260] Vgl. Nahrendorf, Rainer; Schäfer, Waldemar (Hg) (1996): Wegmarkierungen. 50 Jahre Wirtschaftsgeschichte im Handelsblatt, S. 396ff.

neues Bayerwerk gelegt, das 1994 die Produktion von Aspirin aufnahm. Zu den neuen Märkten in Osteuropa wurden auch die Aktivitäten in Nordamerika weiter ausgebaut.[261] In Kanada übernahm Bayer im Jahre 1990 die Polysar Rubber Corporation mit Sitz in Toronto. Diese bis dahin bedeutendste Akquisition in der Unternehmensgeschichte machte Bayer auf dem Kautschuksektor weltweit zum größten Rohstoffhersteller überhaupt.

Unter dem Vorsitz von Manfred Schneider erfolgte 1994 die Übernahme des nordamerikanischen Selbstmedikationsgeschäfts der Firma Sterling Winthrop. Dies war ein Meilenstein in der Firmengeschichte, denn mit dieser Akquisition gingen gleichzeitig die Rechte am Firmennamen „Bayer" in den USA wieder in den Besitz der Bayer AG über. Während des Zweiten Weltkrieges wurde in den USA das Firmenvermögen einschließlich der Patente und Warenzeichen beschlagnahmt und anschließend an Konkurrenten weiterverkauft. Dadurch hatte Bayer auf dem amerikanischen Markt einen sehr geringen Bekanntheitsgrad.[262] Nach 75 Jahren konnte nun das Unternehmen wieder unter seinem Firmennamen und dem Bayer-Kreuz in den USA auftreten. Im Jahr 1999 feiert Bayer den 100.Geburtstag des überaus erfolgreichen Schmerzmittels Aspirin, für das heute immer noch weitere neue Einsatzfelder erschlossen werden. Zwei Jahre später beschloss die Konzernleitung eine Neustrukturierung des Konzerns. Diese sah die Gründung eigenständiger Geschäftseinheiten vor, die unter dem Dach einer strategischen Holding strukturell verbunden bleiben sollten. Diese Restrukturierung startete bereits im folgenden Jahr und wurde 2003 abgeschlossen. Drei Jahre später, 2006, kündigte Bayer ein Übernahmeangebot für die Schering AG an, woraufhin der Konzern noch im selben Jahr die Kontrolle über 92,4 Prozent der ausstehenden Schering-Aktien erlangte. Heute ist Bayer ein weltweit tätiges Unternehmen mit Kernkompetenzen auf den Gebieten Gesundheit, Ernährung und hochwertige Materialien.[263]

---

261 Zu den Motive für deutsche Investitionen in Amerika siehe unter anderem Kabisch, Thomas (1982): Deutsches Kapital in den USA. Von der Reichsgründung bis zur Sequestierung (1917) und Freigabe.

262 Vgl. Der Spiegel (1987): Weltfirma Deutschland, S. 116.

263 Vgl. www.bayer.de; Verg, Erik; Plumpe, Gottfried; Schultheis, Heinz (1988): Meilensteine.

Das operative Geschäft des Bayer-Konzerns obliegt folgenden Teilkonzernen:

- Die Bayer HealthCare AG erforscht, entwickelt, produziert und vertreibt innovative Produkte, die der Vorsorge, der Diagnose und der Behandlung von Krankheiten dienen.
- Die Bayer CropScience AG ist weltweit führend im Pflanzenschutz sowie bei der Schädlingsbekämpfung in nicht-landwirtschaftlichen Bereichen.
- Die Bayer MaterialScience AG ist ein führender Hersteller von hochwertigen Werkstoffen und innovativen Systemlösungen, die in zahlreichen Produkten des täglichen Lebens Anwendung finden.

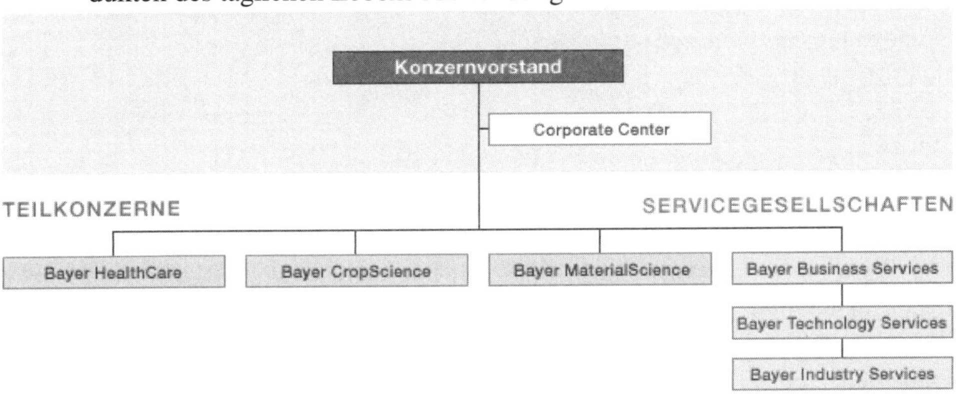

Abbildung 16: Struktur des Bayer Konzerns[264]

Zu diesen operativen Geschäftseinheiten kommen noch zahlreiche zentrale Servicefunktionen wie beispielsweise ein IT-Dienstleister. Von den rund 5000 Produkten aus dem Portfolio des Bayer-Konzerns zählt wohl nach wie vor Aspirin zu dem bekanntesten. Bayer ist derzeit weltweit mit rund 350 Gesellschaften auf 5 Kontinenten vertreten, wobei der Sitz des internationalen Konzerns nach wie vor Leverkusen ist. Insgesamt arbeiten heute ca. 106.000 Mitarbeiter für den Bayer-Konzern, in etwa die Hälfte davon in Europa, die restlichen Mitarbeiter teilen sich nahezu in gleichen Teilen auf die Region Nordamerika, Asien/Pazifik, Lateinamerika/Afrika/Nahost auf.[265]

---

264 Vgl. www.bayer.de.

265 Vgl. www.bayer.de; Verg, Erik; Plumpe, Gottfried; Schultheis, Heinz (1988): Meilensteine.

3. DIE LEITFADENGESTÜTZTE DOKUMENTENANALYSE FÜR DIE GLOBALISIERUNG (1985-2005)

In den folgenden Abschnitten erfolgt nun die Analyse, basierend auf der in der Einführung erläuterten Methodik, gegliedert nach den beiden Untersuchungszeiträumen und getrennt nach den Untersuchungskriterien. Die Reihenfolge der Kriterien entspricht derjenigen im Kriterienkatalog, die Anordnung lässt keine Rückschlüsse auf die Wichtigkeit einzelner Kriterien zu. Die Häufigkeit von bestimmten Aussagen, spielt wie zuvor bereits erwähnt, keine Rolle, da es bei den forschungsleitenden Fragen nicht um die Quantität der Aussagen, sondern um deren Qualität geht. Qualität bedeutet in diesem Fall, dass die Dokumente untersuchungsrelevante Kriterien aufweisen.

3.1. Das aktuelle Menschenbild der Bayer AG

Unternehmenswerte

Die Werte eines Unternehmens bildeten die Grundlage der Unternehmenskultur und spiegelten das vorherrschende Menschenbild wider. Die Untersuchung zeigte, dass sich Bayer sehr offen zu bestimmten Werten bekannte.[266] Folgende Werte konnten den betrachteten Dokumenten entnommen werden.

> „Offenheit, Transparenz und Fairness sind Werte, zu denen wir uns in Zukunft mehr denn je bekennen."[267]

> „Bayer, das bedeutet: Erfolg durch Kompetenz und Verantwortung"[268]

Die erwünschten Werte sowie die gewünschte Unternehmenskultur wurden den Mitarbeitern und der Öffentlichkeit in verschiedenen Medien, zum Beispiel den Geschäftsberichten, bekannt gemacht. Die Werte waren so jederzeit präsent und es konnte sichergestellt werden, dass alle Mitarbeiter des Unternehmens die Werte kannten. Insbesondere die Aussage, dass Erfolg durch Kompetenz erreicht wird, verdeutlichte, dass die Mitarbeiter im Mittelpunkt der Werte standen, denn Kompetenz war unzertrennlich an die Belegschaft gekoppelt. Ein Beispiel für die Übernahme von Verantwortung war darin zu sehen, dass Bayer den Amerikanern

---

266 Zum Wandel der Wertvorstellungen der Bayer AG siehe Guenter, Tina (2006): Struktur- und Kulturwandel international tätiger deutscher Unternehmen. Das Beispiel des Bayer-Konzerns. Zu den aktuellen Werten der Bayer AG siehe auch: www.bayer.de/de/Leitbild.aspx.

267 Geschäftsbericht Bayer AG 2002, S. 2.

268 Geschäftsbericht Bayer AG 1998, Umschlagseite.

keine Stoffe für die Produktion von Giftgas liefern wollte. Die amerikanische Regierung wollte das amerikanische Tochterunternehmen von Bayer zwingen die Lieferung vorzunehmen, wodurch das gescheiterte Geschäft zu einem deutsch-amerikanischen Politikum wurde.[269] Die Quellen gaben bisher jedoch nur Aufschluss über die direkt publizierten Werte, inwiefern die Werte auch gelebt wurden, muss in den folgenden Abschnitten untersucht werden. Die Unternehmenskultur von Bayer schätzte Offenheit für Veränderungen und stand, wie das folgende Beispiel aus dem Geschäftsbericht von 1996 zeigte, der kreativen Leistung von Mitarbeitern positiv gegenüber.

> „Vor allem aber bauen wir auf das Können und das Engagement unserer Mitarbeiter in aller Welt sowie auf eine Unternehmenskultur, die durch Offenheit für Veränderungen, Leistung, Kreativität und die Suche nach den besten Lösungen geprägt ist."[270]

Grundvoraussetzung war es, für das Unternehmen wichtige Werte zu definieren und bekannt zu machen, es war aber noch von größerer Bedeutung, die organisatorischen Abläufe innerhalb des Unternehmens danach auszurichten und das damit verbundene Menschenbild konsequent zu verfolgen. Inwiefern dies, vor allem in Bezug auf Wissen geschah, zeigen die folgenden Untersuchungsergebnisse. In Bezug auf die Unternehmenskultur bei Bayer ist zudem anzumerken, dass das Unternehmen gemeinsam mit dem Betriebsrat kontinuierlich auf eine langfristige Identifikation der Mitarbeiter mit dem Unternehmen hinwirkte („Wir bei Bayer"). Der Grundgedanke dieser Sozialpartnerschaft zum Thema Kultur war, diese im positiven Sinne als Mittel zum Zweck zu verstehen. Dazu zählten sämtliche kulturellen Werksvereine, Sportvereine und sonstige betriebliche Veranstaltungen, wie zum Beispiel Vorträge, die allen Beschäftigten offen standen.[271]

Einstellung zu Mitarbeitern/ Wissensträgern

Ein weiterer wichtiger Aspekt im Zusammenhang mit dem Menschenbild einer Unternehmung ist die Einstellung gegenüber den Mitarbeitern vor allem in ihrer Funktion als Wissensträger. Die Unternehmenskultur von Bayer schätzte die Kompetenz der Mitarbeiter, das folgende Zitat aus dem Geschäftsbericht von 1998 verdeutlicht die Einstellung gegenüber der eigenen Belegschaft.

> „Letztlich entscheidend für unseren langfristigen Erfolg sind das Wissen und die Fähigkeiten der Menschen, die in unserem Unternehmen arbeiten. Deshalb wollen wir weltweit die besten

[269] Vgl. Der Spiegel (1990): Bei klaren Verstand, S. 139.
[270] Geschäftsbericht Bayer AG 1996; S. 5.
[271] Vgl. Tenfelde, Klaus (Hg) (2007): Stimmt die Chemie?, S. 377.

> Mitarbeiter gewinnen und ihnen den Rahmen und die Anreize bieten, die für optimale Leistungen notwendig sind."[272]

Dazu gehörte auch der Respekt gegenüber der Individualität der Mitarbeiter und der erfolgreichen Nutzung dieser Vielfalt.

> „Wir respektieren und schätzen die internationale und kulturelle Vielfalt der Menschen in unserem Unternehmen und wissen, dass die Kompetenz und das Engagement unserer Mitarbeiter die Grundlage für unseren Erfolg sind"[273]

Die Einstellung gegenüber den Mitarbeitern zeigte sich beispielsweise auch darin, dass Bayer bewusst das Wissen der Mitarbeiter kontinuierlich weiterentwickelte. Verschiedene Aussagen verdeutlichten, dass das Unternehmen eine Lernkultur, in der Lernen geschätzt und gefördert wurde, entwickelte.

> „Life-Long-Learning, lebenslanges Lernen: In einer Zeit sich schnell verändernder Technologien, Aufgaben und Märkte ist nicht das Wissen allein, sondern vor allem die Aktualität des Wissens ein wesentlicher Erfolgsfaktor – sowohl für das Unternehmen im internationalen Wettbewerb als auch für die berufliche Laufbahn jedes Einzelnen."[274]

> „Die Anforderungen an moderne Arbeitsplätze unterliegen einem immer schnelleren und intensiveren Wandel. Mit neuen Techniken erhöht sich die Geschwindigkeit, mit der Wissen ausgetauscht, erneuert, ergänzt und umgesetzt wird. Bildung im Sinne von lebenslangem Lernen war noch nie so wichtig wie heute. Einmal Gelerntes muß sich den Veränderungen in Produktion und Technik sowie in Vertrieb und Verwaltung anpassen."[275]

Die Einstellung gegenüber dem lebenslangen Lernen zeigte, dass Mitarbeiter als Wissensträger geschätzt und nicht nur zur Verrichtung der Arbeit eingesetzt wurden und letztlich die Basis für ein erfolgreiches Unternehmen bildeten. So investierte Bayer beispielsweise allein im Jahr 2001 über 100 Millionen Euro in Aus- und Weiterbildung seiner Mitarbeiter. Denn nach eigenen Aussagen erreichte die Dynamik an der Schwelle des Industrie- zu Informationszeitalters jeden Arbeitsplatz und erforderte daher ein großes Engagement in Bezug auf die Schaffung einer Lernkultur.[276] Darüber hinaus bezeichnete das Unternehmen seine weltweit tätigen Mitarbeiter selbst als den wichtigsten Aktivposten, der jedoch nicht in der Bilanz erschien.[277] Insgesamt ließ sich feststellen, dass das Unternehmensleitbild durchaus international geprägt war, das heißt Bayer versuchte seine weltweite

272 Geschäftsbericht Bayer AG 1998, S. 5.

273 Geschäftsbericht Bayer AG 2004, S. 147.

274 Geschäftsbericht Bayer AG 2001, S. 74.

275 Geschäftsbericht Bayer AG 1988, S. 24.

276 Vgl. Geschäftsbericht Bayer AG 2001, S. 74.

277 Vgl. Geschäftsbericht Bayer AG 1987, S. 7.

strategische Orientierung auch seinen Mitarbeitern zu vermitteln. Eine Studie des Max-Planck-Institutes zeigte zudem, dass Bayer im Vergleich mit anderen großen deutschen Unternehmen diesbezüglich an der Spitze stand.[278]

Einstellung zu Forschung und Entwicklung – Innovationen

Abgesehen von der Einstellung zu den Mitarbeitern und deren Wissen zeigte auch die Einstellung gegenüber Veränderungen und Innovationen die Ausrichtung der Unternehmenskultur. Schließlich waren die Themen Wissen und Innovation eng miteinander verbunden, was auch durch folgende Aussage aus dem Geschäftsbericht von 1990 deutlich wurde.

> „Vorsprung durch Wissen. Unsere weltweiten Forschungs- und Entwicklungsaktivitäten sind die Basis für den Erfolg unserer Produkte. Durch diese Zukunftsausgaben sichern wir uns einen Spitzenplatz unter den forschenden Chemieunternehmen."[279]

Für Bayer bestand der Zusammenhang zwischen Wissen und Innovationen darin, dass Geld durch Forschung in Wissen umgewandelt wurde und dann wiederum Innovationen das Wissen in Geld umwandelten.[280] Daher betonte auch der Vorstandsvorsitzende Manfred Schneider, dass Bayer als integriertes Chemie- und Pharmaunternehmen in der Welt führend werden möchte und aus diesem Grund auf Innovationen setzte.[281] Zudem sah sich Bayer selbst als Erfinderunternehmen, das sein Wissen für den zukünftigen Erfolg einsetzte. Im Leitbild der Bayer AG bekannte sich das Unternehmen zu seinem Willen als Erfinderunternehmen auf dem Markt erfolgreich zu sein.

> „Das Leitbild unterstreicht unseren Willen, als Erfinderunternehmen die Zukunft zu gestalten und innovativ zum Wohle der Menschen tätig zu sein."[282]

Die Ergebnisse des aktuellen Untersuchungszeitraums zeigten, dass die Unternehmenskultur der Bayer AG das Wissen der Mitarbeiter als entscheidenden Erfolgsfaktor ansah und die Entwicklung des Wissens förderte. Als weiteren Faktor, um auch in Zukunft erfolgreich zu sein, sah das Unternehmen nach wie vor Innovationen an, die letztlich auf dem Wissen und der Kompetenz der Mitarbeiter beruhten. So sagte das Unternehmen selbst, dass die Basis für die Steigerung der For-

---

278 Vgl. Max-Planck-Institut für Gesellschaftsforschung (2002): Arbeitsbeziehungen in Deutschland: Wandel durch Internationalisierung, S. 21f.

279 Geschäftsbericht Bayer AG 1990, S. 13.

280 Vgl. Geschäftsbericht Bayer AG 1996, S. 15.

281 Vgl. Frankfurter Allgemeine Zeitung: Intensive Forschung hält Bayer fit für den Weltmarkt, 28.02.1997, S. 20

282 Geschäftsbericht Bayer AG 2004, S. 143.

schungsproduktivität im Ausbau der Forschungsinfrastruktur, dem Einsatz moderner Technologien sowie dem hohen wissenschaftlichen Know-how der Wissenschaftler läge.[283] Von daher hatten auch die Ausgaben für Forschung und Entwicklung, als wichtige Zukunftsinvestition, von je her einen hohen Stellenwert. So lagen beispielsweise die Forschungskosten im Jahr 1996 bei einer Bilanzsumme von rund 49,4 Mrd. DM bei 3,6 Mrd. DM, wohingegen im Vergleich dazu die Ausgaben der Konkurrenz, der BASF Gruppe, bei einer ähnlich hohen Bilanzsumme nur bei 2,2 Mrd. DM lagen.[284]

Die Zitate zum Thema Menschenbild stammen vorwiegend aus den Geschäftsberichten und zeigen das Selbstverständnis und die hohen Ansprüche, die die Unternehmensleitung stellte. Die untersuchten Presseartikel lieferten ein ähnliches Bild. Inwiefern insbesondere die Unternehmenswerte gelebt wurden, kann nicht direkt gemessen werden, sondern wird indirekt beispielsweise durch den Umgang und den Einsatz der Ressource Wissen deutlich, welcher in Folgenden geschildert wird.

3.2. Bedeutung der internationalen Geschäftstätigkeit

Dieses Untersuchungskriterium zielte darauf ab, herauszufinden, welche Rolle die internationale Geschäftstätigkeit für Bayer spielte. Dabei ging es weniger darum, konkrete Internationalisierungsstrategien zu analysieren, sondern ganz allgemein, die Bedeutung in Bezug auf die internationale Präsenz, die Internationalisierung der Forschung und den internationalen Wettbewerbsdruck zu untersuchen. Gerade die internationale Verflechtung im Bereich der Forschung aber auch der internationale Wettbewerb charakterisierten die aktuelle Phase der Globalisierung, die den äußeren Rahmen für diesen Untersuchungszeitraum bildete.

Internationale Präsenz

Die Ergebnisse dieser Untersuchung erklärten die Internationalisierung der Bayer AG und spiegelten die Bedeutung der internationalen Geschäftstätigkeit wider. Allein das Investitionsvolumen, beispielsweise in die asiatischen Märkte, zeigte wie bedeutend Auslandsinvestitionen, insbesondere in Wachstumsmärkte, für Bayer waren.

---

283 Vgl. Geschäftsbericht Bayer AG 2000, S. 27.

284 Vgl. Geschäftsbericht Bayer AG 1996, S. 89; Geschäftsbericht der BASF Gruppe 1996, S. 33.

> „Eine große Chance sehen wir in der Entwicklung der asiatischen Märkte und investieren deshalb allein in China bis 2009 rund 1,8 Milliarden US Dollar in World-Scale-Polymer-Anlagen.“[285]

Insgesamt generierte Bayer in den 90er Jahren gut 80 Prozent seines Umsatzes im Auslandsgeschäft.[286] Bayer wollte als führendes Unternehmen seine Präsenz global erweitern und dadurch ein hohes Ergebnisniveau sichern. Globale Präsenz bedeutete aber auch, dass nicht nur Produkte von Bayer global abgesetzt wurden, sondern dass auch weltweit Standorte in den neuen Märkten bestanden. Die beiden folgenden Beispiele aus den Geschäftsberichten von 1997 und 1998 verdeutlichen die Einstellung der Bayer AG gegenüber einer globalen Präsenz.

> „Als führendes Polymer-Unternehmen baut Bayer seine globale Präsenz kontinuierlich aus und etabliert sich erfolgreich in den neuen Märkten der Erde.“[287]

> „Globale Präsenz sichert hohes Ergebnisniveau“[288]

In Zahlen ausgedrückt hieß das beispielsweise, dass Bayer im Jahr 1993 an 25 Standorten, in den bedeutenden Technologiezentren der Welt, vertreten war.[289] Auf der UNO-Rangliste der größten multinationalen Konzerne belegt Bayer aktuell Platz 15.[290] Neben dieser globalen Präsenz der Produkte spielte die Präsenz auf den wichtigsten internationalen Finanzmärkten eine nicht minder große Rolle. Daher hatte Bayer es sich zum Ziel gesetzt, mit seiner Aktie weltweit auf den Finanzmärkten vertreten zu sein.

> „Als weltweit tätiges Unternehmen wollen wir auf den wichtigsten Finanzplätzen mit unserer Aktie vertreten sein.“[291]

Diese Zitate verdeutlichten, dass Bayer als international tätiges Unternehmen seine Präsenz auf verschiedenen Gebieten international ausrichtete. Darüber hinaus zeigte eine Studie des Max-Planck-Instituts, dass die Bayer AG realwirtschaftlich gesehen Mitte der Neunzigerjahre Platz fünf unter den deutschen Unternehmen eingenommen hatte. In Bezug auf die kapitalmarktbezogene Internationalisierung fand sich die Bayer AG auf Platz eins wider.[292] Dabei ist anzumerken, dass die realwirtschaftliche Dimension die güter- und produktionswirtschaftliche Expansi-

---

[285] Geschäftsbericht Bayer AG 2005, S. 6; Bayer AG (2001): direkt Zeitung für die Mitarbeiter des Bayer-Konzerns, Heft 7, S. 1.

[286] Vgl. Tenfelde, Klaus (Hg) (2007): Stimmt die Chemie?, S. 52.

[287] Geschäftsbericht Bayer AG 1997, S. 37.

[288] Geschäftsbericht Bayer AG 1998, S. 62.

[289] Vgl. Geschäftsbericht Bayer AG 1993, S. 15.

[290] Vgl. Die Zeit: Global Player (8): Wildrosen und Panzerglas, 13.03.2010.

[291] Geschäftsbericht Bayer AG 1988, S. 6.

on der Unternehmen beschreibt, während die kapitalmarktbezogene Dimension die Orientierung der Unternehmen an internationalen Kapitalmärkten abbildet. Die Ergebnisse dieser Studie bestätigten die eigenen Angaben der Bayer AG in Bezug auf den Internationalisierungsgrad, insbesondere die starke internationale Präsenz.

Internationalisierung der Forschung

Für die Forschung galt, im Gegensatz zum reinen Vertrieb, dass eine internationale Präsenz allein nicht ausreichte. Daher wurden, je nach Forschungsgebiet mit einer anderen Intensität, Forschungstätigkeiten vermehrt in einem internationalen Verbund durchgeführt. Durch die Internationalisierung der Forschung ließen sich beispielsweise Feldstudien unter den unterschiedlichsten klimatischen Bedingungen durchführen. Dies war insbesondere für die Produkte des Agrarbereichs besonders wichtig, um einen späteren internationalen Einsatz zu ermöglichen. Das folgende Beispiel verdeutlicht die Vorteile, die die internationale Forschung mit sich brachte.

> „Zahlreiche Feld-Versuchsstationen in den einzelnen Ländern ergänzen die Arbeit der F&E Einrichtungen und ermöglichen die Prüfung der zukünftigen Produkte unter regionalen klimatischen Bedingungen."[293]

Zudem herrschten in manchen Ländern besonders attraktive rechtliche oder wirtschaftliche Rahmenbedingungen, die die Forschungsaktivitäten aktiv unterstützen. Insgesamt zeigte sich, dass Bayer vor allem in denjenigen Märkten verstärkt Forschung und Entwicklung betrieb, in denen große Marktpotentiale und neue Kunden gesehen wurden.[294] Dazu zählte auch Russland, ein für Bayer interessanter Markt wo nicht nur der Vertrieb, sondern auch die Forschung und Produktion ausgebaut wurden.[295]

---

292 Die kapitalmarktbezogene Internationalisierungsdimension wird anhand von drei Indikatoren abgebildet. Der ausländische Anteil am Aktienbesitz beschreibt die aktuelle Nähe zu internationalen Kapitalmarktteilnehmern, nämlich die Internationalisierung der Eigentümerstruktur. Zwei weitere Indikatoren beziehen sich auf die Öffnung gegenüber internationalen Kapitalmärkten. Dabei handelt es sich um die Zahl der Notierungen an ausländischen Börsen sowie um die gewählten Bilanzierungsstandards. Vgl. Max-Planck-Institut für Gesellschaftsforschung (2002): Arbeitsbeziehungen in Deutschland: Wandel durch Internationalisierung, S. 20f.

293 Geschäftsbericht Bayer AG 2004, S. 34.

294 Vgl. Süddeutsche Zeitung: Bayer investiert wie nie zuvor in die Forschung, 28.02.1997, S. 35.

295 Vgl. Süddeutsche Zeitung: Bayer kooperiert mit russischen Forschern, 07.11.1996, S. 31.

> „Wir werden die Forschung besonders da verstärken, wo günstige wissenschaftliche Rahmenbedingungen gegeben sind und wo große Marktpotentiale existieren. Dies betrifft vor allem USA und Japan.“[296]

Es zeigte sich aber auch, dass internationale Netzwerke ein enormes Potential boten wenn es darum ging, neue Ideen rasch in erfolgreiche Produkte umzusetzen. In verschiedenen Geschäftsberichten wies Bayer auf die fruchtbaren internationalen Netzwerke hin, die einen entscheidenden Beitrag zur Bündelung von Know-how leisteten, das folgende Zitat ist nur ein Beispiel dafür.

> „Gerade bei Innovationsprojekten setzen wir auf unser internationales Netzwerk, bestehend aus führenden Hochschulen, öffentlichen Forschungseinrichtungen und Partnerfirmen, um durch Bündelung von Know-how neue Geschäftsideen zügig in Produkterfolg umzusetzen.“ [297]

Gerade die Internationalisierung der Forschung in Form von Netzwerken brachte große Chancen mit sich und nicht zuletzt galt es auch, mit den Nationen zusammenzuarbeiten, in deren Märkten große Absatzchancen gesehen wurden. Die Ergebnisse machten deutlich, dass eine international ausgerichtete Forschung, auch durch die Nutzung der Synergieeffekte, deutlich erfolgversprechender war als eine rein Inlandsorientierte. Ein weiteres Beispiel für die internationale Zusammenarbeit auf dem Gebiet der Forschung war eine Studie, die belegte, dass das altbewährte Medikament Aspirin die Sterblichkeit von Infektpatienten verringern kann. Um dies nachzuweisen, waren groß angelegte, internationale Studien notwendig. Eine kontrollierte Großstudie davon führte Zheng-Ming Chen erfolgreich in China durch, wofür er mit dem zweiten Aspirin Nachwuchspreis geehrt wurde.[298]

Internationaler Wettbewerbsdruck

Die zunehmende internationale Verflechtung brachte für Bayer nicht nur Vorteile. Die große Dynamik des Weltmarktes führte zu einem verstärkten Wettbewerbsdruck, dem es durch angepasstes Engagement entgegen zu wirken galt. Zudem veränderten sich die Kundenerwartungen durch die globale Präsenz von Produkten und führten so wiederum zu einem erhöhten Wettbewerbsdruck. Diese Problematik wird durch das folgende Zitat deutlich.

> „Die große Dynamik des Weltmarkts, veränderte Kundenerwartungen, zunehmender internationaler Wettbewerbsdruck und eine Vielzahl anderer Faktoren erfordern es, das unternehme-

---

[296] Geschäftsbericht Bayer AG 1985, S. 11.

[297] Geschäftsbericht Bayer AG 2005, S. 39.

[298] Frankfurter Allgemeine Zeitung: Das Aspirin – ein Molekül mit vielen Wirkungen, 12.11.1997, S. 3.

rische Handeln regelmäßig zu überprüfen und die Zukunft durch eigenes Engagement zu gestalten."[299]

Der Verbesserung der internationalen Wettbewerbsfähigkeit wurde eine hohe Priorität beigemessen, auch deswegen, weil die Rendite des Unternehmens nicht derjenigen von führenden internationalen Konkurrenten entsprach. Um dies zu erreichen, wurden zahlreiche Maßnahmen initiiert. Dazu zählte der Hierarchieabbau, die Einführung von Gruppenarbeit, insbesondere in der Produktion sowie ein aktives und attraktives Portfoliomanagement.[300] Letztlich ließ sich eine erfolgreiche Wettbewerbsfähigkeit nur durch einen Wissens- beziehungsweise Forschungsvorsprung erreichen. Denn eine besondere Schwierigkeit stellten auch die neuen Wettbewerber aus Niedriglohnländern dar, gegen deren Preise ein deutsches Unternehmen nur schwer wettbewerbsfähig war. Vor allem aus dem asiatischen Raum drängten neue Wettbewerber auf den Markt und griffen die Marktposition von Bayer an. Der internationale Preiswettbewerb stellte für Bayer daher eine große Herausforderung dar.

„Erschwerend kam hinzu, dass neue Wettbewerber aus dem asiatischen Raum mit niedrigen Preisen auf dem Markt drängen."[301]

Um diesem Wettbewerb langfristig erfolgreich Stand halten zu können, war es unter anderem notwendig, ein international ausgerichtetes Management an die Spitze des Unternehmens zu setzen. Die Geschäftsberichte machten deutlich, dass Bayer seine Führung international ausrichtete, um auch im Management optimal aufgestellt zu sein. So brachte der damalige Vorstandsvorsitzende, Hermann Strenger, Vertriebserfahrung aus Brasilien und Schweden mit.[302]

„Um im globalen Wettbewerb langfristig zu bestehen, ist es notwendig, das internationale Konzerngeschäft mit einem international ausgerichteten Management zu führen."[303]

Die Liberalisierung und Deregulierung auf vielen Märkten führte zu einem weitestgehend freien Wettbewerb, der aber auch die Nachteile des verstärkten Wettbewerbsdrucks und die Schwierigkeit, sich an dynamische Märkte anzupassen, mit sich brachte. Insbesondere zwei Faktoren ließen die chemische Industrie in dieser Phase unter Druck geraten. Zum einen konnten im Inland zunehmend weniger Produkte abgesetzt werden, da Sättigungstendenzen auftraten. Zum anderen

299 Geschäftsbericht Bayer AG 2002, S. 16.
300 Vgl. Geschäftsbericht Bayer AG 1994, S. 7.
301 Geschäftsbericht Bayer AG 1992, S. 32.
302 Vgl. www.bayer.de.
303 Geschäftsbericht Bayer AG 1988, S. 25.

konnten traditionell hohe Exportanteile nicht gehalten werden, da die vormaligen Abnehmerländer, beispielsweise in Asien, nun selbst in der Lage waren sich mit chemischen Produkten, zumeist zu niedrigeren Preisen, zu versorgen.[304]

Probleme der Internationalisierung

Die Internationalisierung brachte neben dem verstärkten Wettbewerbsdruck noch weitere Probleme mit sich. So konnte sich beispielsweise die Veränderung von nationalen rechtlichen Rahmenbedingungen erheblich auf den Export auswirken. Wie Bayer im Geschäftsbericht aus dem Jahr 2004 mitteilte, dass beispielsweise die veränderten Rahmenbedingungen in Japan zu einem Rückgang des Plasmageschäfts führten.

> „Das Plasmageschäft entwickelte sich in Nordamerika aufgrund von neuen Produktausbietungen […] sehr erfreulich, während es in Japan durch starken Wettbewerb und veränderte gesetzliche Rahmenbedingungen rückläufig war"[305]

Noch gravierendere Auswirkungen auf den Absatz hatten nationale Konflikte wie es sie beispielsweise im Nahen und Mittleren Osten gab. Zudem spielte der Ölpreis, der durch diese Konflikte beeinflusst wurde eine große Rolle bei den Rohstoffkosten und wirkte sich damit auf die Preisgestaltung aus.

> „Die Weltwirtschaft war im ersten Halbjahr 2003 insbesondere durch die Auseinandersetzungen im Nahen und Mittleren Osten, die schwachen Aktienmärkte und den hohen Ölpreis stark verunsichert."[306]

Gerade im Exportbereich wurden Preise in USD verhandelt und festgelegt. Währungsschwankungen, insbesondere des Dollars beeinflussten direkt das inländische Ergebnis und konnten so schnell erhebliche Ergebniseinbußen zur Folge haben. Die negativen Auswirkungen der Währungsschwankungen, so wie sie Bayer erlebte, verdeutlicht das folgende Beispiel.

> „Die Kurse des amerikanischen Dollars und anderer wichtiger Währungen gingen weiter zurück. Das brachte für uns Wettbewerbsnachteile und erhebliche Einbußen bei der Umrechnung unseres Auslandsgeschäftes in DM, die sich auch im Ergebnis niedergeschlagen haben."[307]

Aber auch die unterschiedlichen rechtlichen Rahmenbedingungen, wie zum Beispiel der internationale Patentschutz, waren mit Schwierigkeiten verbunden. Im

---

304 Vgl. Schmoly, Eva (2005): Wandel der Unternehmensorganisation infolge des globalen Wettbewerbs, S. 71.

305 Geschäftsbericht Bayer AG 2004, S. 16.

306 Geschäftsbericht Bayer AG 2003, S. 4.

307 Geschäftsbericht Bayer AG 1990, S. 7.

Jahr 2005 musste Bayer, auf Grund des Patentablaufs des Antiinfektivums Cipro in den USA, einen Umsatzrückgang von 312 Mio. € verzeichnen.[308] Der Grund dafür war, dass es nach Ablauf eines Patents Konkurrenten, insbesondere den Herstellern von Generika, möglich war, das gleiche Produkt deutlich günstiger zu verkaufen. Einem anderen Problem stand Bayer in Brasilien gegenüber, wo Bayer bereits seit mehr als 100 Jahren tätig war. Eine Reform der Wirtschaftspolitik hatte zur Folge, dass die Einfuhrzölle für die dort produzierenden Unternehmen wegfielen, dies zog einen schärferen Wettbewerb nach sich, der in einen verstärkten Rationalisierungsdruck mündete.[309] Ein weiteres großes Problem der Internationalisierung war die Einfuhr von gefälschten Medikamenten. So musste Bayer beispielsweise im Jahr 2003 feststellen, dass das Antiinfektivum Ciprobay in gefälschten Arzneimittelverpackungen im Umlauf war. Dazu werden die Arzneimittel zunächst ins Ausland exportiert, wobei hier die Preise deutlich niedriger liegen, dort werden die Medikamente dann umverpackt und wieder nach Deutschland importiert. Dadurch entstand aber nicht nur ein wirtschaftlicher Schaden, sondern auch eine große Sicherheitslücke, da die Herkunft der Medikamente nicht mehr eindeutig nachvollziehbar war.[310] Die Ergebnisse wiesen darauf hin, dass die Internationalisierung vielseitige Probleme mit sich brachte, wobei die oben genannten Beispiele dabei nur einen Ausschnitt präsentierten.

3.3. Gestaltung der Ressource Wissen – Wissensmanagement

3.3.1. Wissenserwerb

Ein bedeutender Aspekt der strategischen Ausrichtung von Bayer war der weltweite Erwerb von Wissen. Wichtig war dabei, dass Wissen nicht einmalig als externe Dienstleistung erworben wurde, sondern dauerhaft dem Unternehmen zur Verfügung stand. Das Spektrum des erworbenen Wissens reichte dabei von landesspezifischem Wissen für internationale Geschäftsaktivitäten, zum Beispiel in Bezug auf die rechtlichen Rahmenbedingen eines Landes, bis hin zur Neueinstellung von hochqualifiziertem wissenschaftlichem Personal.

[308] Vgl. Geschäftsbericht Bayer AG 2005, S. 19.

[309] Vgl. Frankfurter Allgemeine Zeitung: Auch nach 100 Jahren ist Brasilien für Bayer ein dynamischer Markt, 17.05.1996, S. 22.

[310] Vgl. Balzli, Beat; Fröhlingsdorf, Michael; Ludwig, Udo (2003): Fälschung auf Rezept, S. 56f.

> „Ein strategisches Kernelement ist dabei das internationale Insourcing, also der Erwerb von Know-how. Es reicht von landesspezifischem Wissen bei der Abwicklung von Investitionsprojekten über globale Erschließung von Innovationen und öffentlichen Forschungsgeldern bis hin zur Rekrutierung von internationalem Spitzenpersonal und dem Aufbau von Kooperationen mit anderen Firmen und Forschungseinrichtungen."[311]

Die Aussagen in den Geschäftsberichten lassen darauf schließen, dass der Erwerb von Forschungswissen für Bayer ein strategisches Kernelement darstellte und somit von großer Bedeutung für den Unternehmenserfolg war. Übergreifend verantwortlich für den Erwerb von Wissen waren auch die internen Kommunikationsabteilungen, Bibliotheken und nicht zuletzt das Unternehmensarchiv, zu deren Aufgaben beispielsweise das Bereitstellen von aktueller Literatur und Fachzeitschriften zählte. Darüber hinaus übernahmen auch externe Anbieter die Versorgung mit aktuellen Forschungserkenntnissen, oftmals konnte dies auch online geschehen. So bot beispielsweise die größte chemische Datenbank, genannt „Chemical Abstract Service" Informationen zu sämtlichen chemischen Verbindungen und Strukturen.[312] Ein weiterer Dienstleister auf diesem Gebiet, den auch Bayer in Anspruch nahm, war das Fachinformationszentrum Chemie, dessen Aufgabe es war wissenschaftliche und technische Informationsdienstleistungen auf dem Fachgebiet der Chemie und ihrer Grenzgebiete zu erbringen oder verfügbar zu machen.[313]

Merger & Akquisition

Eine Methode, um neues Wissen in das Unternehmen zu holen war die Durchführung von Merger und Akquisitionen. Auch wenn der Erwerb von neuem Wissen sicherlich nicht immer die Hauptintention dabei war, denn oftmals standen rein finanzielle Argumente im Vordergrund, so war er doch nicht unerheblich. Die Untersuchung zeigte, dass Bayer einerseits durch den Zuwachs von neuem, qualifiziertem Personal profitierte und andererseits organisatorisches Wissen sowie immaterielle Vermögenswerte hinzu gewann.

> „Die seit einigen Jahren betriebene Entwicklung von Keramikpulvern als Vorprodukte für die Ingenieurkeramik stützt sich auf unsere langjährigen Erfahrungen mit feinteiligen anorganischen Pigmentpulvern. Durch die Mehrheitsbeteiligung an H.C. Starck haben wir auch unser Know-how und unsere Produktbasis bei Keramikpulvern erweitert."[314]

Dies hatte zudem zur Folge, dass Bayer in relativ kurzer Zeit gezielt Wissen auf einem bestimmten Gebiet aufbauen konnte. So kam Bayer direkt in den Genuss

---

311 Geschäftsbericht Bayer AG 2005, S. 45.

312 Siehe dazu Chemical Abstract Service, www.cas.org.

313 Siehe dazu Fachinformationszentrum Chemie, www.fiz-chemie.de.

314 Geschäftsbericht Bayer AG 1986, S. 10.

der Nutzung deren Wissens. Dies wurde zum Beispiel durch eine verbesserte beziehungsweise führende Marktposition deutlich. Die beiden folgenden Zitate erläutern, dass Bayer sowohl an Forschungskapazitäten als auch an der Marktposition gewann.

> „Das Erfolgskonzept ist einfach, aber wirkungsvoll: zwei weltweit erfolgreiche Unternehmen – Bayer-Pflanzenschutz und Aventis CropScience – haben durch ihren Zusammenschluss zur Spitze der Pflanzenschutzunternehmen aufgeschlossen.“[315]

> „Im Oktober haben wir die Polysar Rubber Division von der kanadischen Nova übernommen. Mit der Polysar Rubber Division erhalten wir nicht nur neue Anlagen in Kanada, den USA, Belgien und Frankreich, sondern auch zusätzliche Forschungskapazitäten. Durch diese Übernahme ist Bayer weltweit einer der führenden Anbieter von Synthesekautschuk mit einem großen Anteil hochwertiger Spezialprodukte geworden.“[316]

Der Erwerb von Wissen im Rahmen von Merger und Akquisitionen wurde vorwiegend dann genutzt, wenn entweder durch den Zusammenschluss mit einem anderen erfolgreichen Unternehmen das bestehende Produktportfolio so gestärkt wurde, dass sich die Marktposition, nach Einschätzung von Bayer, erheblich verbesserte oder wenn durch die Übernahme des Unternehmens das Produktportfolio strategisch erweitert werden konnte. Ein weiteres Beispiel dafür stellte die Übernahme der Florasyth-Gruppe für 468 Mio. DM im Juni 1995 dar. Dadurch rückte Bayer auf Rang vier der weltgrößten Hersteller dieser Branche und konnte sich so zu einem Global Player in Sachen Riech- und Geschmacksstoffe entwickeln.[317] Insgesamt wurden in diesem Jahr in etwa 1,7 Mrd. DM in Akquisitionen und Beteiligungen investiert, mit dem Ziel das Wachstumspotential auszubauen und die Zukunft des Unternehmens zu sichern.[318] Diese Investitionen beschränkten sich aber keineswegs nur auf die großen oder auf bestimmte Geschäftsbereiche. Der Erwerb des Zitronensäuregeschäfts sowie die dazugehörigen Anlagen des Unternehmens Sturge in Großbritannien, ermöglichten Bayer beispielsweise weltweit die Marktführerschaft auf diesem Gebiet der Lebensmittelzusätze einzunehmen.[319] Im Bereich der Merger und Akquisitionen stellte aber Bayer keine Ausnahme der Branche dar. Eine Ausweitung von Fusionen und Übernahmen zeigte sich in der gesamten Chemie- und Pharmabranche zum Ende des 20. Jahrhunderts, wobei im Jahr 2000 der Gesamtwert der Fusionen und Übernahmen eine Rekordsumme von

---

315 Geschäftsbericht Bayer AG 2002, S. 37.

316 Geschäftsbericht Bayer AG 1990, S. 7.

317 Vgl. Geschäftsbericht Bayer AG 1996, S. 43.

318 Vgl. Geschäftsbericht Bayer AG 1995, S. 11.

319 Vgl. Geschäftsbericht Bayer AG 1990, S. 13, Der Kaufpreis betrug insgesamt 56 Mio. £.

370 Mrd. USD erreichte.[320] Im Allgemeinen legte Bayer stets darauf wert, einen Partner zu finden, mit dem es möglich war die jeweiligen Stärken und Schwächen in ein balanciertes Verhältnis zu bringen.[321]

Kooperationen/ Netzwerke

Im Gegensatz zu einem Merger oder einer Akquisition dienten Kooperationen und Netzwerke dazu, Wissen aus einem definierten Bereich in das Unternehmen zu holen, jedoch ohne zwangsweise eine dauerhafte Verbindung einzugehen. Die Untersuchung zeigte, dass Bayer vor allem auf den Gebieten Kooperationen einging und Netzwerke bildete, in denen Kapazitäten oder Kompetenzen fehlten. Für den Bereich der Kunststoff-Vorprodukte ging Bayer eine solche Kooperation beispielsweise mit dem französischen Konzern Rhône Poulenc ein.[322]

> „Wo wir Bereiche nicht aus eigener Kraft stärken können, wollen wir unsere Situation durch strategische Allianzen, Joint Ventures oder Kooperationen mit anderen Unternehmen weiter verbessern."[323]

Zudem erforderte der Aufbau von Kooperationen nur äußerst geringe Mittel im Vergleich zu einer Akquisition und war daher mit einem relativ geringen Risiko verbunden. Gerade im Bereich der Forschung dienten Kooperationen und Netzwerke dazu, sich Wissen von verschiedenen Institutionen und Unternehmen einzuholen, um so die Forschung auf eine breite Basis zu stellen.

> „Auf der Basis intensiver Forschung und Kooperationen mit anderen Unternehmen arbeiten wir weiterhin daran, dass die Diagnostik für klinische Labors, Ärzte und Verbraucher noch schneller, bequemer, exakter und kostengünstiger wird."[324]

Je nach Themengebiet war es, um schnell Erfolge zu erzielen, zwingend notwendig Synergieeffekte zu generieren und die Forschung auf horizontaler oder vertikaler Ebene durch Netzwerke zu stärken. Aus den Geschäftsberichten der Bayer AG lässt sich schließen, dass es unerlässlich war die technische Forschung durch Kooperationen, unter anderem mit wissenschaftlichen Einrichtungen zu stärken.

> „Forschungsergebnisse sind heute nur noch durch das Zusammenwirken aller natur- und ingenieurwissenschaftlichen Fachrichtungen zu erarbeiten. Deshalb ist es unser Ziel, weltweit un-

---

320 Vgl. Schmoly, Eva (2005): Wandel der Unternehmensorganisation infolge des globalen Wettbewerbs, S. 67.

321 Vgl. Frankfurter Allgemeine Zeitung: Interview mit Werner Wenning, Vorstandsvorsitzender Bayer AG, 04.10.2002, S. 16.

322 Vgl. Süddeutsche Zeitung: Bayer strebt mit Kooperationen aus der Krise, 27.04.1994, S. 27.

323 Geschäftsbericht Bayer AG 2002, S. 2.

324 Geschäftsbericht Bayer AG 1992, S. 42.

> sere interdisziplinäre Forschung zu verstärken und eng mit Hochschulen und wissenschaftlichen Instituten im In- und Ausland zusammenzuarbeiten."[325]

Wissenschaftliche Kooperationen gab es in zahlreichen Fachgebieten, zum Beispiel auf dem Gebiete der Gentechnik, einer völlig neu entwickelten Technologie.[326] Da für diese Technologie enorme Grundlagenforschung notwendig war, schloss Bayer einen Forschungsvertrag mit dem Max-Planck-Institut.[327] Zur Anwendungsforschung auf diesem Gebiet ging Bayer eine Kooperation mit dem amerikanischen Biotech-Unternehmen Millennium ein, einem der führenden Unternehmen auf dem Gebiet der Genomanalyse. Dadurch konnten innovative Arzneimittel noch schneller und kostengünstiger entwickelt werden. Ziel war es krankheitsrelevante Gene zu identifizieren, um dann die Medikamentenentwicklung darauf aufzubauen, am erfolgversprechendsten erwies sich dabei die Indikation von Krebs.[328] Eine ähnlich gelagerte Forschungskooperation gab es auch mit der Heidelberger Lion Bioscience AG.[329] Im Bereich der AIDS Forschung stellte das Fehlen eines schnellen und direkten Virusnachweises einen erheblichen Mangel dar, wofür jedoch die Gentechnik neue Diagnosemöglichkeiten bot. Da die Ressourcen von Bayer für die Anwendungsforschung auf diesem Gebiet nicht ausreichten, wurde im Jahr 1987 eine Kooperation mit Hoechst eingegangen.[330] Wobei an dieser Stelle anzumerken ist, dass diese Kooperation nach 10 Jahren wieder beendet wurde. Im Vergleich zur Konkurrenz geriert die Kooperation von Bayer und Hoechst ins Hintertreffen, so entschieden sie sich zur Veräußerung beziehungsweise Lizenzierung der entwickelten Verbindungen.[331] Zudem war die Integration von Kundenwissen von enormer Bedeutung, schließlich verfügten die Kunden über ein hohes Maß an Erfahrungswissen in der Anwendung der Produkte, dieses Wissen floss letztendlich in die Forschung und Entwicklung, um Produkte und Prozesse optimal zu verbessern. Gerade in Bezug auf Verfahrensinnovation war auch die Zusammenarbeit mit Lieferanten von großer Bedeutung.

---

325 Geschäftsbericht Bayer AG 1987, S. 16.

326 Vgl. Bayer AG (1999): direkt Zeitung für die Mitarbeiter des Bayer-Konzerns, Heft 5, S. 3.

327 Vgl. Strenger, Herrmann (1989): Gentechnik bei Bayer, S. 27.

328 Vgl. Frankfurter Allgemeine Zeitung: Bayer treibt die Pharmaforschung weiter voran, 25.05.2000, S. 24; Frankfurter Allgemeine Zeitung: Bayer mit Forschungskooperation, 24.09.1998, S. 25.

329 Vgl. Frankfurter Allgemeine Zeitung: Unternehmensnachrichten, 29.06.1999, S. 24.

330 Vgl. Verg, Erik; Plumpe, Gottfried; Schultheis, Heinz (1988): Meilensteine. 125 Jahre Bayer 1863 – 1988, 1985.

331 Vgl. Frankfurter Allgemeine Zeitung: Hoechst und Bayer beenden Kooperation, 14.02.1998, S. 19.

> „Wir haben gemeinsam mit Kunden und Anlagenbauern neue Lackierverfahren entwickelt, die den industriellen Einsatz unserer patentierten wässrigen Zwei-Komponenten-Polyurethanlacke erleichtert."[332]

Netzwerke wurden vor allem dann zum Erwerb von Wissen eingesetzt, wenn nicht nur das Wissen eines bestimmten Unternehmens, einer bestimmten Person oder das Wissen über eine bestimmte Substanz interessant war, sondern wenn für ein Forschungsgebiet das Wissen von verschiedenen Unternehmen und Forschungseinrichtungen relevant war und kombiniert werden musste. Diese Einschätzung bestätigten auch andere wissenschaftliche Untersuchungen, wonach sich die Kooperation, insbesondere mit anderen Unternehmen, als die häufigste und bedeutendste Möglichkeit der Wissensbeschaffung herausstellte.[333] Diese Untersuchung zeigte zudem, dass im Rahmen von Innovationsprojekten Unternehmen sowohl zur Wissensbeschaffung als auch zur gemeinsamen Lösungsfindung häufig auf etablierte Kooperationsbeziehungen zurückgriffen.[334] Eine sehr erfolgreiche Kooperation ging Bayer auch mit dem Unternehmen E.Merck ein. Gemeinsam entwickelten sie Biltricide, ein Medikament gegen Bilharziose, für das sie mit dem Prix Galien ausgezeichnet wurden – einem Preis für Arzneimittel, die einen wesentlichen Fortschritt in der Medizin bedeuteten.[335] Insbesondere auf dem Gebiet der Kunststoffe gelang es den Unternehmen der chemischen Industrie im ausgehenden 20. Jahrhundert erfolgreiche Kooperationen einzugehen und Wissen zu transferieren.[336] Ein Grund dafür lag sicherlich darin, dass Kunststoffe nahezu in allen Lebensbereichen ihren Einsatz fanden und deswegen Kooperationen mit den jeweiligen Experten für diese Gebiete eingegangen wurden. Ein Ergebnis einer erfolgreichen Kooperation im Bereich der Kunststoffe für Schuhwerk, war der leichte PUR-Kunststoff für die Sohlen, wodurch das Gewicht von verschiedenen Sportschuhen deutlich gesenkt werden konnte.[337] Eine andere erfolgreiche Kooperation wurde mit GE Plastics eingegangen, mit dem Ziel Autoscheiben aus Makrolon zu entwickeln. Diese waren bis zu 40 Prozent leichter, einfacher zu verarbeiten und bruchsicherer als herkömmliche Scheiben.[338] Darüber hinaus unterstützte Bayer im Rahmen von Kooperationen auch kleine Start-ups, die sich auf

332 Geschäftsbericht Bayer AG 1999, S. 26.

333 Vgl. Binder, Hans-Martin; Balthasar, Andreas; Mauch, Corine (2004): Innovative Unternehmen brauchen Wissen, S. 9.

334 Vgl. ebd., S. 21.

335 Vgl. Verg, Erik; Plumpe, Gottfried; Schultheis, Heinz (1988): Meilensteine. 125 Jahre Bayer 1863 – 1988, 1986.

336 Vgl. Streb, Jochen (2003): Staatliche Technologiepolitik und branchenübergreifender Wissenstransfer, S. 215.

337 Vgl. Bayer AG (2004) research. Das Bayer-Forschungsmagazin, Ausgabe 16, S. 48ff.

bestimmte, sehr innovative Gebiete konzentrierten. Ein Beispiel dafür war die Firma Nanosolutions, mit der Bayer gemeinsam an der Entwicklung eines Biolabels arbeitete. Es ging beispielsweise darum, einen Nachweis zu schaffen, dass ein Patient an Krebs erkrankt ist. Dazu wurden fluoreszierende Nanopartikel entwickelt, die an einen Antikörper gekoppelt werden. Dieser sollte sich dann mit einer Krebszelle verbinden und durch UV-Licht sichtbar gemacht werden.[339]

Es ist jedoch an dieser Stelle anzumerken, dass insbesondere in der chemischen Industrie Kooperationen nicht nur zum Wissenstransfer eingegangen wurden. Vor allem auf dem Gebiet der Umweltpolitik gab es zum Beispiel in Bezug auf die Chemikalienregulierung verschiedenen Kooperationen mit dem Staat.[340]

Eine Besonderheit der chemischen Industrie beziehungsweise von Bayer war, dass einerseits die Zielkunden durch die Gestaltung der internen Wertschöpfungskette stark variiert werden konnten. Andererseits konnte durch Kooperationen, in Form von Wertschöpfungsnetzwerken, die eigene Wertkette optimiert werden. Untersuchungen zeigten, dass diese simultane Gestaltung der Wertschöpfungskette einen zentralen Erfolgsfaktor für die langfristige Sicherung von Wettbewerbsvorteilen darstellte.[341] An dieser Stelle ist jedoch auch anzumerken, dass die Grundlagen für zahlreiche Kooperationen bereits zur aktiven Zeit der IG Farben gelegt wurden. Trotz der Entflechtung nach dem Zweiten Weltkrieg blieben diese Beziehungen bestehen, was allein ein Blick in die Zusammensetzung der Aufsichtsräte zeigte.[342]

Lizenzen

Um neues Wissen zu erwerben, nutzte Bayer auch die Möglichkeit der Lizenznahme, um sich weltweit den Zugriff auf bestimmte, erfolgversprechende Substanzen zu sichern. Das folgende Beispiel verdeutlicht den enormen finanziellen Umfang der Lizenzvereinbarungen.

> „Durch enge Zusammenarbeit mit zahlreichen Unternehmen der Biotechnologie sichern wir uns den Zugang zu neuem Wissen und den Zugriff auf Erfolgversprechende Substanzen. Zum

---

338 Vgl. Geschäftsbericht Bayer AG 1998, S. 21, Makrolon ist ein Hightech Kunststoff mit vielseitigen Anwendungsmöglichkeiten.

339 Vgl. Die Welt: Bayer AG kooperiert mit Hamburger Start-up, 05.02.2001, Die Welt: Mit Nanoteilchen zum Gründerchampion, 25.05.2004.

340 Vgl. Koch, Lars (2007): Kooperationen in der Umweltpolitik. Einordnung und Bewertung am Beispiel der Chemikalienregulierung.

341 Vgl. Leker, Jens; Rühmer, Saskia (2003): Der Einfluss von Wertschöpfungsnetzwerken auf das Innovationsmanagement der chemischen Industrie, S. 279.

342 Vgl. Schreiber, Peter Wolfram (1987): IG Farben. Die unschuldigen Kriegsplaner, S. 170f.

Aufbau dieses internationalen Verbundes wurden seit 1997 Kooperationen und Lizenzvereinbarungen im Wert von 900 Millionen Euro abgeschlossen."[343]

Darüber hinaus diente die Lizenznahme dazu, die Forschung auf einem explizit definierten Gebiet zu unterstützen und so wertvolle Zeit zu sparen.

„Mit Lizenzübernahme der zellbiologischen Substanz Anti-CMV-monoklonaler Antikörper gegen das Cytomegalie-Virus – von der japanischen Firma Teijin wurde unser Programm neuer biologischer Protein-Arzneimittel auf eine breitere Basis gestellt."[344]

Zudem war es auf bestimmten Gebieten aus rechtlichen Gründen zwingend notwendig Lizenzabkommen einzugehen, um beispielsweise eigene Entwicklungen, die auf bestehenden Patenten aufbauen, umsetzen zu können. Damit verbunden konnten die Rechte zu bestimmten Entwicklungen und zur Vermarktung sein, wie das Beispiel des automatisierten Tests zur Schlaganfall-Diagnostik zeigte.

„[...] Lizenzabkommen geschlossen, um Rechte zur Entwicklung und Vermarktung eines automatisierbaren Tests für die Schlaganfall-Diagnostik zu erlangen"[345]

Letztlich stellte die Lizenznahme einen Mittelweg zwischen Merger und Akquisitionen und dem Aufbau einer Kooperation dar. Die Aufwendung an finanziellen Mitteln und das Risiko waren relativ gering, jedoch wurde die Lizenznahme nur dann eingesetzt, um neues Wissen zu erwerben, wenn dies spezifiziert und nur in Form einer Lizenz erwerbbar war.

Neueinstellungen

Bayer erwarb nicht nur im Rahmen von Merger und Akquisitionen neue Mitarbeiter als Wissensträger, sondern die Personalstruktur wurde auch ganz gezielt durch die Rekrutierung hoch qualifizierter Mitarbeiter gestärkt.

„[...] Verbesserung der Personalstruktur durch qualifizierte Neueinstellungen"[346]

Neben den erstklassigen Fachkenntnissen wurde bei der Auswahl der Bewerber auch Wert auf Flexibilität, Teamfähigkeit und Mobilität gelegt.[347] Um den Nachwuchs an befähigten Mitarbeitern sicherzustellen und als potentieller Arbeitgeber für junge Menschen in Frage zu kommen, engagierte sich Bayer stark im Personalmarketing. Dabei wandte sich Bayer bewusst auch an Schüler und Studenten, um frühzeitig das Interesse an einer Tätigkeit innerhalb des Unternehmens zu we-

343 Geschäftsbericht Bayer AG 1999, S. 51.

344 Geschäftsbericht Bayer AG 1990, S. 18.

345 Geschäftsbericht Bayer AG 2005, S. 42.

346 Ebd., S. 35.

347 Vgl. Frankfurter Allgemeine Zeitung: Interview mit Dr. Klaus Kleine-Weoschede, Arbeitsdirektor der Bayer AG, 02.03.1996, S. 43.

cken. Außerdem sollten sich junge Menschen im Rahmen von Praktika und Werkstudententätigkeiten mit dem Unternehmen vertraut machen, um später als feste Mitarbeiter gewonnen zu werden.

> „Wir müssen auch in Zukunft engagierte und verantwortungsbewußte Mitarbeiter für unser Unternehmen gewinnen. Daher bemühen wir uns intensiv um Schüler und Studierende. Kompetente Information und Beratung, Workshops und Hochschulmessen, Praktika und Werkstudententätigkeit sowie Exkursionen sollen dazu beitragen, daß sich diese jungen Menschen für Bayer entscheiden.“[348]

Zudem wurde stetig mehr Wert auf die Schulbildung der Auszubildenden gelegt, um zu gewährleisten, dass die Jugendlichen ein breites Vorwissen mit in die Ausbildung brachten. Dies lässt sich daraus schließen, dass der Anteil der Auszubildenden mit (Fach-) Abitur konstant anstieg.

> „Der Anteil der Auszubildenden mit Hochschul- und Fachhochschulreife stieg erneut an und erreichte 26 Prozent.“[349]

Die Ergebnisse der Dokumentenanalyse sprechen dafür, dass die Neueinstellung von Mitarbeitern eine häufig genutzte, wenn nicht die am häufigsten genutzte Methode war, um gezielt fehlendes beziehungsweise neues Wissen in das Unternehmen zu integrieren. Dabei standen vor allem naturwissenschaftlich ausgebildete beziehungsweise akademische Mitarbeiter im Vordergrund. Auch wenn es dabei sicherlich gezielte Neueinstellungen gab, wenn nicht sogar durch Headhunting, so konnte doch zu diesem Bereich in den publizierten Unterlagen kein konkreter Hinweis gefunden werden. Im Gegensatz zu den oben genannten Punkten diente die Neueinstellung nicht primär dazu, Wissen auf einem speziellen Gebiet zu erwerben, sondern sicherte den Grundbedarf an qualifiziertem, insbesondere wissenschaftlichem Personal.

3.3.2. Wissensentwicklung

Personal-/ Forschungs- und Entwicklungsaufwand

Die folgende Graphik verdeutlicht die Entwicklung des Personalaufwands sowie des Forschungs- und Entwicklungsaufwands.

---

[348] Geschäftsbericht Bayer AG 1990, S. 16.

[349] Geschäftsbericht Bayer AG 1985, S. 16.

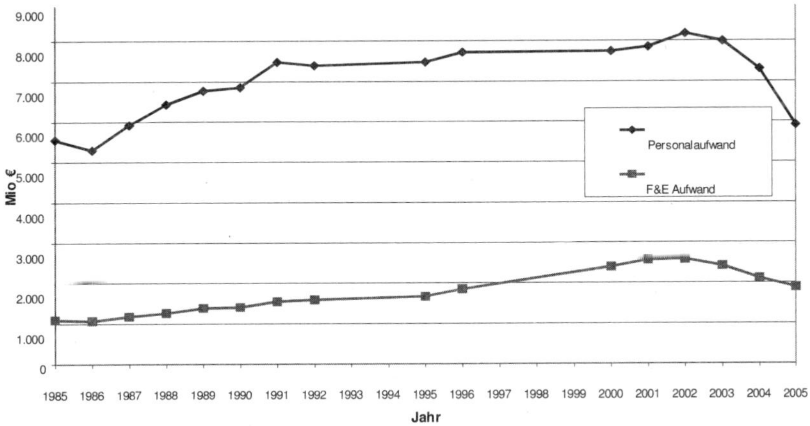

Abbildung 17: Entwicklung Personal-/ Forschungs- und Entwicklungsaufwand[350]

Die Graphik macht deutlich, dass die Steigerung des Personalaufwands mit dem Forschungs- und Entwicklungsaufwand synchron verlief. Dieser hatte sich im Laufe des zweiten Untersuchungszeitraums nahezu verdoppelt, dadurch wird die große Bedeutung sichtbar, die den Forschungs- und Entwicklungstätigkeiten beigemessen wurde. Ebenso stieg der Personalaufwand im Laufe dieses Zeitraums enorm an, wenn auch prozentual gesehen geringer. Der Rückgang im Jahr 2002 lässt sich auf den wirtschaftlichen Einbruch in diesem Zeitraum zurückführen.

Einstellung zu Mitarbeiter-Qualifikation

Die Entwicklung von eigenem Wissen war im hohen Maß davon abhängig, wie die persönliche und fachliche Weiterbildung der Mitarbeiter gefördert wurde. Bayer schuf eine Unternehmenskultur, beziehungsweise stand hinter Werten, die die Mitarbeiter zur Entwicklung von eigenem Wissen ermutigten.

> „Wir ermutigen und motivieren unsere Mitarbeiter, ihre Kreativität und ihre Fähigkeiten für den gemeinsamen Erfolg einzubringen und fördern ihre berufliche und persönliche Weiterentwicklung."[351]

Dazu zählte beispielsweise eine Personalpolitik, die klar auf die Förderung von jungen Talenten, sowohl mit akademischer als auch mit schulischer Vorbildung abzielte. Dabei spielte auch die Erfahrung der älteren Mitarbeiter eine große Rolle, diese konnte durch Mentoring-Partnerschaften an die Nachwuchskräfte weitergegeben werden.

---

350 Eigene Darstellung anhand der Werte aus den jeweiligen Geschäftsberichten.

351 Geschäftsbericht Bayer AG 2004, S. 147.

> „Die Förderung talentierter Jung-Manager zum Beispiel im Rahmen eines speziellen Mentoring Programm, das unsere nordamerikanische Tochtergesellschaft gestartet hat und die qualifizierte Ausbildung junger Menschen sind weitere wichtige Bestandteile unserer zukunftsorientierten Personalpolitik."[352]

Ziel der Personalpolitik war aber nicht nur die Förderung einzelner Talente, sondern auch die Förderung der gesamten Leistungs- und Produktivitätssteigerung beziehungsweise das Einbringen von Verbesserungsvorschlägen.

> „Oberstes Ziel unserer Personalpolitik ist es, Intelligenz und Motivation der Mitarbeiter noch stärker zu mobilisieren und auf diese Weise ein großes Potential für kontinuierliche Verbesserungen, Leistungs- und Produktivitätssteigerungen zu nutzen."[353]

Neben den strategischen Aspekten konzentrierte sich die Personalpolitik auf die Förderung der Fort- und Weiterbildung der Mitarbeiter, um sie dadurch mit zukunftsweisenden Technologien und Verfahren vertraut zu machen.

> „Der Einsatz neuer Technologien und die Verwirklichung zukunftsweisender Arbeitskonzepte ist für alle Mitarbeiter eine Herausforderung, die ohne qualifizierte Fortbildung nicht zu bewältigen ist. Bayer bietet deshalb schon seit jeher vielfältige Weiterbildungsmöglichkeiten an, die intensiv genutzt werden. Im Berichtsjahr verzeichneten die Bildungsabteilungen mehr als 33.000 Teilnahmen an internen sowie rund 3.600 Teilnahmen an externen Seminaren."[354]

Zu den innovativen Lernkonzepten zählte auch das 1991 eröffnete Selbstlernzentrum, in dem verschiedene computerbasierte Trainings angeboten wurden. Das Spektrum reichte dabei von Business Englisch bis hin zu Führungstrainings, wobei die Selbstlerner durch Betreuer vor Ort unterstützt wurden.[355] Personengebundenes Wissen ließ sich innerhalb des Unternehmens letztlich nur durch gezielte Förderung und Weiterbildung entwickeln. Dazu gab es im Konzern zahlreiche Programme. So gab es beispielsweise seit Ende der 1990er Jahre das Angebot für ein Fernstudium für Biologielaboranten, in Kooperation mit der Uni Mainz.[356] Neben dem Weiterbildungsangebot spielte aber auch eine lernfreundliche Umgebung beziehungsweise eine lernfreundliche Unternehmenskultur eine wichtige Rolle. Die Ergebnisse zeigten, dass Bayer in Weiterbildung und Qualifizierungsmaßnahmen der Mitarbeiter viel Geld investierte, dabei ging es zumeist um eine grundsätzliche Steigerung der Qualifikationen. Zudem spielte der Aufbau von speziel-

---

352 Geschäftsbericht Bayer AG 1998, S. 31.

353 Geschäftsbericht Bayer AG 1994, S. 19.

354 Geschäftsbericht Bayer AG 1995, S. 20.

355 Vgl. Süddeutsche Zeitung: Auch der Selbstlerner braucht die Motivation durch den Betreuer, 16.01.2001, S. 2.

356 Vgl. Bayer AG (2003): direkt Zeitung für die Mitarbeiter des Bayer-Konzerns, Heft 2, S. 5.

lem firmeninternem Wissen, wie zum Beispiel von internen Abläufen und angewandten Forschungsmethoden, eine große Rolle. In Bezug auf Innovationsprojekte konnte kein direkter Zusammenhang zwischen Investition und Durchführung von Aus- und Weiterbildung und Anzahl von Innovationen ermittelt werden. Diese Erkenntnis wird durch eine Studie der Universität Bern bestätigt, wonach Unternehmen in Innovationsprozessen nur äußerst selten auf Weiterbildung setzten. Dies ist durch vier Faktoren bedingt, zum einen durch die fehlende Zeit für den internen Wissensaufbau und zum anderen durch die Eigenart von Innovationen wofür es keine konkreten Weiterbildungsangebote gibt. Darüber hinaus ist es äußerst schwierig in Innovationsprojekten das fehlende Know-how konkret zu identifizieren und zudem fehlt auch vielen der Überblick über verfügbare Weiterbildungsmöglichkeiten.[357] Das fehlende Know-how in Innovationsprojekte wurde bei Bayer stattdessen über Kooperationen, sowohl mit anderen Unternehmen als auch mit Forschungseinrichtungen ausgeglichen.[358] Weiterbildung spielte dann eine wichtige Rolle, wenn es um die grundsätzliche Qualifikation der Mitarbeiter, als Voraussetzung für Innovationen ging, aber nicht direkt in konkreten Innovationsprojekten. Daher war es entscheidend, bereits frühzeitig in die Ausbildung zu investieren.

Investition in Ausbildung

Ein wichtiger Punkt neben der Förderung von persönlicher und fachlicher Weiterbildung der vorhandenen Mitarbeiter, war die Investition in die Ausbildung neuer Mitarbeiter. Die Investition in Ausbildung sicherte den Bedarf an eigenen qualifizierten Nachwuchsmitarbeitern, mit spezifischen Kenntnissen. In verschiedenen Geschäftsberichten wurde auf die verstärken Aktivitäten im Bereich der betrieblichen Ausbildung hinwiesen, die folgenden Zitate sind nur zwei Beispiele.

> „Eröffnung des Ausbildungszentrums im Werk Krefeld-Überdingen, das 90 moderne Ausbildungsplätze für Produktionsberufe bietet.“[359]

> „Zu Zeit bilden wir 4400 Jugendliche aus, und damit mehr, als es unserem Bedarf entspricht.“[360]

---

357 Vgl. Binder, Hans-Martin; Balthasar, Andreas; Mauch, Corine (2004): Innovative Unternehmen brauchen Wissen, S. 24.

358 Zum externen Wissenserwerb mittels Kooperationen siehe Teil III, Kapitel 3.3.1.

359 Geschäftsbericht Bayer AG 1992, S. 16.

360 Geschäftsbericht Bayer AG 1989, S. 14.

Neben der Ausbildung in den klassischen Produktionsberufen, bot Bayer auch speziell auf den eigenen Bedarf zugeschnittene Fachausbildungen an, um qualifizierten Nachwuchs auf verschiedenen Ebenen zu entwickeln.

> „Naturwissenschaftlich begabte, an einer praxisorientierten Ausbildung interessierte Abiturienten und qualifizierte Meister in der Produktion bilden wir in einem speziellen Ausbildungsgang zum Produktionstechniker aus.“[361]

Ziel der Ausbildung war es, die Mitarbeiter so zu qualifizieren, dass sie Wissen entwickelten, um anschließend den Anforderungen des Betriebs stand zuhalten. Darüber hinaus entwickelte Bayer auch ein Programm, das eine klassische kaufmännische Ausbildung mit einem Studium in Marketing und International Business Studies kombinierte. Klares Ziel der Teilnehmer dieses vierjährigen Programms war eine Karriere auf internationalem Marketing Parkett.[362] Neben der unternehmensinternen Ausbildung förderte das BayLab-Programm naturwissenschaftlich interessierte Schüler, die so zu Forschern auf Zeit wurden, wobei eine Brücke zwischen Forschung und Mensch geschaffen wurde. Durch dieses Bildungsprogramm wurde bei den Schülern das Interesse für die Forschung geweckt, um so die Schüler für die Ausbildungsberufe in der chemischen Industrie zu begeistern.[363] Zur Ausbildung zählt aber nicht allein die berufliche Ausbildung nach dem Schulabschluss, sondern auch die Ausbildung von qualifiziertem Managementnachwuchs. Dazu wurde eigens ein 3-jähriges Traineeprogramm aufgelegt, das weltweit überdurchschnittlich qualifizierte Hochschulabsolventen anziehen sollte. Das Programm startete dann zunächst in einem Einsatzland, in dem nicht die Muttersprache des Teilnehmers gesprochen wurde, um die Teilnehmer so für die Anforderungen eines global tätigen Unternehmens fit zu machen. Der Erfolg bestätigte dieses Programm, zahlreiche ehemalige Teilnehmer nehmen mittlerweile Führungspositionen ein.[364]

Forschung und Entwicklung national und international

Aufgabe der Forschung und Entwicklung war es, Wissen über Substanzen und Verfahren zu generieren, mit dem Ziel das Wachstum des Unternehmens positiv zu beeinflussen.

---

361 Ebd., S. 14.

362 Vgl. Die Welt: Als „Azudent“ schnell in die Karriere starten, 04.12.1999.

363 Vgl. Bayer AG (2003): direkt Zeitung für die Mitarbeiter des Bayer-Konzerns, Heft 2, S. 5.

364 Vgl. Frankfurter Allgemeine Zeitung: Interview mit Martin Schuster, Bayer AG, 18.08.2001, S. 63.

„Die hohen F&E Investitionen entsprechen unserem Grundsatz, in erster Linie aus eigener Kraft zu wachsen. Deshalb beabsichtigen wir, auch in den kommenden Jahren unsere Forschungs- und Entwicklungsausgaben auf dem erreichten hohen Niveau fortzusetzen."[365]

Bayer maß der Forschung und Entwicklung eine große Bedeutung für die Entwicklung des Unternehmenserfolgs bei. Dies wurde dadurch deutlich, dass Bayer stetig seine Forschungskapazitäten international ausbaute, wie die folgenden Zitate zeigen.

„Auch in Zukunft werden Forschung und Entwicklung ihre entscheidende Bedeutung für unsere Unternehmensentwicklung behalten. Wir sind dabei, unsere Forschungsaktivitäten auf den innovativen Märkten der USA und Japans verstärkt auszubauen."[366]

„Um neue Möglichkeiten für unser Unternehmen zu erschließen, werden wir unsere Forschungsaktivitäten weiter internationalisieren."[367]

Der Ausbau dieser Tätigkeiten erfolgte neben der allgemeinen Forschung auch auf ganz bestimmten, erfolgversprechenden Forschungsgebieten, wie zum Beispiel auf dem Gebiet der Rheumatologie.

„In den USA werden wir im neuen Institut für medizinische Chemie des Forschungszentrums in West Haven/Connecticut auf den Gebieten Rheuma und Stoffwechselerkrankungen arbeiten. In einem weiteren neuen Institut forschen wir auf dem Gebiet des zentralen Nervensystems mit den Schwerpunkten Demenz und Alzheimersche Krankheit."[368]

Für Bayer als wissensintensives Unternehmen spielten Forschung und Entwicklung eine zentrale Rolle und waren Voraussetzung dafür, durch Innovationen erfolgreich auf dem Markt bestehen zu können. Die Geschäftsberichte verdeutlichten, dass Bayer auf vielen Forschungsgebieten sowohl in der Grundlagenforschung als auch in der anwendungsorientierten Forschung parallel tätig war, dieser Aufwand sich jedoch als sehr erfolgreich erwies.[369] Bayer war überzeugt, dass an Projekten gearbeitet werden sollte, die zur Entdeckung neuer Wirkstoffe für ungelöste medizinischen Probleme führten. Um dies zu erreichen, war eine vertiefte Grundlagenforschung notwendig, wodurch die Innovationskraft gestärkt werden konnte. Deshalb betrieb das Unternehmen rund 40 Prozent Basisforschung.[370] Im Bereich der Gentechnologie leistete Bayer beispielsweise einen entscheidenden Beitrag zur Entwicklung dieser Technologie, erforschte aber anderer-

365 Geschäftsbericht Bayer AG 1995, S. 13.

366 Geschäftsbericht Bayer AG 1991, S. 13.

367 Geschäftsbericht Bayer AG 1996, S. 15.

368 Geschäftsbericht Bayer AG 1992, S. 20.

369 Vgl. Schadewaldt, Hans (1990): 100 Jahre Pharmakologie bei Bayer 1890-1990, S. 59.

370 Vgl. Frankfurter Allgemeine Zeitung: Bayer will in der Pharma-Entwicklung weiter an der Weltspitze bleiben, 10.06.1995, S. 14.

seits auch ihre Anwendungsgebiete, wie im Bereich der Diagnostik oder der Pharmazie. Da jedoch die Gentechnologie in Deutschland stark reguliert wurde, erfolgte die Forschung auf diesen Gebieten vorwiegend in Japan und in den USA.[371] In Japan errichtete Bayer eigens dafür ein Pharmazentrum, in dem einheimische Wissenschaftler vorwiegend Allergieforschung betreiben sollten.[372] Um nur ein weiteres Beispiel zu nennen, seien in diesem Zusammenhang die Kunststoffe, insbesondere das Makrolon[373] genannt, dessen Anwendungen sich von der Automobil- bis zur Konsumgüterindustrie erstreckten. Durch diese Strategie war es möglich Inventionen relativ schnell in anwendbare Innovationen und damit in erfolgreiche Produkte, zu überführen und sich durch den Innovationsvorsprung einen Wettbewerbsvorteil zu schaffen.

3.3.3. Wissensverbreitung

Kommunikation

Kommunikation diente als Grundlage zur Verbreitung von Wissen. Zur Förderung der Kommunikation sowohl mit den Mitarbeitern als auch mit sämtlichen Stakeholdern unterhielt Bayer ein eigenes, der Öffentlichkeit zugängliches Kommunikationszentrum.

> „Ein besonderes Beispiel für den kontinuierlichen Dialog mit Mitarbeitern und der Öffentlichkeit ist unser Kommunikationszentrum BayKomm in Leverkusen. Mehr als 120.000 Besucher nutzen dort jährlich die Chance, sich vor Ort über die Entwicklung des Unternehmens, seine Produkte, vor allem aber auch über die Bemühungen um Sicherheit und Umweltschutz zu informieren.“[374]

Die Förderung der Kommunikation beschränkte sich nicht nur auf die nationalen Grenzen, wie beispielsweise die Einrichtung eines Europa-Forums verdeutlichte.

> „Den Dialog über die Landesgrenzen hinweg fördern wir durch unser Europa-Forum, das dem europaweiten Informations- und Meinungsaustausch der Sozialpartner dient.“[375]

---

371 Vgl. Die Zeit: Angst vor Rüben und Kartoffeln, 05.02.1993.

372 Vgl. Süddeutsche Zeitung: Bayer investiert in japanisches Pharmazentrum, 02.06.1993, S. 28.

373 Zur Entwicklung des Makrolon und dessen zahlreichen Anwendungsgebieten siehe beispielsweise Weirauch, Kurt (2003): Denken, was noch niemand gedacht hat; Hübner, Karl (2003): Polycarbonate, S. 366f.

374 Geschäftsbericht Bayer AG 1994, S. 21.

375 Geschäftsbericht Bayer AG 1999, S. 43.

Neben dem allgemeinen Informations- und Wissensaustausch gab es spezifische Programme, die die Kommunikation und den Wissensaustausch einer ganz bestimmten Zielgruppe ermöglichten.

> „Ein weltumspannender Informationsaustausch sorgt dafür, dass alle Sicherheitsprüfer auf die jeweils neuesten Erkenntnisse und Erfahrungen zurückgreifen können.“[376]

Sowohl die interne Kommunikation , das heißt innerhalb der Belegschaft, als auch die externe, sprich zwischen dem Unternehmen und den Stakeholdern, wurde gefördert und stellte die Basis für die Verteilung von Wissen dar. Die persönliche Kommunikation spielte insbesondere dann eine bedeutende Rolle, wenn es sich um Wissen handelte, das nicht einfach schriftlich in Worte zu fassen war. Diese Art des Wissens, auch implizites Wissen genannt, ließ sich nur durch den persönlichen Kontakt zum Wissensträger vermitteln.[377] Die zuvor genannten Mentoring-Programme, die den Austausch zwischen jungen und erfahrenen Mitarbeitern förderten, leisteten dazu ebenfalls einen wichtigen Beitrag.

Eine eigene Werksbibliothek gab es im zweiten Untersuchungszeitraum bei Bayer nicht mehr. Für Literatur zu Bayer und weitere Findmittel stand nur das Bayer Unternehmensarchiv zur Verfügung.

Arbeitsorganisation

Die Organisationsstrukturen und -prozesse waren so gestaltet, dass die Bildung von professionellen Netzwerken, die einen effektiven Know-how Transfer gewährleisteten und Synergieeffekte schafften, begünstigt wurde.

> „Die Teilkonzerne und Servicegesellschaften unter dem Dach der Management-Holding profitieren von den Synergien und vom reibungslosen Know-how-Transfer innerhalb des Verbunds, denn Bayer versteht sich auch in seiner neuen Struktur als ein Unternehmen. Ein wichtiger Aspekt dieses Teamgedankens ist das Commodity Management: Um die Synergien innerhalb des neuen Konzerns zu nutzen und gemeinsame Standards zu definieren, bilden Experten gleichartiger Arbeitsdisziplinen aus der ganzen Bayer-Welt professionelle Netzwerke und gestalten auf diese Weise konzernweit übergreifende Organisationsstrukturen und -prozesse, das Management in diesen Disziplinen sowie die technischen Abläufe im Sinne größtmöglicher Effizient, Leistungsfähigkeit und Wertsteigerung.“[378]

Der Austausch zwischen den verschiedenen Geschäftsbereichen machte die Nutzung des Know-hows in allen Bereichen möglich und trug so positiv zum Erfolg bei.

---

[376] Geschäftsbericht Bayer AG 1998, S. 32.

[377] Vgl. Streb, Jochen (2003): Staatliche Technologiepolitik und branchenübergreifender Wissenstransfer, S. 69.

[378] Geschäftsbericht Bayer AG 2002, S. 17.

> „Die Forschungsarbeit der vergangenen Jahre und die konsequente Nutzung der Synergien zwischen den verschiedenen Geschäftsbereichen machen sich positiv bemerkbar und bilden die Basis für weiteres Wachstum.“[379]

Besonders im Bereich der Forschung arbeiteten die Teilkonzerne eng zusammen und gaben ihr gewonnenes Wissen wiederum an andere Bereiche weiter.

> „Bei ingenieurtechnischen Fragestellungen, insbesondere im Bereich der Prozess- und Verfahrenstechnologien arbeiten alle Teilkonzerne eng mit Bayer Technology Services zusammen.“[380]

Die Organisationsstruktur innerhalb des Unternehmens stellte demnach die Infrastruktur zur Verteilung des Wissens bereit. Diese Art des Arbeitens kann auch als learning on the job bezeichnet werden, wodurch Mitarbeiter die Möglichkeit hatten, Wissen während der Arbeit zu erwerben und in ihre eigenen Innovationsprozesse zu integrieren. Diese Methodik wurde nicht nur bei Bayer verstärkt angewandt, sondern war auch für zahlreiche andere Unternehmen eine der häufigsten Möglichkeiten der Wissensgenerierung.[381]

Teamarbeit

Die Zusammenarbeit in Teams förderte den Austausch zwischen den einzelnen Mitarbeitern und die gemeinsame Entwicklung von Ideen und Verbesserungsvorschlägen, die dem Fortschritt des Unternehmens dienten.

> „Auch unsere Qualitätskreise erfreuen sich immer größerer Beliebtheit. Allein 1989 haben sich insgesamt 1000 Mitarbeiter in 120 Teams zusammengeschlossen, um gemeinsam Ideen und Vorschläge für ihr Arbeitsumfeld zu entwickeln.“[382]

Dadurch wird auch deutlich, dass Bayer seine Mitarbeiter indirekt unterstützte, an der Philosophie des Unternehmens, Bayer als Erfinderunternehmen, stetig weiterzuarbeiten. Die Weichenstellung für die Teamarbeit gab die Aufbauorganisation. Durch die prozessorientierte Arbeitsteilung kam es automatisch zur Teamarbeit und die Kompetenzen der jeweiligen Mitarbeiter konnten auf diese Weise gebündelt werden. Die prozessorientierte Fertigung schulte der Blick der Mitarbeiter über die Abteilungsgrenzen hinaus und trug so zum Abbau von Schnittstellenproblemen bei.

---

379 Geschäftsbericht Bayer AG 1998, S. 43.

380 Geschäftsbericht Bayer AG 2003, S. 29.

381 Vgl. Binder, Hans-Martin; Balthasar, Andreas; Mauch, Corine (2004): Innovative Unternehmen brauchen Wissen, S. 27.

382 Geschäftsbericht Bayer AG 1989, S. 15.

> „An die Stelle der bisherigen funktionalen Arbeitsteilung tritt in den Produktionsbereichen künftig eine prozeßorientierte Fertigung im Team, die den Mitarbeitern mehr Spielraum für eigenverantwortliches Handeln bietet. Auf diese Weise lassen sich die Arbeitsabläufe effizienter gestalten, die Abstimmungsprozesse vereinfachen und die Kompetenzen bündeln.“[383]

Klares Ziel der Optimierung der innerbetrieblichen Arbeitsstrukturen war die Steigerung der Produktivität. Durch die Zusammenarbeit in den oben beschriebenen Prozessteams, sollten Aufgaben ganzheitlich und weitestgehend eigenverantwortlich erledigt werden. Zudem implizierte diese Arbeitsorganisation eine verstärkte, offene Kommunikation, die wiederum des Wissensaustausch förderte.[384] Das Konzept ProfiTeam schloss sich der oben genannten Arbeitsteilung an, mit dem Unterschied, dass es sich hierbei um interdisziplinäre Spezialistenteams handelte, die ihr Wissen gemeinsam für die Forschung einsetzten und so Synergieeffekte nutzten.

> „Mit unserem wegweisendem Konzept ProfiTeam steigern wir das Engagement der Beschäftigten und die Produktivität der Prozesse. Die Teams sind interdisziplinär zusammengesetzt: Chemiekanten, Handwerker und Instandhaltungsfachleute bilden jeweils ein Team, das für seine Anlage verantwortlich ist – die bisherigen Funktions- oder Abteilungsgrenzen werden durch Teamgeist und Flexibilität überwunden.“[385]

Ebenso wie auf der Makroebene die Zusammenarbeit zwischen einzelnen Geschäftsbereichen die Wissensverteilung förderte, so leistet die Teamarbeit auf der Mikroebene ihren Beitrag dazu. Ein weiteres Beispiel für den Zusammenhang zwischen Teamarbeit und Wissensverteilung waren die so genannten Qualitätskreise, in deren Vordergrund stand, Qualitätsoptimierung zur Teamaufgabe zu machen.[386] Ein weiteres Konzept, dass zur Förderung der Teamarbeit eingeführt wurde, war die prozessorientierte Fertigung im Team, die auf Vertrauen und Kooperation basierte sowie einem verstärkten Delegieren von Aufgaben an die jeweiligen Teams.[387] Im Jahr 2002 wurde ein neues Projekt ins Leben gerufen, dessen Ziel es war, den Wissenstransfer zwischen den Forschungs- und Entwicklungsbereichen sicherzustellen und Synergien zu identifizieren. Dazu wurden so genannte „Community Councils“ gegründet, in denen Experten gemeinsam an zukunftsweisenden Themenfeldern und Technologien arbeiteten.[388]

---

383 Geschäftsbericht Bayer AG 1994, S. 19.

384 Vgl. Frankfurter Allgemeine Zeitung: Teamarbeit bei Bayer soll Produktivität steigern, 28.11.1994, S. 17.

385 Geschäftsbericht Bayer AG 1998, S. 30.

386 Vgl. Bayer AG (1991): Unser Werk Werkzeitschrift der Bayer AG, Heft 3, S. 10.

387 Vgl. Geschäftsbericht Bayer AG 1996, S. 24.

388 Vgl. Geschäftsbericht Bayer AG 2002, S. 70.

Informationsaustausch durch Jobrotation

Neben dem direkten Wissensaustausch durch die Zusammenarbeit in Teams, bot die Jobrotation eine weitere Möglichkeit, Wissen zum Beispiel zwischen verschiedenen Abteilungen oder Standorten auszutauschen. Damit verbunden war natürlich auch ein kultureller Austausch.

> „Etwa 900 Mitarbeiter aus den deutschen Bayer-Werken sind ständig im Ausland und 200 Mitarbeiter aus den Auslandsgesellschaften in Deutschland tätig."[389]

Darüber hinaus förderten die modernen Informations- und Kommunikationstechnologien, insbesondere das Internet, die Möglichkeit der Jobrotation.

> „Job Rotation via Internet: Mehr Flexibilität in besonderen Situationen bietet unser neu gegründeter Online-Personalservice der Bayer-Tochter Job@active GmbH. So eröffnen sich für die Mitarbeiter neue Beschäftigungsmöglichkeiten und interessante Chancen zur beruflichen Qualifizierung im Sinne des Life-Long-Learnings."[390]

Jobrotation konnte als Ergänzung zur Teamarbeit gesehen werden, wobei das Wissen hier relativ punktuell verteilt wurde. Die Verteilung des Wissens war jedoch davon abhängig, ob ein Mitarbeiter im Rahmen seiner bisherigen Tätigkeit in einen anderen Bereich oder an einen anderen Standort wechselte, oder ob ein Mitarbeiter für einen gewissen Zeitraum das Aufgabengebiet tauschte.

3.3.4. Wissensnutzung

Anreize zur Wissensnutzung – Vorschlagsystem

Voraussetzung dafür, dass Mitarbeiter ihr Wissen einsetzten und pro-aktiv nutzbar machten, war das Vorhandensein eines funktionierenden Anreizsystems. Die finanzielle Belohnung von eingereichten Ideen trug aktiv zur Nutzung des vorhandenen Wissens der Mitarbeiter bei.

> „Realisierbare Ideen prämieren wir ebenso wie die Verbesserungsvorschläge, die Belegschaftsmitglieder über den Bayer Ideen Pool einreichen. Das innerbetriebliche Vorschlagwesen wurde im vergangenen Jahr dezentralisiert und neu strukturiert. Gegenüber 1994 stieg die Zahl der Verbesserungsvorschläge innerhalb der Bayer AG um 71 Prozent auf 18237."[391]

Dieses Anreizsystem zielte auf die Einreichung von Verbesserungsvorschlägen auf den unterschiedlichsten Gebieten ab. Im Jahr 2005 wurde dann weltweit die

---

[389] Geschäftsbericht Bayer AG 1991, S. 16.

[390] Geschäftsbericht Bayer AG 2001, S. 77.

[391] Geschäftsbericht Bayer AG 1995, S. 21.

Initiative „Triple-i" ins Leben gerufen, die drei i stehen für Inspirationen, Ideen und Innovationen. Alle Bayer-Mitarbeiter waren aufgefordert, Ideen einzureichen, die den Menschen nützten und zur Verbesserung der Lebensqualität beitrugen, so dass das Unternehmen bei entsprechenden Erfolgsaussichten Maßnahmen bis zur Marktreife einleiten konnte.[392] Bayer setzte darüber hinaus Anreize um Optimierungen in bestimmten Bereichen zu generieren, wie zum Beispiel dem Umweltschutz.

> „Bayer zahlt den Mitarbeitern, die sich durch besondere Leistungen oder Anregungen an der konkreten Verbesserung der Umwelt aktiv beteiligt haben, eine Umweltprämie. Mit diesem Schritt wollen wir das Umwelt- und Sicherheitsbewußtsein eines jeden Mitarbeiters stärken und zugleich alle Kreativitätspotentiale nutzen."[393]

Die Steigerung der Anzahl der Verbesserungsvorschläge belegte, dass diese Anreize bei den Mitarbeitern wirkten und sie dadurch motiviert waren, ihr Wissen für den Erfolg des Unternehmens einzusetzen. Die Vorschläge wurden von Vertretern der Unternehmensleitung sowie des Gesamtbetriebsrats bewertet und es wurde der Nutzen des Vorschlags ermittelt, auf dem die Prämienzahlung basierte. Wie viel Prozent der eingereichten Vorschläge wirklich brauchbar waren beziehungsweise wie viele konkret umgesetzt wurden, ist aus den untersuchten Dokumenten nicht hervorgegangen. Auch konnten keine Informationen gewonnen werden, welche Vorschläge konkret eingereicht und in welcher Höhe diese honoriert wurden. Es konnte jedoch ermittelt werden, dass die Vorschläge sich sowohl auf die Verbesserung der Arbeitsabläufe, der Qualität, der Reduzierung von Gefahren am Arbeitsplatz oder der negativen Auswirkungen auf die Umwelt konzentrierten.

Technologische Innovationen

Besonders augenscheinlich wurde die Nutzung des Wissens in Form von technologischen Innovationen. Hier zeigte sich auch, dass das Wissen aus verschiedenen Teilbereichen erfolgreich eingesetzt und dadurch vielseitige technologische Innovationen hervorgebracht wurden.

> „Als Ergebnis unserer Anstrengungen können wir eine ganze Reihe von innovativen Produkten und Verfahren vorweisen. Ihre Bandbreite reicht von neuen Medikamenten bis hin zu Geräten für die Informationstechnik."[394]

Die Nutzung des Wissens zeigte sich auch darin, dass bereits auf dem Markt erfolgreiche Produkte weiterhin auf ihre Wirkungsweise untersucht wurden und so

---

392 Vgl. Bayer AG (2005): direkt. Zeitung für die Mitarbeiter des Bayer-Konzerns, Heft 6, S. 2.

393 Geschäftsbericht Bayer AG 1987, S. 19.

394 Geschäftsbericht Bayer AG 1989, S. 7.

Folgeinnovationen entstanden. Dies zeigt auch das folgende Beispiel des Imidalcloprid.

> „So wurde aus NTN 3389 nach intensiver, nur sechsjähriger Entwicklungszeit das Imidalcloprid - ein Name, der heute in der modernen Landwirtschaft längst ein Begriff ist. Doch damit nicht genug. Ein paar Tropfen der Lösung mit dem Wirkstoff genügen, um Katzen und Hunde vor Flöhen zu schützen – schnell und effektiv."[395]

Diese Folgeinnovationen beschränkten sich nicht nur auf die Inhaltsstoffe, sondern oftmals ließ sich die Produktion durch innovative Herstellverfahren optimieren, so dass eine Prozessinnovation entstand. Zudem entstanden auch Innovationen, die die negativen Auswirkungen auf die Umwelt reduzierten.

> „Ein weiteres Ergebnis unserer Forschungs- und Entwicklungsarbeiten ist das neue ökologisch fortschrittliche Verfahren zur Produktion des bewährten Nitrilkautschuks Perbunan N. Verbesserungen bei Abwasser, Abluft und Energieverbrauch gewährleisten die Liefersicherheit von Bayer-Nitrilkautschuk über das Jahr 2000 hinaus."[396]

Eine weitere Innovation zum Schutz der Umwelt und Menschen war ein einfaches Verfahren zur Abtrennung von Arsen im Trinkwasser. Dies konnte dadurch erreicht werden, dass das belastete Wasser durch Felsbett aus Eisenhydroxidoxid-Granulat geleitet wurde.[397] Für die effektive Nutzung des Wissens sprachen neben den erfolgreich auf den Markt gebrachten Wirkstoffen die zahlreichen Wirkstoffe, die sich in der Forschungspipeline befanden.

> „Seit dem Jahr 2000 haben wir bereits 16 Wirkstoffe auf den Markt gebracht."[398]

> „Allein in der Forschungs-Pipeline des Pharma-Bereichs befindet sich ein Dutzend neuer Wirkstoffe, deren Umsatzpotential in der Spitze auf über zehn Milliarden DM geschätzt wird."[399]

Ein weiteres Forschungsgebiet, in dem die Wissensnutzung deutlich wurde, war die Gentechnik. Sie ermöglichte Bayer völlig neue Möglichkeiten bei der Herstellung von neuen Wirkstoffen und unterstützte die Grundlagenforschung auf verschiedenen Gebieten der Medizin, beispielsweise bei der Diagnostik des HIV-Virus und der Landwirtschaft in Bezug auf die Herstellung intelligenter Pflanzenschutzmittel.[400] Eine bedeutende technologische Innovation war auch die Entwicklung von FCKW-freien Rezepturen für Polyurethan-Weichschäume, die von

---

[395] Geschäftsbericht Bayer AG 1996, S. 32.

[396] Geschäftsbericht Bayer AG 1993, S. 26.

[397] Vgl. Chemie in unserer Zeit (2002): Arsen im Trinkwasser, S. 213.

[398] Geschäftsbericht Bayer AG 2005, S. 6.

[399] Geschäftsbericht Bayer AG 1997, S. 30.

[400] Vgl. Strenger, Herrmann (1989): Gentechnik bei Bayer.

Bayer zur Marktreife entwickelt wurden und zu einer deutlich besseren Umweltverträglichkeit der Endprodukte beitrugen.[401] Auf dem Gebiet der Kunststoffe zählte auch das Macrofol zu einer bedeutenden Innovation. Diese Folie wurde speziell für die Herstellung von Identitätskarten entwickelt. Per Laser konnten in diesen Kunststoff sämtliche Daten sowie Sicherheitsmerkmale eingebrannt werden. Diese Hightechkarte wurde beispielsweise in Macao eingesetzt und dort zur Identifizierung beziehungsweise als Führerschein etc. genutzt.[402] Aber auch für bestehende Produkte wurden Produktionsverfahren kontinuierlich weiterentwickelt. Im Bereich der glasfaserverstärkten Kunststoffe wurde ein automatisiertes Verfahren für Formteile entwickelt, die zuvor in aufwendiger Handarbeit hergestellt wurden. Neben den wirtschaftlichen Vorteilen die dieses System bot, war es zudem auch noch umweltfreundlicher.[403] Insgesamt lässt sich feststellen, dass der integrierte Umweltschutz dazu führte, dass immer weniger Entsorgungsanlagen benötigt wurden. Das heißt, die Produkte und deren Herstellverfahren wurden insofern optimiert, dass eine umweltbelastende Entsorgung oftmals überflüssig wurde.[404] Die zahlreichen technologischen Innovationen machten die Nutzung des internen Wissens deutlich.

Produktinnovation

Für ein Unternehmen wie Bayer waren nicht nur technologische Innovationen notwendig, um erfolgreich zu sein, sondern auch Produktinnovationen. Die Schaffung eines Produkts, das zu den meist verschriebenen seiner Wirkstoffklasse gehörte zeigte, dass verschiedene Mitarbeiter ihr Wissen gezielt einsetzten.

> „Als eines der modernsten und meistverschriebenen Antibiotika ist Ciprobay weltweit das führende Produkt seiner Wirkstoffklasse."[405]

Der Erfolg von bestimmten Produkten, wie beispielsweise Ciprobay wurde auch im Bekanntheitsgrad der Marken deutlich, die entscheidend zur Marktposition beitrugen.

> „Bei dem weiteren weltweiten Marktausbau setzen wir in erster Linie auf die bekannten Marken Aspirin, Alka-Seltzer, Canesten, Baygon und Autan."[406]

---

401 Vgl. Geschäftsbericht Bayer AG 1992, S. 24.

402 Vgl. taz, die tageszeitung: Ein Ausweis – sie alle zu identifizieren, 10.12.2003, S. 3.

403 Vgl. research, Das Bayer-Forschungsmagazin 2004, Ausgabe 16, S. 84ff.

404 Vgl. Frankfurter Allgemeine Zeitung: Bayer: Integrierter Umweltschutz nimmt zu, 11.09.2000, S. 23.

405 Geschäftsbericht Bayer AG 1991, S. 38.

406 Geschäftsbericht Bayer AG 1995, S. 39; Alkan-Seltzer: schmerzstillendes Arzneimittel, Canesten: Medikament gegen Pilzinfektionen, Baygon: Insektizid, Autan: Schutz vor Zecken

„Auf dem Herz-/ Kreislauf-Gebiet ist Adalat das erfolgreichste Produkt, das in mehr als 60 Ländern bei Angina pectoris und Bluthochdruck eingesetzt wird.“[407]

Damit bekannte Marken auch langfristig erfolgreich bleiben konnten und nicht an Bedeutung verloren, waren Folgeinnovationen notwendig. Wobei die Abgrenzung von Folgeinnovationen und weiterer, tiefer gehender Forschung schwierig ist. Innovationen beispielsweise im Bereich der Verpackung oder der Darreichungsform sprachen für die Nutzung des Wissens. Ein Beispiel dafür war die neue Darreichungsform des Aspirin Effects, wie das folgende Zitat veranschaulicht.

„Schmerzmittel in neuer Darreichungsform – Bayer Health-Care Aspirin Effect [...]“[408]

Neben den sehr bekannten Produktinnovationen auf dem Gebiet der Pharmazie gab es weitere zahlreiche erfolgreiche Produkte, zum Beispiel im Sektor Landwirtschaft. Dort brachte Bayer das innovative Pflanzenschutzprodukt Alinit auf den Markt.[409] Vor allem die Produktinnovationen in Verbindung mit der Schaffung von Markenprodukten waren es, die die Nutzung des internen Wissens einer breiten Öffentlichkeit zeigten.

Neben diesen vielen positiven Innovationen gab es auch verschiedenen Produkte die eine negative Publicity erzeugten. Dazu zählten beispielsweise die Kunststoffe, deren Recycling als Plastikmüll lange Zeit ungeklärt blieb. Darin wurde ein Grundproblem der chemischen Industrie deutlich: Es gab kontinuierlich innovative Produkte, die sich in der Zeitfolge negativ auf Umwelt und Gesellschaft auswirkten, so wie zum Beispiel auch das lange als Kältemittel verwendete FCKW.[410] Auch aus diesem Grund war es für Bayer unerlässlich kontinuierlich an Folgeinnovationen zu arbeiten.

Organisatorische Innovationen

Neben der externen Nutzung des Wissens in Form von technologischen oder Produktinnovationen wurde die interne Nutzung des Wissens in den organisatorischen Innovationen deutlich. Innovationen in der Aufbau- und Ablauforganisation, wie zum Beispiel die zuvor erörterte Teamarbeit, förderten wiederum technologische Innovationen und trugen so beispielsweise zu einer verkürzten Entwicklungszeit bei.

---

und Mücken.

407 Geschäftsbericht Bayer AG 1985, S. 39.

408 Geschäftsbericht Bayer AG 2002, S. 9.

409 Quelle: Bundesarchiv, Zeitungsartikel vom 07.10.1897, Signatur R8127/ 12616.

410 Vgl. Schneider, Manfred (1992): Über den Chemiestandort Deutschland „Ohne Risiko geht es nicht!“.

„Mit Hilfe einer flexibleren Organisationsstruktur wollen wir die Entwicklungszeit neuer Medikamente um ein Viertel verkürzen und schneller auf veränderte Marktbedingungen reagieren."[411]

Die Restrukturierung von bestimmten Arbeitsgebieten, sowie die Anpassung der Organisation an die Strategie unterstützten die Zukunftsfähigkeit des Unternehmens.

„Das Arbeitsgebiet Polymer – in dem Bayer weltweit zu den größten und am besten diversifizierten Unternehmen zählt – haben wir neu gruppiert. Dadurch können wir Synergien besser nutzen und die Marktorientierung stärken."[412]

„Erfolgreiche Neuorganisation, konsequente Portfolio-Straffung – neues Bayer, fokussiert auf seine Kunden, seine Stärken, seine Potenziale, und auf die Märkte der Zukunft"[413]

Die Nutzung des Wissens für die interne Organisation bildete letztendlich die Basis für den erfolgreichen Einsatz des Wissens im Bereich der Forschung und Entwicklung. Bereits 1985 gründete Bayer daher einen neuen Geschäftsbereich „Spezialprodukte und Neue Gebiete", der für die Entwicklung und Vermarktung für neue Produkte zuständig war.[414] Eine weitere Innovation, die in diesem Fall der Unterkategorie organisatorische Innovation zugeordnet wurde, war der Einstieg bei Generika in Amerika, laut Manfred Schneider, Vorstand bei Bayer, eine Innovation. Durch diese veränderte Geschäftsstrategie konnte Bayer in neue Märkte, sowohl inhaltlich als auch geographisch vordringen. Da bei dem Generikageschäft das Produkt bereits vorlag, konzentrierte sich die Entwicklung dann im Folgenden auf eine kostengünstigere Produktion, um so die Marktführerschaft zu erreichen.[415] Auch die Gründung eines eigenen Tochterunternehmens für Innovationen stellte eine organisatorische Innovation dar. Aufgabe der Bayer Innovation GmbH war, über die Aktivitäten des Konzerns hinaus aus exotischen und neuen Technologien Geschäftsfelder zu entwickeln. Das heißt, dort wurde auch auf Gebieten geforscht, die nicht zu den Kernkompetenzen der Bayer AG gehörten. Dabei nutzen die Bayer Forscher die Expertise die sie in den bestehenden Geschäftsbereichen sammeln konnten, um so neue innovative Lösungen anbieten zu können.[416] Diese Tochter arbeitet mit dem Ziel, neue Wachstumsfelder für Bayer zu identifizieren, zu entwickeln und damit den Einstieg in neue wachstumsstarke Märkte vorzube-

---

411 Geschäftsbericht Bayer AG 1995, S. 38.

412 Geschäftsbericht Bayer AG 1996, S. 4.

413 Geschäftsbericht Bayer AG 2005, S. 1.

414 Vgl. Bayer AG (1985): Unser Werk Werkszeitschrift der Bayer AG, Heft 4, S. 3.

415 Vgl. Frankfurter Allgemeine Zeitung: Interview mit Manfred Schneider, Vorstandsvorsitzender Bayer AG, 07.02.1994, S. 14.

416 Vgl. research, Das Bayer-Forschungsmagazin 2004, Ausgabe 16, S. 72f.

reiten. Die eigenen Kompetenzen, aus den verschiedenen Teilkonzernen wurden durch die Zusammenarbeit mit externen Partnern wie Universitäten, Instituten, Start-ups oder anderen Unternehmen ergänzt.[417]

3.3.5. Bindung der Wissensträger

Die Bindung der Wissensträger war von entscheidender Bedeutung, denn das Wissen einzelner Wissensträger war für den Innovationsprozess unabdingbar. So wurde zum Beispiel vom Geschäftsbereich Pharma der Bayer AG angemerkt, dass nahezu alle relevanten Markterfolge der Nachkriegszeit durch Innovationsaktivitäten außerhalb des eigentlichen Forschungsauftrags, das heißt nicht bewusst durch das Management gesteuert und im Wesentlichen durch die beharrliche Eigeninitiative kreativer Köpfe entwickelt wurden.[418] Dadurch wird die große Bedeutung einzelner führender Wissenschaftler und deren Know-how deutlich. Es zeigt sich darin auch, dass ein, wie zuvor beschriebener, genereller Aufbau von Forschungswissen und die kontinuierliche Nutzung von Synergien zum Erfolg beitrugen. Aus diesem Grund stellte die Bindung von Wissensträgern ein zentrales Anliegen des Unternehmens dar. Im Folgenden werden die Maßnahmen erläutert, die Bayer zur Bindung der Wissensträger im Allgemeinen unternommen hatte. Dabei spielten indirekte Anreize eine ebenso wichtige Rolle wie Direkte.

Corporate Social Responsibility (CSR)
Die Übernahme gesellschaftlicher Verantwortung schuf eine positive, loyale Einstellung der Stakeholder gegenüber dem Unternehmen. Dazu zählten auch Investitionen in Umweltschutz, die sich letztlich auch positiv auf das Betriebsklima und das Image des Unternehmens auswirkten.

> „Mit technischen Innovationen setzt Bayer seit vielen Jahren Maßstäbe auf dem Gebiet des Umweltschutzes und der Sicherheit.“[419]

> „Umweltschutz: Die Milliarden, die wir in den vergangenen Jahrzehnten in diesen Bereich investiert haben, dienten vorrangig der Gesundheit und der Arbeitssicherheit unserer Mitarbeiter.“[420]

---

417 Siehe dazu Bayer Innovation GmbH, www.bayer-innovation.de.

418 Vgl. Jonas, M; Weißenbach, H.-J.; Weißenbach, W. (2002) Chemieforschung – quo vadis? S. 22.

419 Geschäftsbericht Bayer AG 1999, S. 46.

420 Geschäftsbericht Bayer AG 1987, S. 17.

Investitionen in Umweltschutz und gesellschaftliches Engagement lohnten sich nicht nur, um bei den Mitarbeitern eine positive Einstellung zum Unternehmen zu erwirken, im Sinne einer Imagesteigerung, sondern wurden auch in finanzieller Hinsicht durch den Kapitalmarkt honoriert.

> „Auch der Kapitalmarkt trägt dem umweltorientierten und gesellschaftlichen Engagement des Unternehmens Rechnung. Die Bayer Aktie ist in weltweit führenden ethischen Investmentfonds vertreten und bereits zum dritten Mal wurde der Bayer-Konzern in den Dow Jones Sustainability Index aufgenommen.“[421]

Zudem konnte Bayer durch zahlreiche CSR-Projekte die Medienpräsenz steigern und zu einer positiven Reputation beitragen.[422] Neben dem Umweltschutz und dem gesellschaftlichen Engagement stand für Bayer die Förderung des Sports im Vordergrund, wobei Bayer sicherlich zu den großzügigsten Sportförderern der deutschen Wirtschaft gehörte.[423]

> „Von den 506 Athleten, die das Nationale Olympische Komitee der Bundesrepublik Deutschland für die Olympischen Spiele in Barcelona nominiert hat, kommen 34 Sportler aus Bayer-Vereinen.“[424]

In Bezug auf das Image von Leverkusen und Bayer, hat sich die Investition in den Sport sicherlich gelohnt. Die Werbewirkung von Bayer Leverkusen wurde 2002 mit annähernd 150 Millionen Euro bewertet.[425] Ein weiteres Beispiel für solche Aktivitäten ist im Aufbau der so genannten nachbarschaftlichen Beziehungen zu sehen. Das heißt, Bayer bemühte sich um gute Beziehungen zu den jeweiligen Standorten, einerseits durch offene Kommunikation zum Beispiel durch die eigens erstellte Zeitung „direkt“, der Zeitung für die Nachbarn, Tage der offenen Tür und weiteren Veranstaltung. Andererseits sponserte das Unternehmen lokale Events oder richtete beispielsweise selbst Ausstellungen zu den Themen Kunst, Sport, Gesundheit oder Hobby aus.[426] Die Corporate Social Reliability Aktivitäten trugen zu einem positiven Image des Unternehmens und der Identifizierung der Mitarbeiter mit dem Unternehmen bei, wobei anzumerken ist, dass die Bayer AG als Vorreiter auf diesem Gebiet gesehen werden kann. Das heißt Bayer beschäftigte sich

---

421 Geschäftsbericht Bayer AG 2001, S. 82.

422 Vgl. Bender, Simone (2007): Corporate Social Responsibility als strategisches Instrument der Unternehmenskommunikation zu Stärkung der Unternehmensreputation, S. 171f.

423 Vgl. Süddeutsche Zeitung: Wenn der Arbeitgeber Golfstunden finanziert, 08.08.1994, S. 18.

424 Geschäftsbericht Bayer AG 1992, S. 16.

425 Vgl. Süddeutsche Zeitung: Jede Stadt wäre froh, 06.05.2002, S. 46; Wegner, Tim (2003): Wir setzen auf Wachstum, S. 120f.

426 Vgl. Raasch, Markus (2007): „Wir sind Bayer“, S. 343f.

früher und intensiver mit der Übernahme gesellschaftlicher Verantwortung als andere Unternehmen.[427]

Finanzielle Anreize

Um Mitarbeiter, vor allem diejenigen, deren Marktchancen sehr gut waren, an das Unternehmen zu binden, wurden finanzielle Anreizsysteme etabliert. Grundlage dafür war ein flexibles Entgeltsystem, das es ermöglichte, die Mitarbeiter ertrags- und leistungsgerecht zu entlohnen.

> „Flexibilität, Leistungsbezug und Eigeninitiative sind die Schlüsselbegriffe einer Entgeltpolitik, mit der Bayer seinen Wandlungsprozess mit Augenmaß fortsetzt. Konkret: Das ertragsorientierte und leistungsabhängige Vergütungssystem, das sich bei den Führungskräften bewährt hat, wurde in der Bayer AG jetzt auch auf den Tarifbereich ausgeweitet."[428]

Ein weiterer wichtiger Baustein innerhalb des finanziellen Anreizsystems war die betriebliche Altersversorgung.

> „Ein Eckpfeiler unserer Sozialpolitik ist die betriebliche Altersversorgung."[429]

Diese wurde seit 2005 durch die Rheinische Pensionskasse geregelt. Grundlage der Pensionskasse war ein modernes, flexibles und kalkulierbares System, das sich am Prinzip einer Lebensversicherung orientierte und die bisherige Bayer-Pensionskasse ablöste. Die Mitarbeiter und der Arbeitgeber beteiligten sich zu gleichen Teilen an der Finanzierung der betrieblichen Grundrente. Beide zahlten monatlich zwei Prozent des beitragsfähigen Einkommens bis zur Beitragsbemessungsgrenze in die Kasse ein. Diese Beiträge wurden jährlich über sogenannte Altersfaktoren in Rentenbausteine umgewandelt und dem persönlichen Versorgungskonto gutgeschrieben, dadurch konnte den Mitarbeitern eine attraktive Betriebsrente ermöglicht werden.[430]

Daneben sollten die Mitarbeiter für ihr Engagement im Unternehmen belohnt werden und am Erfolg des Unternehmens teilhaben. Die Beteiligung im Rahmen von Mitarbeiteraktien stellte dafür eine geeignete Methode dar. Auch wenn dieses Instrument von den meisten großen Gesellschaften angewandt wurde, so ist doch

---

427 Vgl. Bender, Simone (2007): Corporate Social Responsibility als strategisches Instrument der Unternehmenskommunikation zu Stärkung der Unternehmensreputation, S. 146.

428 Geschäftsbericht Bayer AG 1999, S. 42.

429 Geschäftsbericht Bayer AG 1993, S. 19.

430 Siehe dazu Internetseite über die Stadt Leverkusen, www.leverkusen.com, Pressemeldung vom 22.10.2004.

beachtlich, dass die Bayer AG das erste deutsche Unternehmen war, das 1953 Belegschaftsaktien ausgab.[431]

> „Unter dem Motto: Mir gehört ein Stück von Bayer soll die Identifikation mit dem Unternehmen gestärkt und die langfristige Vermögensbildung gefördert werden. Das Angebot fand eine große Resonanz bei der Belegschaft: 57 Prozent der zeichnungsberechtigten Mitarbeiter nutzten die Möglichkeit, Bayer Anteile zu Vorzugskonditionen zu beziehen."[432]

Im Jahr 2000 wurde ein neues Aktienprogramm eingeführt. Für die Mitglieder des Vorstands und der ersten Führungsebene war dieses Programm als Aktienoptionsprogramm ausgestaltet, für alle anderen Mitarbeiter gab es Beteiligungsprogramme, wodurch diese verbilligte Aktien erwerben konnten und zudem nach einer gewissen Haltefrist noch Gratisaktien erhielten.[433] Wenn es also darum ging Mitarbeiter und damit auch das an die Mitarbeiter gebundene Wissen im Unternehmen zu halten, spielten finanzielle Anreize eine wichtige, wenn nicht die größte, Rolle.

Work-Life-Balance

Finanzielle Anreize allein waren aber nicht ausschlaggebend dafür, ob sich ein Mitarbeiter für das Unternehmen Bayer entschied und dann auch dort blieb. Für junge qualifizierte Mitarbeiter waren zudem attraktive Arbeitsbedingungen, insbesondere in Bezug auf die Arbeitszeiten bei Schichtarbeit, von großer Bedeutung.

> „Ein bedeutender Schritt mit dem Ziel, die Arbeitsbedingungen noch attraktiver zu gestalten und damit auch in diesem Bereich den Nachwuchs an qualifizierten Mitarbeitern zu sichern, ist durch den Abschluß der Gesamtbetriebsvereinbarung ‚Neues Vollkonti-Arbeitssystem' getan worden."[434]

Im Bereich der Produktion trugen ausgeklügelte, vollkontinuierliche Schichtmodelle dazu bei, dass die Arbeitszeit optimal auf den Biorhythmus abgestimmt wurde und den Mitarbeitern möglichst viel Freizeit zur Verfügung stand. Wobei an dieser Stelle auch anzumerken ist, dass dieses Schichtsystem es ermöglichte rund um die Uhr zu produzieren, was im internationalen Vergleich zwingend notwendig wurde.[435] So bestand die Optimierung der Arbeitszeit zunächst sicherlich aus einem rein betrieblichen Interesse, das einen positiven Nebeneffekt auf die Freizeit der Arbeiter hatte.

---

431 Vgl. Süddeutsche Zeitung: Ein Stück vom Unternehmen – mit Rabatt, 10.04.1993.

432 Geschäftsbericht Bayer AG 1995, S. 15.

433 Vgl. Geschäftsbericht Bayer AG 2000, S. 6.

434 Geschäftsbericht Bayer AG 1989, S. 14.

435 Vgl. Süddeutsche Zeitung: Die Arbeitszeit wird neu vermessen, 05.08.1993, S. 26.

„Bei der Gestaltung der Arbeitszeitsysteme gehen wir ebenfalls neue Wege. Ab 1992 wird in der Bayer AG das bestehende 4-Schicht-System mit einer Wochenarbeitszeit von 39 Stunden schrittweise durch ein neues 5-Schicht-System abgelöst. Es bietet den Mitarbeitern mehr Freizeit, ist mir kürzeren Nachtschichtblöcken verbunden und aufgelockerter Schichtfolge besser auf den Biorhythmus des Menschen abgestimmt.“[436]

Damit Frauen infolge von Erziehungszeiten dem Unternehmen nicht als Wissensträger dauerhaft verloren gingen, unterhielt Bayer gezielt Programme zur Vereinbarung von Familie und Beruf.

„Beruf und Kind: Die Betriebsvereinbarung sagt eine Wiedereinstellung für einen der Qualifikation entsprechenden Arbeitsplatz zu. Voraussetzung ist die Teilnahme an unseren Programmen zur Weiterentwicklung während der Betreuungszeit.“[437]

Außerdem wurde auch Vätern die Möglichkeit geboten, sich einen gewissen Zeitraum um die Betreuung des eigenen Nachwuchses zu kümmern und anschließend garantiert wieder im Unternehmen arbeiten zu können.

„Unser Modell ‚Familie und Beruf‘ eröffnet Müttern und Vätern die Möglichkeit, zur Kinderbetreuung bis zu sieben Jahre aus dem Berufsleben auszuscheiden, verbunden mit der Zusage der späteren Wiedereinstellung.“[438]

Die Ermöglichung von Telearbeit war seit 1997 ein weiterer Baustein, der zu einer ausgewogenen Work-Life-Balance beitrug.[439]

„Telearbeit: Zwei Jahre lang wollen wir die Chancen und Risiken dieses Konzepts im Rahmen eines Pilotprojekts testen. Die Telearbeit ermöglicht Mitarbeiterinnen und Mitarbeitern, zeitweise zu Hause zu arbeiten.“[440]

Letztlich bezweckten alle Maßnahmen die hier unter dem Punkt Work-Life-Balance zusammengefasst sind, dass die Mitarbeiter sich im Unternehmen wohl fühlten und aus diesem Grund dem Unternehmen treu blieben.

3.4. Wissensbilanz – Wissen als Kapital

Humankapital

Die Quellen lassen darauf schließen, dass es im betrachteten Zeitraum einzelne Mitarbeiter gab, die über ein großes Humankapital verfügten und dieses auch er-

---

436 Geschäftsbericht Bayer AG 1991, S. 16.

437 Geschäftsbericht Bayer AG 1988, S. 26.

438 Geschäftsbericht Bayer AG 1990, S. 17.

439 Vgl. taz, die tageszeitung: Bayer erprobt Telearbeit, 10.07.1997, S. 6.

440 Geschäftsbericht Bayer AG 1997, S. 27.

folgreich einsetzten. Zum Teil wurde dieses Wissen sogar durch firmenunabhängige Institutionen ausgezeichnet, wie das folgende Beispiel von Dr. Milt Mozen zeigt.

> „Der Leiter der Abteilung Biologische Forschung bei Cutter, Dr. Milt Mozen, wurde für seine Erfolge auf diesem Gebiet mit dem Thelin-Forschungspreis ausgezeichnet."[441]

Darüber hinaus baute Bayer seit Jahren eigenes Wissen auf und schaffte so selbst ein breites Humankapital. Dieses Kapital stellte für Bayer einen bedeutenden Wettbewerbsvorteil, beispielsweise im Bereich der Bio- und Nanotechnologie, dar.

> „Darüber hinaus profitieren wir bei Bayer von einem Know-how, das wir in jahrzehntelangem Forschungseinsatz für Menschen, Tiere, Pflanzen und Materialien erworben haben. Gerade bei den innovativen und häufig teilkonzernübergreifenden Bereichen der Bio- und Nanotechnologie sehen wir darin einen nicht zu unterschätzenden Wettbewerbsvorteil."[442]

Die Geschäftsberichte zeigten, dass das vorhandene Humankapital vorwiegend durch die hochqualifizierten wissenschaftlichen Mitarbeiter gebildet wurde, die weltweit in der Forschung tätig waren.

> „Insgesamt sind 13.206 hochqualifizierte Mitarbeiter in unseren weltweiten Forschungseinrichtungen tätig."[443]

Die Ergebnisse der Untersuchung wiesen darauf hin, dass Bayer über großes Humankapital verfügte, das sich teilweise auf einzelne Wissensträger aber verstärkt auch auf zahlreiche hochqualifizierte Mitarbeiter in der Forschung konzentrierte.[444]

Strukturkapital

Die Dokumentenanalyse verdeutlichte, dass Bayer in der zweiten Periode ein sehr hohes Maß an Strukturkapital besaß. So verfügte das Unternehmen zum Ende der 1980er Jahre über knapp 40.000 Patente. Wobei hier zu erwähnen ist, dass es zuvor ein vielfaches an Patenterteilungen gab, die jedoch nur über einen bestimmten Zeitraum liefen und bereits wieder abgelaufen waren. Das folgende Zitat verdeutlicht das Ausmaß der Patentanmeldungen im In- und Ausland.

> „Bayer meldet jährlich etwa 800 Patente beim Deutschen beziehungsweise Europäischen Patentamt an. Bezieht man sämtliche Anmeldungen im Ausland ein, kommen wir auf 5600 Pa-

---

441 Geschäftsbericht Bayer AG 1985, S. 40.

442 Geschäftsbericht Bayer AG 2003, S. 4.

443 Geschäftsbericht Bayer AG 1990, S. 13.

444 Ein Eindruck über die Forscher des Unternehmens gibt das von Bayer herausgegebene Forschungsmagazin research, anzusehen unter www.bayer.de.

> tentanmeldungen pro Jahr. Ende 1988 hatten wir einen Bestand von 39387 erteilten Patenten sowie 33180 Patentanmeldungen. Seit Bestehen des Unternehmens wurden Bayer insgesamt 151763 Patente erteilt.“[445]

In Bezug auf die Patentanmeldungen ist zudem anzumerken, dass ein Patent allein noch keinen Indikator für ein innovatives Unternehmen darstellte, da eine Innovation nicht automatisch auch ein Patent nach sich zog. Eine Untersuchung zeigte jedoch, dass Bayer über zahlreiche wertvolle Patente, das heißt mit einer Lebensdauer von mehr als zehn Jahren, verfügte. Gemessen an diesem Kriterium stellte Bayer während der Globalisierung eines der höchst innovativen Unternehmen Deutschlands dar, wie Harald Degner 2009 darlegte.[446] Das Ausmaß des Strukturkapitals wurde zudem durch diese Untersuchung über den Zusammenhang zwischen Innovationskraft und Unternehmensstärke deutlich. Dabei stellte sich heraus, dass die Innovationskraft pro Mitarbeiter mit steigender Unternehmensgröße abnahm. Neben den Patenten waren es vor allem die erfolgreichen Produkte und Marken, die das Strukturkapital der Bayer AG kennzeichneten. Die den Ergebnissen nach erfolgreichste Marke war demnach das Schmerzmittel Aspirin, das unzertrennlich mit dem Namen Bayer verbunden war.

> „Als meistverkauftes Schmerzmittel der Welt kommt Aspirin in das Guinness Buch der Rekorde.“[447]

Ein weiteres Produkt, das Bayer weltweit in verschiedenen Märkten und Brachen zum Erfolg verhalf, war Makrolon. Die vielseitigen Einsatzmöglichkeiten des Materials Makrolon zeichneten dieses Produkt als Strukturkapital aus.

> „Unser größtes Produkt, das weltweit bekannte Makrolon, hat sich trotz der allgemeinen wirtschaftlichen Schwäche gut entwickelt. Ausschlaggebend ist die große Anwendungsvielfalt in den Bereichen Automobil, Elektro/ Elektronik, Bau, Medizin und Freizeit.“[448]

Die Tatsache, dass Bayer im Jahr 1995 als einziges Unternehmen weltweit gleich mit zwei Präparaten in der Rangliste der zehn meistverkauften Arzneimittel der Welt vertreten war, spricht für das ausgezeichnete Produktportfolio des Unternehmens. Diese beiden Medikamente waren das Kreislaufmittel Adalat sowie das Antiinfektivum Ciprobay, die dadurch auch erheblich zum Umsatz des Pharmageschäftsbereichs beziehungsweise zum Konzernergebnis beitrugen.[449]

---

[445] Geschäftsbericht Bayer AG 1988, S. 31.

[446] Vgl. Degner, Harald (2009): Schumpetarian German Firms before and after World War I, S. 54f.

[447] Geschäftsbericht Bayer AG 1990, S. 14.

[448] Geschäftsbericht Bayer AG 1993, S. 24.

Beziehungskapital

Laut den Ergebnissen der Dokumentenanalyse unterhielt Bayer in der aktuellen Phase zahlreiche Beziehungen auf verschiedenen Ebenen und verfügte so über ein breit gefächertes Beziehungskapital. So arbeitete Bayer mit anderen Unternehmen zusammen, um die Entwicklung auf bestimmten Gebieten zu stärken, wie zum Beispiel im Bereich der Katalysatoren.

> „Über unsere eigenen Maßnahmen hinaus verstärken wir die Zusammenarbeit mit anderen Firmen. So werden Siemens AG und Bayer AG bei der Entwicklung und Produktion von Katalysatoren für die Entfernung von Stickoxiden aus Rauchgaskatalysatoren von Großfeuerungsanlagen zusammenarbeiten. Die Weiterentwicklung der Katalysatoren wollen Siemens und Bayer gemeinsam durchführen.“[450]

Die Zusammenarbeit beschränkte sich aber nicht nur auf Wettbewerber, sondern wurde auch vertikal, zum Beispiel auf Kunden ausgeweitet, um so kundenspezifische Produkte zu entwickeln und einen positiven Geschäftsbeitrag liefern zu können.

> „Die gute Zusammenarbeit mit unseren Kunden in Anwendungstechnik und Entwicklung sowie der hohe Qualitätsstandard unserer Produkte waren auch 1988 die Basis für die anhaltend gute Geschäftsentwicklung.“[451]

Die zweite Phase zeichnete sich insbesondere durch die Bildung von Netzwerken und damit durch die Bildung von vielschichtigen Beziehungen aus. Das Beziehungskapital in Form dieser Netzwerke ermöglichte es, von den Forschungskapazitäten internationaler Institute und Forschungseinrichtungen zu profitieren und so durch das Beziehungskapital das eigene Humankapital zu verstärken.

> „Gerade bei Innovationsprojekten setzen wir auf unser internationales Netzwerk, bestehend aus führenden Hochschulen, öffentlichen Forschungseinrichtungen und Partnerfirmen, um durch Bündelung von Know-how neue Geschäftsideen zügig in Produkterfolg umzusetzen.“[452]

Eine erfolgreiche Kooperation ging Bayer beispielsweise mit der Medizinischen Hochschule Hannover ein, die sogar mit dem Felix-Wankerl Preis für Forschung im Tierschutz ausgezeichnet wurde. Dabei gelang des der Forschungskooperation, eine Leberzellkultur herzustellen, deren Stoffwechsel wochenlang gleich blieb.

---

449 Vgl. Frankfurter Allgemeine Zeitung: Bayer will in der Pharma-Entwicklung weiter an der Weltspitze bleiben, 10.06.1995, S. 14.

450 Geschäftsbericht Bayer AG 1986, S. 12.

451 Geschäftsbericht Bayer AG 1988, S. 68.

452 Geschäftsbericht Bayer AG 2005, S. 39.

Diese Methode ermöglichte es, zahlreiche Tiere bei Versuchen einzusparen.[453] Eine weitere Hochschulkooperation ging Bayer mit der Ludwig-Maximilian Universität in München ein. Dort wurde das Institut für Genetik und Mikrobiologie finanziell stark unterstützt. Die Forschung dort konzentrierte sich insbesondere auf einen Pilz, genauer gesagt dessen Gene, die es ermöglichten Maispflanzen zu befallen. Diese Grundlagenforschung diente dazu, herauszufinden, wie Pflanzen von diesen Schädlingen verschont werden können.[454] Um die Beziehung zu Hochschulen zu stärken und dort die Forschung zu fördert, unterstütze Bayer auch gezielt Hochschulen. So finanzierte das Unternehmen beispielsweise einen verfahrenstechnischen Lehrstuhl an der Technischen Hochschule in Aachen.[455] Das Beziehungskapital wurde beispielsweise auch dadurch gestärkt, dass es klare Aufgabe des Leiters des chemisch-wissenschaftlichen Laboratoriums war, Hochschulkontakte zu pflegen. Dadurch sollten einerseits chemische Methoden in das Institut integriert und andererseits frühzeitig potentielle, talentierte Mitarbeiter identifiziert werden. Als Bindeglied zu anderen wissenschaftlichen Institutionen spielte diese Position eine wichtige Rolle im Aufbau von Beziehungskapital.[456]

Die zweite Phase verfügte über ein großes Maß an Beziehungskapital, wobei dieses Beziehungskapital insbesondere dann genutzt wurde, wenn das eigene Humankapital nicht ausreichte oder das Strukturkapital nicht zur Verfügung stand. So zeigte auch eine Untersuchung von Jochen Streb, dass Beziehungskapital die erfolgreiche Vermarktung von technologischen Inventionen unterstützt. Traditionelle Kunden- und Lieferantenkontakte zählten beispielsweise auch zu dieser Art von Beziehungskapital.[457]

---

[453] Vgl. Süddeutsche Zeitung: Unsere Methode hilft, Tiere zu schonen, 22.11.1996, S. 37.

[454] Vgl. Süddeutsche Zeitung: Finanzspritzen für Universitäts-Labore, 17.09.1998, S. 41.

[455] Vgl. Frankfurter Allgemeine Zeitung: Interview mit Manfred Schneider, Vorstandsvorsitzender Bayer AG, 07.02.1994, S. 14.

[456] Vgl. Benz, Günther (1996): 100 Jahre Chemisch-Wissenschaftliches Laboratorium der Bayer AG in Wuppertal-Elberfeld 1896-1996, S. 93.

[457] Vgl. Streb, Jochen (2003): Staatliche Technologiepolitik und branchenübergreifender Wissenstransfer, S. 212.

4. DIE LEITFADENGESTÜTZTE DOKUMENTENANALYSE FÜR DIE WELTWIRTSCHAFT (1893-1913)

4.1. Das Menschenbild bei Bayer

Unternehmenswerte

Im Gegensatz zur zweiten Phase, wurden in der ersten Untersuchungsphase von den Farbenfabriken Bayer keine Unternehmenswerte veröffentlicht, denn dieser Begriff fand zu dieser Zeit noch keine Anwendung. Es existierten jedoch trotzdem Unternehmenswerte, die vom Unternehmen und den Mitarbeitern gelebt und durch bestimmte Verhaltensweisen zum Ausdruck gebracht wurden. Daher ist für diese Zeit keine direkte Ermittlung der Werte möglich, sondern nur eine indirekte.

Einstellung zu Mitarbeiter/ Wissensträger

Das vorherrschende Menschenbild der Farbenfabriken wurde durch die Einstellung gegenüber dem Wissen der einzelnen Mitarbeiter deutlich. Die Ergebnisse der Untersuchung wiesen darauf hin, dass vor allem das Erfahrungswissen geschätzt und berücksichtigt wurde. Das folgende Zitat verdeutlicht am Beispiel des Direktoriums, dass die Erfahrungen der Mitarbeiter ein wichtiges Thema und damit von großer Bedeutung waren. Es zählte nicht allein die reine Arbeitskraft eines Mitarbeiters, sondern das Erfahrungswissen war für das Unternehmen von entscheidendem Einfluss.

> „Die Leitung der Farbenfabriken in allen inneren und äusseren Angelegenheiten erfolgt z. Zt. durch ein aus 5 Mitgliedern bestehendes Directorium, in welchem unter selbstverständlicher Berücksichtigung der Erfahrungen der älteren Mitglieder von Seiten der jüngeren alle gleiche Rechte und gleiche Pflichten haben.“[458]

Hinzu kam, dass die Farbenfabriken nicht nur auf vorhandenes Erfahrungswissen zurückgriffen, sondern auch die Notwendigkeit der Fort- und Weiterbildung erkannten und förderten. Dadurch zeigte sich der Stellenwert der Mitarbeiter als Wissensträger im Unternehmen. Im folgenden Beispiel wird deutlich wie wichtig für die Farbenfabriken das Thema Weiterbildung war, speziell im Bereich Wissenschaft und Technik. Die Weiterbildung zielte dabei vorwiegend darauf ab, sich die neuesten Forschungserkenntnisse anzueignen und diese neu gewonnenen Kenntnisse innerhalb der Belegschaft auszutauschen.

> „Deshalb muss auch, wie in der Vergangenheit so in der Zukunft für alle Glieder dieser weit verzweigten Organisation Einmütigkeit darüber bestehen, dass sich jeder Einzelne fortwäh-

---

[458] Quelle: Archivmaterial: Organisation Allgemein, Signatur 10/4, 1899.

rend über alle Neuheiten in der Literatur und im Handel auf dem laufenden zuhalten hat, mit der Wissenschaft und Technik dauernd fortschreite und jede freie Minute zur Fort- und Weiterbildung auf die Jedem zugewiesenen Specialgebiete benutzt. Zu dem Zweck ist es nicht nur Aufgabe und Pflicht eines jeden Abteilungsvorstandes der technischen Verwaltung die ihm unterstellen Beamten anzuregen und in Specialkonferenzen die gemachten Erfahrungen den auf gleichen Gebieten tätigen Mitarbeitern bekannt zu geben, sondern auch durch Zusammenhalten und Zusammenarbeiten der Abteilungsvorstände untereinander sich gegenseitig zu fördern."[459]

Es ist anzumerken, dass als Beamte Angestellte mit einer herausragenden Bedeutung, die jenseits der Arbeitserstellung tätig waren. Auch wenn die Einstellung und Wertschätzung gegenüber den Mitarbeitern nicht direkt auf bestimmte Unternehmenswerte hinwies, so zeigte sie doch zumindest, dass die Mitarbeiter nicht nur als Arbeiter zur Verrichtung von vordefinierten Aufgaben betrachtet wurden, sondern als Wissensträger, die einen erheblichen Beitrag zum Erfolg der Unternehmung leisteten. Das Verhältnis des Unternehmens zu den Mitarbeitern war insbesondere geprägt durch die Ansichten und Verhaltensweisen von Carl Duisberg in seiner Funktion als Leiter des wissenschaftlichen Laboratoriums und später als Mitglied des Direktoriums.[460] Bedingt durch die Führungsaufgaben konnte er sich aus Zeitmangel kaum mehr der experimentellen Arbeit widmen. Daher versuchte er kontinuierlich seine Mitarbeiter zu fördern, sie auf gewisse Ideen zu stoßen und konnte dadurch erreichen, dass sie neben ihren eigenen Ideen auch indirekt seine Ideen und Gedanken in der Forschung ausführten.[461] Diese Vorgehensweise und dieses Verhalten zeigten, dass es ihm wichtig war, gemeinsam mit seinen Mitarbeitern an Forschungsprojekten zu arbeiten und die Ideen aller zu berücksichtigen, denn er zwang ihnen keineswegs nur seine Vorstellungen auf. Ganz im Gegenteil, Carl Duisberg erkannte früh, dass insbesondere die Methodik der Forschung – in diesem Fall durch Zusammenarbeit – eine große Rolle spielte.[462] Er besaß die Gabe, Menschen zu führen und sie für eine Sache, in diesem Fall die Forschung, zu begeistern. Dies gelang ihm vor allem dadurch, dass er die ihm unterstellten Chemiker und Techniker nicht als Mittel oder Werkzeug zur Forschung, sondern

---

459 Quelle: Archivmaterial Denkschrift über die Organisation, Organisation der technischen Verwaltung, Signatur 10/3, 1906.

460 Einen guten Überblick über das Wirken und Ansehen von Carl Duisberg in den Farbenfabriken gibt die Sammlung der Reden zu seinem 25-jährigem Dienstjubiläum. Vgl. Duisberg, Carl (1909): Die Jubiläumsfestlichkeiten zu Ehren des Herrn Geh. Reg. Rat Prof. Dr. phil. med. Dr. ing. C. Duisberg am 29.Sept. & 2.Okt. 1909.

461 Vgl. Flechter, Hans-Joachim (1960): Carl Duisberg. Vom Chemiker zum Wirtschaftsführer, S. 100.

462 Vgl. ebd., S. 101.

als Menschen mit individuellen Ideen und Vorstellungen achtete. Darüber hinaus bemühte er sich fortwährend um die Ausbildung junger, von der Hochschule kommender Chemiker und investierte viel Zeit in eine allgemeine Ausbildung statt einer zu frühen Spezialisierung. Diese führte seiner Meinung nach dazu, dass dem Forscher die Luft zum Atmen genommen werde und er den Blick für das Ganze verlor.[463] Diese Einstellung erlaubte es den Chemikern relativ frei zu forschen, Einblicke in angrenzende Forschungsgebiete zu bekommen und ihren Erfindergeist ausleben zu können. Denjenigen Angestellten, die fleißig, tüchtig, geschickt und intelligent waren, wurde neben einer finanziellen Belohnung auch ein hierarchischer Aufstieg als Motivation in Aussicht gestellt.[464] Durch permanentes Wachstums des Unternehmens stieg auch kontinuierlich der Bedarf an Meistern und Aufsehern, so war die Investition in die Ausbildung der Mitarbeiter auch für das Unternehmen von großer Bedeutung.

Einstellung zu Forschung und Entwicklung - Innovationen

Die Wertschätzung des Wissens implizierte ein hohes Ansehen der Forschung und Entwicklung, denn nirgends sonst wurde das Wissen effektiver genutzt. Die Untersuchung der Dokumente verdeutlichte, dass die Farbenfabriken die Bedeutung von Fortschritt erkannten und sich daher für Forschung und Entwicklung einsetzten.

> „Nirgends gilt der Grundsatz mehr: ‚Stillstand ist Rückschritt' wie speziell in der chemischen Industrie, jener Industrie der fortschreitenden Entwicklung und des Erfindungsbetriebs par excellence."[465]

Seit der Gründung des Unternehmens war das Erfindertum ein charakteristisches Merkmal der Farbenfabriken. So setzte sich auch Carl Duisberg in seiner Funktion als Leiter des Erfindungslaboratoriums für die Rationalisierung des Innovationsprozesses ein, schließlich brachte diese Art der Arbeit die größte Wertschöpfung für das Unternehmen. Zudem forderte er vehement den Schutz des Erfinderrechts der Angestellten und setzte daher Prämien für die Forscher durch.[466] Dadurch wurde eine große Wertschätzung der Leistung des einzelnen Angestellten zum Ausdruck gebracht. Bayer erkannte den großen Zusammenhang zwischen der Leis-

463 Vgl. ebd., S. 122f.

464 Vgl. Geschichte und Entwicklung der Farbenfabriken vorm. Friedr. Bayer & Co. Elberfeld in den ersten 50 Jahren, (1918), S. 641.

465 Quelle: Archivmaterial Denkschrift über die Organisation, Organisation des Verkaufsgeschäfts, Signatur 10/3, 1906.

466 Vgl. Flechter, Hans-Joachim (1960): Carl Duisberg. Vom Chemiker zum Wirtschaftsführer, S. 101.

tung und dem Wissen eines einzelnen Forschers und den Entdeckungen und Ergebnissen der gesamten Forschungs- und Entwicklungsabteilung. Carl Duisberg war der festen Überzeugung, dass es ohne Wissenschaft keine Technik gab und ohne Forschung keine wirtschaftlichen Erfolge.[467] Die Farbenfabriken hielten an dem Status des Erfinderunternehmens fest und um diesen Anforderungen gerecht zu werden, war eine positive Einstellung gegenüber Fortschritt und Förderung der Forschung unerlässlich.

4.2. Bedeutung der internationalen Geschäftstätigkeit

Internationale Präsenz

Die Bedeutung der internationalen Geschäftstätigkeit beziehungsweise die Integration der Weltwirtschaft wurde insbesondere durch die internationale Präsenz deutlich.

> „1913 lieferten die deutschen Farbstoffunternehmen fast 90 Prozent der Weltproduktion. Hauptabnehmer waren die Länder mit großer Textilindustrie, vor allem die USA, Rußland, China, Großbritannien und Britisch-Indien sowie Frankreich.“[468]

Ein internationales Verkaufsgeschäft in diesem Maße ließ sich nur durch zahlreiche Verkaufsfilialen im Ausland, sowie durch entsendete Beamte regeln. Die Ergebnisse zeigten, dass das Verkaufsgeschäft der Farbenfabriken sehr detailliert und dezentral geregelt war.

> „Der Verkauf der chemischen und pharamceutischen Produkte findet durch 40 Verkaufsfilialen und 120 Agenturen statt, welche sich über alle Industrieländer der Erde verteilen; über 570 Beamte haben ihren Wohnsitz im Ausland.“[469]

Um diese internationale Präsenz in geordnete Bahnen zu lenken, galt der Grundsatz einer größtmöglichen Dezentralisation, die nach Ländern unterteilt war. Das Ausmaß der internationalen Aktivitäten war nach Meinung der Farbenfabriken, insbesondere Carl Duisbergs, zu groß um es zentral von Elberfeld aus zu steuern. Aus diesem Grund wurde das Auslandsgeschäft weitestgehend dezentral organisiert. Wobei der Grundsatz der weitestgehenden Dezentralisation nur für das Aus-

---

467 Vgl. ebd., S. 114.

468 Verg, Erik; Plumpe, Gottfried; Schultheis, Heinz (1988): Meilensteine, 1913.

469 Die Entwicklung: Der Farbenfabriken vorm. Friedr. Bayer & Co Elberfeld-Leverkusen, (1911), S. 9.

landsgeschäft, insbesondere dem Verkauf, galt. In Bezug auf strategische Entscheidungen wurde das Unternehmen zentral von Elberfeld ausgeführt.[470]

> „Bei einem solch großen Geschäft wie demjenigen der Farbenfabriken, bei dem sich der Verkauf auf tausende von Produkten mit den verschiedenartigsten Eigenschaften und den vielfachsten Anwendungsarten über die ganze Welt erstreckt, lässt sich die eigentliche Verkaufstätigkeit nicht mehr, wie es bei kleineren Geschäften möglich ist und auch früher bei uns ausführbar war, von einer einzigen Zentralstelle aus leiten. Weitgehendste Dezentralisation, die aber in den einzelnen Ländern wieder gut geordnet und gegliedert ist und dort am besten in einer aus mehreren Personen bestehenden Spitze gipfelt, ist hier erforderlich."[471]

Die dezentrale Verkaufstätigkeit führte schließlich dazu, dass die Farbenfabriken nahezu auf allen Märkten der chemischen Industrie präsent waren. Grundsätzlich verfolgten die Farbenfabriken die Strategie, so viele Märkte wie möglich von Deutschland aus über den Export zu bedienen. Die Produktion im Ausland blieb vorrangig den Märkten vorbehalten, die von Deutschland aus nur schwer zu bedienen waren.[472] Die internationale Präsenz wurde aber auch durch den Erfolg bestimmter Entdeckungen gestärkt. So stellte ein amerikanischer Konsul fest, dass die Kleidung, die mit synthetischem Indigo gefärbt wurde, deutlich länger farbecht war als diejenige mit natürlichem Farbstoff. Dies führte schließlich dazu, dass sämtliche amerikanische Militärbekleidung ab 1902 mit synthetischem Indigo gefärbt wurde und der Export für dieses Produkt stark anstieg.[473] Zur internationalen Präsenz und Bekanntheit trugen ebenfalls Carl Duisbergs Vorträge und Ausführungen in Amerika zum Thema synthetischer Gummi, unter anderem für die Bereifung von Fahrzeugen, bei.[474] Die persönlichen Auftritte Carl Duisbergs in Amerika unterstützten zusätzlich die internationale Präsenz und die Bekanntheit des Unternehmens. Ein weiteres Indiz für die starke internationale Präsenz stellten die von den Farbenfabriken 1906 erstmals herausgegebenen „Therapeutischen Be-

---

470 Zum Thema dezentrale Zentralisation bei den Farbenfabriken Bayer siehe: Nieberding, Anne (2003): Dezentrale Zentralisation. Entscheidungsfindung bei den Farbenfabriken Bayer vorm. Friedr. Bayer & Co., S. 256f.

471 Quelle: Archivmaterial, Denkschrift über die Organisation, Organisation des Verkaufsgeschäfts, 1906, Signatur 10/3.

472 Vgl. Schröter, Harm (1990): Die Auslandsinvestitionen der deutschen chemischen Industrie 1870 bis 1930, S. 11.

473 Vgl. New York Times (1902): Artificial Indigo Favored, February 13, 1902.

474 Vgl. New York Times (1912): Dr. Duisberg shows synthetic rubber, September 10, 1912. New York Times (1912): Planters don't fear artificial rubber, September 27, 1912. New York Times (1912): Synthetic chemistry the hope of future generations, December 1, 1912.

richte", die in zahlreichen europäischen Sprachen, aber auch in russisch und japanisch erschienen, dar.[475]

Bedeutung von Handelsverträgen

In der Ausweitung der globalen Präsenz spielten bilaterale Handelsverträge eine große Rolle. Beispielsweise der Handelsvertrag mit Russland zielte darauf ab, eine herausragende Position auf dem russischen Markt einzunehmen und sich gegenüber der ausländischen Konkurrenz zu behaupten. Das folgende Beispiel verdeutlicht, dass die Marktposition von Bayer auf dem russischen Markt nicht allein von Bayer selbst bestimmt war, sondern dass der Handelsvertrag einen wesentlichen Beitrag dazu leistete.

> „Der inzwischen perfect gewordene Handelsvertrag mit Russland wird uns nun ermöglichen, unsere bisher auf dem russischen Markt eingenommene Stellung wieder zu erobern, doch verhehlen wir nicht, dass wir erst sucsessive das Absatzgebiet von der während des Zollkriegs in Russland mächtiger gewordenen ausländischen Concurrenz zurückgewinnen werden.[476]

Die rechtlichen Rahmenbedingungen lieferten die Basis für das kontinuierliche Fortbestehen der bilateralen Handelsverträge und sicherten so eine langfristige internationale Präsenz. Diese Handelsverträge wurden jedoch durch den Reichstag verhandelt, der von der Industrie erheblich unter Druck gesetzt wurde.[477] So zeigt auch das folgende Beispiel, dass die Farbenfabriken im Falle des Scheiterns der Vertragsverhandlungen Betriebe ins Ausland verlagerten, um deutsche Arbeitsplätze einzusparen.

> „Die bevorstehenden Verhandlungen im Reichstage über die Handelsverträge veranlassen uns, auf das Entschiedenste für die feste Erneuerung dieser Verträge auf möglichst lange Dauer einzutreten. Für unsere gesamte deutsche Industrie ist nur durch langsichtige Handelsverträge die Gewähr der ruhigen und steten weiteren Entwicklung gegeben. Es ist dies vor Allem für unsere chemische Industrie eine Bedingung, um die Verlegung unserer Betriebe in das Ausland zu verhindern, sondern auch eine beträchtliche Verringerung in der Zahl der beschäftigten deutschen Arbeiter eintreten würde."[478]

Erst durch das Eingehen von Handelsverträgen mit bestimmten Nationen, zum Beispiel mit dem Britischen Reich im Jahr 1913, war die Präsenz auf diesen

---

475 Vgl. Verg, Erik; Plumpe, Gottfried; Schultheis, Heinz (1988): Meilensteine, 1912.

476 Bericht der Direction und des Aufsichtsrathes 1893, ohne Signatur.

477 Zu den Handelsverträgen der chemischen Industrie siehe auch Ungewitter, Claus (1927): Ausgewählte Kapitel aus der chemisch-industriellen Wirtschaftspolitik 1877-1927, S. 52f.

478 Bericht der Direction und des Aufsichtsrathes 1900, ohne Signatur.

Märkten möglich.[479] Diese Handelsverträge dienten vorwiegend dazu, die internationalen Handelsbeziehungen langfristig zu sichern. Die Ergebnisse zeigten, dass die Farbenfabriken auf verschiedenen internationalen Märkten präsent waren, diese Präsenz jedoch teilweise nur durch starke politische Unterstützung möglich war.[480]

Einfluss der nationalen gesetzlichen Bestimmungen

Während die voranschreitende Handelsliberalisierung ab der Mitte des 19. Jahrhunderts die Weltwirtschaft förderte, so stellten die Zölle ab dem Jahr 1879 einen Umbruch, hin zu einem gemäßigten Protektionismus, dar.[481] In Bezug auf die Zollbestimmungen war Deutschland Ende des 19. Jahrhunderts in zwei Teile geteilt. Die Gebiete östlich der Elbe waren stark von der Agrarwirtschaft geprägt. Da diese Branche eher rückläufige Erträge aufwies, wurden zum Schutz beispielsweise Getreidezölle eingeführt. Der westliche Teil Deutschlands war jedoch geprägt von der Industrie und verfolgte eine liberale Politik des Freihandels. Die chemische Industrie, die vorwiegend im Westen angesiedelt war, wurde durch die Eisen- und Getreidezölle dadurch indirekt bestraft. Die mit dieser Zollpolitik verbundene defensive Strategie führte dazu, dass ein Strukturwandel der Wirtschaft nicht vollzogen wurde.[482] Die gesetzlichen Rahmenbedingungen der einzelnen Länder sowie die Lücken in den internationalen Handelsabkommen erschwerten die Import- und Exportaktivitäten der Farbenfabriken. Beispielsweise die Zollbestimmungen der einzelnen Länder übten einen enormen Einfluss auf die Art der internationalen Aktivitäten der Farbenfabriken aus. Insbesondere die hohen Zölle für die Einfuhr bestimmter Endprodukte hatten zur Folge, dass die Farbenfabriken in diesen Ländern Produktionsstätten eröffneten, um so zu konkurrenzfähigen Preisen ihre Produkte absetzen zu können. Diese Regelung führte dazu, dass die Farbenfabriken in diesen Ländern Produktionsstandorte unterhielten, in denen die aus Deutschland importierten Zwischenprodukte zu Endprodukten fertiggestellt wurden.

---

479 Vgl. Vertrag über die Handelsbeziehungen zum Britischen Reiche, unter: http://www.reichstagsprotokolle.de/Blatt_k13_bsb00003399_00143.html.

480 Quelle: Bundesarchiv, Zeitungsartikel vom 10.05.1901, 01.05.1909, Signatur R8127/ 12616.

481 Vgl. Torp, Cornelius (2005): Die Herausforderung der Globalisierung. Wirtschaft und Politik in Deutschland 1860-1914, Göttingen, S. 147.

482 Vgl. Schneider, Jürgen (1987): Die Auswirkungen von Zöllen und Handelsverträgen sowie Handelshemmnissen auf Staat, Wirtschaft und Gesellschaft zwischen 1890 und 1914, in: Pohl, Hans (Hg) (1987): Die Auswirkungen von Zöllen und anderen Handelshemmnissen auf Wirtschaft und Gesellschaft vom Mittelalter bis zur Gegenwart, S. 293 – 325.

> „Die Zoll- und Patentgesetzgebung in verschiedenen Ländern zwingt die deutschen Teerfabriken, wenn sie nicht ihren Absatz an ausländische Farbenfabriken verlieren wollen, Fabriken in diesen Ländern zu errichten, in denen, meist allerdings unter Verwendung der in der deutschen Zentrale erzeugten Zwischenprodukte, die färbenden und unter hohen Zollschutz gestellten Endprodukte hergestellt werden. Vermöge der Überlegenheit in der Zwischenproduktionsindustrie haben die deutschen Farbenfabriken es bisher jetzt fertig gebracht, die ausländische Konkurrenz klein zu halten, beziehungsweise in einigen Ländern ganz zu unterdrücken.“[483]

Dies war beispielsweise in England der Fall. Dort herrschte ein strenger Patentausübungszwang, so dass die Produktion der dort abgesetzten Produkte auch in England erfolgen musste.[484]

> „Ganz vor kurzem hat jetzt in England eine sehr bedenkliche Bewegung eingesetzt, der es gelungen ist, die gesetzgebenden Faktoren in ganz überhasteter Weise zur Einführung eines strengen Ausübungszwangs zu veranlassen. Die Folge ist, dass wir jetzt auch in England eine eigene Fabrik errichten müssen.“[485]

Eine ähnliche Situation wie in England zeigte sich auch in Russland. Da es auf Regierungsebene nicht möglich war entsprechende Zollverträge abzuschließen, waren die Farbenfabriken gezwungen eigene Fabriken auch in Russland zu unterhalten. Nur dadurch war es möglich die hohen Zölle zu umgehen und dennoch den russischen Markt zu erschließen. Ein Vorteil der Produktion in Russland waren jedoch die deutlich geringeren Lohnkosten, die teilweise nur der Hälfte der deutschen entsprachen.

> „Unsere Beteiligungen an auswärtigen Gesellschaften haben dabei von Jahr zu Jahr zugenommen. Speziell in Russland mussten die Fabrikanlagen bedeutend vergrößert werden. Die Hauptschuld daran tragen unsere gesetzgebenden Faktoren, denen es nicht gelungen ist, geeignete Verträge mit dem Auslande abzuschließen, um uns der Notwendigkeit zu entheben die Fabrikation unserer Produkte im Auslande aufzunehmen. Die Schwierigkeit in dieser Hinsicht haben wir schon in unserem letzten Geschäftsbericht geschildert und bemerken dazu heute noch, dass die Löhne in den meisten unsere Auslandsfabriken erheblich niedriger und zum Teil nur halb so hoch wie in unseren deutschen Fabriken sind.“[486]

Obwohl sich seit Abschluss des Handelsvertrages von 1894 der deutsch-russische Handel im Allgemeinen glänzend entwickelt hatte, so blieb die chemische Indus-

---

483 Geschichte und Entwicklung der Farbenfabriken vorm. Friedr. Bayer & Co. Elberfeld in den ersten 50 Jahren, (1918) S. 673 f.

484 Quelle: Bundesarchiv, Zeitungsartikel vom 21.02.1908, Signatur R8127/ 12616.

485 Geschichte und Entwicklung der Farbenfabriken vorm. Friedr. Bayer & Co. Elberfeld in den ersten 50 Jahren, (1918), S. 529.

486 Bericht des Vorstands und des Aufsichtsrates 1908, ohne Signatur.

trie doch in weiten Teilen davon unberührt.[487] Der Grund dafür lag darin, dass die Chemieindustrie bereits ihre Strategie angepasst hatte, und zu einer inländischen Produktion übergegangen war.[488] Die Vorgehensweise erwies sich insofern als richtig, da mit dem neuen Handelsvertrag von 1904 bedeutende Zollanhebungen für Erzeugnisse der Chemieindustrie verbunden waren.[489]

Mit der Zollproblematik hatten die Farbenfabriken sowohl in europäischen Nachbarländern wie Österreich als auch außerhalb Europas, wie zum Beispiel in Japan zu kämpfen.[490] Ein anderes Bild zeigte sich jedoch in den USA, dort wurden vorwiegend Vertriebsniederlassungen gegründet, da die Gewinne durch die Exporte so hoch waren, dass die Gründung von Produktionsbetrieben weniger attraktiv war, noch dazu wo die rechtlichen Hemmnisse, im Vergleich zu anderen Staaten, relativ gering waren.[491] Die Schutzpolitik einiger Länder beschränkte sich nicht nur auf die Erhebung von Zöllen, sondern bezog sich zudem auf die Patentgesetzgebung beziehungsweise den damit verbundenen Ausübungszwang. Dieser Ausübungszwang führte ebenfalls dazu, eigene Fabriken in England zu betreiben, um die betroffenen Patente dort registrieren lassen zu können. Die Patente der Farbenfabriken sicherten den Erfolg und den langfristigen Ertrag. Wurden diese Patente im Ausland nicht ausgeübt und stattdessen unter Umgehung der Patente im Ausland produziert, so hatte dies erhebliche negative Auswirkungen auf den Gewinn zur Folge. Das nachfolgende Zitat verdeutlicht die diesbezüglichen Bedenken der Farbenfabriken.

> „In England, dem großen Verbrauchslande für organische Farbstoffe, liegen die Verhältnisse ähnlich, sobald Chamberlain mit der von ihm vertretenen Schutzzollpolitik Erfolg haben sollte. Auch dort würde die deutsche Farbenindustrie aus Sorge vor der heute kaum in Betracht kommenden englischen Farbenfabriken, die bei der Veränderung des englischen Patentgesetzes die Lärmtrommel bereits gewaltig gerührt und Zwangslizenz für patentierte Produkte durchgesetzt haben, der Frage der Errichtung eigener Fabrikationsfilialen näher treten müssen. Je mehr aber das Farbstoffe konsumierende Ausland dazu übergeht, sich durch hohe Zollsätze gegen dem Import fremdländischer Waren abzuschliessen, je mehr deutsche Fabrikationsfilialen im Auslande entstehen, um so grösser wird das Elend in unseren deutschen Fa-

---

[487] Torp, Cornelius (2005): Die Herausforderung der Globalisierung. Wirtschaft und Politik in Deutschland 1860-1914, Göttingen, S. 294.

[488] Vgl. ebd., S. 298.

[489] Vgl. ebd., S. 318.

[490] Quelle: Bundesarchiv, Zeitungsartikel unter anderem vom 05.05.1906, 02.05.1908, 27.04.1912, Signatur R8127/ 12616.

[491] Vgl. Kabisch, Thomas (1982): Deutsches Kapital in den USA, S. 228.

> brikationsstätten werden, in denen dann in Folge des Ausfalls des ausländischen Bedarfs nicht mehr genügend zu tun ist."[492]

Die rechtlichen Rahmenbedingungen trugen ganz entscheidend zu einer Ausweitung der internationalen Präsenz bei. Sowohl die Zollpolitik als auch die Patentgesetzgebung einzelner Ländern zwangen die Farbenfabriken indirekt zu Direktinvestitionen in diese Länder und verstärkten so die globale Präsenz.

Probleme der Internationalisierung

Die Internationalisierung der chemischen Industrie führte unter anderem zu heftigen Konkurrenzkämpfen und Patentstreitigkeiten. So setzte sich Anfang des 20. Jahrhunderts bei den Farbenfabriken der Gedanke durch, der internationale Wettbewerb müsse eingedämmt werden, um die Vormachtstellung auf dem Weltmarkt zu erhalten.[493] Auf diesem Gedanken basierte der kurz darauf gegründete Dreibund, ganz nach dem Vorbild der Trusts, den amerikanischen Großvereinigungen von vor- und nachgelagerten Firmen, die Carl Duisberg bei seinen Amerikareisen kennen lernte.[494]

Den Chancen, die sich durch die größeren internationalen Absatzmärkte für die Farbenfabriken boten, standen aber auch Risiken und Probleme gegenüber. So führten beispielsweise Epidemien oder schlechte Marktbedingungen in einzelnen Regionen zu sinkenden Erträgen. Andererseits konnten sich Krankheiten und Epidemien aber auch positiv auf den Pharmaabsatz auswirken.

> „Das Erträgnis unserer Gesellschaft für das verflossene Betriebsjahr war befriedigend obgleich etwas beeinflusst durch ungünstige Marktverhältnisse in China und durch die leider stärker auftretende Beulenpest in Ostindien."[495]

Daneben waren es aber auch Kriege wie zum Beispiel der Balkankrieg 1912, der die Geschäfte der Farbenfabriken, durch sinkende Exporte, ungünstig beeinflusste.[496] Ein weiteres Problem der internationalen Geschäftstätigkeit war die Umgehung von Patenten, welche durch die unerlaubte Einfuhr aus patentfreien

---

492 Geschichte und Entwicklung der Farbenfabriken vorm. Friedr. Bayer & Co. Elberfeld in den ersten 50 Jahren, (1918), S. 674.

493 Die Marktform der chemischen Industrie kann zu dieser Zeit als Oligopol bezeichnet werden. Grundsätzliche gibt es im Oligopol zwei mögliche Strategien, Kampf oder Abkommen. Die Farbenfabriken Bayer wählten letztere. Siehe dazu Fehl, Ulrich (1987): Marktformen, in: Görres Gesellschaft (Hg) (1987): Staatslexikon, Recht Wirtschaft Gesellschaft, Band 3, S. 1006 – 1017.

494 Vgl. Treue, Wilhelm (1963): Carl Duisbergs Denkschrift von 1915 zur Gründung der „Kleinen I.G.", S. 193.

495 Bericht der Direction und des Aufsichtsrathes 1897, ohne Signatur.

Ländern möglich war. Das nachstehende Beispiel zeigt, dass vor allem die zunehmende Vereinfachung des internationalen Verkehrs, zum Beispiel durch die Dampfschifffahrt, den internationalen Schmuggel begünstigte.

> „Unser Hauptprodukt, das Phenacetin, das uns in Amerika, und zwar nur dort allein, und in keinem anderen Lande patentiert worden war, zeigte einen bedenklichen Rückgang im Absatz. Es wurde von Schmugglern aus den patentfreien Ländern, in denen es zum 20sten Teil des amerikanischen Preises von unserer Konkurrenz und auch von uns selbst zu kaufen war, durch die Stewards der grossen Ozeandampfer direkt oder meist über Canada nach Amerika eingeführt.“[497]

Ein ähnliches Problem bestand in den Märkten, in denen ein Patent auslief und einheimische Unternehmen nur darauf warteten in den Markt einzusteigen und Marktanteile abzugreifen. Diesem Problem begegneten die Farbenfabriken insbesondere in den USA. Dort warteten nach Aussagen der Farbenfabriken bereits mehrere Unternehmen darauf, sich nach Ablauf des Patents Marktanteile zu sichern.

> „Daß man dann doch eine eigene Produktion in den USA aufbaute, lag an der Situation auf dem Pharma-Markt. Das US-Patent für Phenacetin lief aus, mit Aspirin wollte man in den gewaltigen Markt der USA hineinstoßen. Anders als bei den Farbstoffen standen hier auch einheimische Unternehmen bereit in das Geschäft einzusteigen.“[498]

Ein entscheidendes Problem im Zusammenhang mit der internationalen Geschäftstätigkeit war die Verfügbarkeit von qualifiziertem Personal. Einerseits stand, wie im folgenden Beispiel erwähnt, auf Grund der fehlenden Ausbildungsmöglichkeiten vor Ort kein geeignetes Personal zur Verfügung und andererseits war das inländische Personal nicht gewillt, an die Auslandsstandorte zu wechseln. Ein Grund dafür, dass Auslandsentsendungen nicht sehr beliebt waren, lag darin, dass die Mitarbeiter, bedingt durch den Zentralismus, Aufstiegs- und Karrierechancen nur in der Unternehmenszentrale sahen.

> „Zu viel sprach noch 1899 gegen eine eigene Fabrik in den USA. Im Amerika gab es zu dieser Zeit nicht genügend qualifizierte Betriebschemiker. Für die Bayer-Chemiker war der Auslandsjob nicht sehr verlockend, denn Karrieren wurden in Elberfeld und Leverkusen gemacht.“[499]

---

496 Quelle: Bundesarchiv, Zeitungsartikel unter anderem. vom 27.04.1912, 11.04.1913, Signatur R8127/ 12616.

497 Geschichte und Entwicklung der Farbenfabriken vorm. Friedr. Bayer & Co. Elberfeld in den ersten 50 Jahren, (1918), S. 633.

498 Verg, Erik; Plumpe, Gottfried; Schultheis, Heinz (1988): Meilensteine, 1903.

499 Ebd., 1899.

Die beschriebenen Beispiele zeigten die Komplexität der internationalen Geschäftsaktivitäten und die damit in vielerlei Hinsicht verbundenen Probleme und Hindernisse. Doch trotz dieser vielen Schwierigkeiten, waren die Farbenfabriken auf zahlreichen internationalen Märkten präsent. Sämtliche Geschäftsaktivitäten wurden durch die internationalen Aktivitäten beeinflusst, so stellte die Weltwirtschaft einen der entscheidenden positiven Einflussfaktoren auf die Farbenfabriken Bayer dar. Damit lagen die Farbenfabriken im Trend dieser Zeit. So zeigten auch andere wissenschaftliche Untersuchungen, dass die Außenhandelsintensität sich überraschend positiv auf das Überleben und Wachstum von Unternehmen in dieser Zeit auswirkte. Demnach überwogen die Chancen der Internationalisierung die damit verbundenen Risiken, wodurch die Unternehmen insgesamt von der Vergrößerung des Wirtschaftsraums, insbesondere durch die Vergrößerung der Absatzmärkte, profitierten.[500]

4.3. Gestaltung der Ressource Wissen – Wissensmanagement

4.3.1. Wissenserwerb

Merger & Akquisition

Die Übernahme von Unternehmen spielte für Bayer während der Weltwirtschaft eine bedeutende Rolle. Zum einen konnte dadurch das eigene Wachstum und der zu erwirtschaftende Gewinn gefördert werden, zum andern ließ sich so in relativ kurzer Zeit ein neuer Geschäftsbereich aufbauen.

> „In diesem Jahr kaufte der Dreibund Bayer, BASF und Agfa die Zeche August Victoria in Marl bei Recklinghausen. Entsprechend der Gewinnquote im Dreibund übernahm Bayer 43 Prozent des gemeinsamen Besitzes."[501]

> „Bayer übernimmt die photographische Abteilung der Firma Ed. Liesegang in Düsseldorf. Die Herstellung von Photopapieren verbleibt bis zur Fertigstellung einer Photofabrik in Leverkusen in Düsseldorf."[502]

Durch die Integration von Firmen, die eine horizontale oder vertikale Diversifikation darstellte, floss nicht nur das Wissen aus diesen Bereichen in das Unterneh-

---

500 Vgl. Baten, Jörg (2001): Expansion und Überleben von Unternehmen in der Ersten Phase der Globalisierung, S. 19.

501 Verg, Erik; Plumpe, Gottfried; Schultheis, Heinz (1988): Meilensteine, 1907.

502 Ebd., 1907.

men, sondern die angrenzenden Forschungsgebiete profitierten ebenfalls von diesem Wissenserwerb.

Kooperationen

Das Eingehen von Kooperationen stellte entsprechend den Aussagen der untersuchten Dokumente für Bayer die am häufigsten angewandte Methode des Wissenserwerbs dar, dies ging unter anderem aus der häufigen Nennung in verschiedenen Geschäftsberichten hervor. Kooperationen gab es zum Beispiel in Form von Zusammenarbeit mit Hochschulen, beziehungsweise wissenschaftlichen Einrichtungen.

> „Ursprünglich hatte man zwischen der Forschungsarbeit an den Universitäten und in der Industrie klar unterscheiden können. Hier freie Grundlagenforschung, dort zweckgerichtete Produktforschung. Zusammenarbeit zwischen beiden gab es immer."[503]

So war es zu dieser Zeit nicht unüblich, dass führende Chemiker, für Bayer war das sicherlich Carl Duisberg, als Schnittstellen zu Universitäten fungierten. Ziel dieser Kooperationen war es, die Ergebnisse der universitären Grundlagenforschung umsetzen und anwenden zu können. Dafür war es notwendig die im Labor erprobten Verfahren in Produktionsverfahren umzuwandeln und dies war nur durch entsprechende Kooperationen möglich.[504] Die meisten der Chemiker verloren nie den Kontakt zur Universität und waren sowohl dort als auch in Unternehmen tätig. Die Kommunikation und Kooperation fanden auch in beide Richtungen statt, wodurch auch die theoretische Chemie von den Impulsen aus der Produktion profitieren konnte.[505] So gab es zahlreiche Kooperationen mit einzelnen Wissenschaftlern, ein Beispiel dafür war auch die Zusammenarbeit mit Alfred Knast von der Universität Freiburg, in Bezug auf die Anwendung von Sulfanol.[506]

Zum anderen stellte die so genannte Interessengemeinschaft, kurz IG, eine bedeutende Form der Kooperationen mit anderen Unternehmen dar. Vorrangiges Ziel dieser IG war es, durch den Aufbau monopolartiger Verbindungen den Absatz zu steigern und auf Konkurrenz zu verzichten.[507] Für Duisberg bot dieser Zusammenschluss, auch als freiwillige Organisierung bezeichnet, die Möglichkeit,

---

503 Ebd., 1891.

504 Vgl. Engel, Alexander (2005): Produktionssysteme im Wettstreit. Wissensorganisation im Kampf um den Weltmarkt für Indigo, 1880-1910, S. 88f.

505 Vgl. Travis, Anthony (1998): Theory from practice. Portraying the Constitution of Synthetic Dyestuffs in the 1860s, S. 122f.

506 Vgl. Wimmer, Wolfgang (1994): Wir haben fast immer was Neues. Gesundheitswesen und Innovationen der Pharma-Industrie in Deutschland, 1880-1935, S. 118.

507 Quelle: Bundesarchiv, Zeitungsartikel vom 29.04.1905, Signatur R8127/ 12616.

Reibungswiderstände zu überwinden und dadurch auch gesteigerte Qualität zu erreichen. Dabei vertrat er, im Gegensatz zu Stinnes, das Prinzip der horizontalen Integration.[508]

> „IG: Die inzwischen ins Leben getretenen zwei Interessengemeinschaften haben bewiesen, dass die von Hoechst gefürchteten Übelstände nicht eingetreten sind. Wenn es ihnen auch nicht möglich war, Vorteile im Verkauf der Produkte zu erringen, so haben sie doch gezeigt, dass durch Austausch der Fabrikationserfahrungen, sowohl in chemischer wie technischer Hinsicht, ganz bedeutend Vorteile erzielt werden können. Diese Interessengemeinschaften haben ferner bewiesen, dass die Erfindertätigkeit durchaus nicht lahm gelegt, sondern im Gegenteil durch die Idealkonkurrenz zwischen den einzelnen Firmen lebhaft angeregt wird. Sowohl in Ludwigshafen wie zumal in Elberfeld sind niemals so viele wichtige Erfindungen gemacht und so viele neue Verfahren und Produkte unter Patentschutz gestellt worden, als seit Bestehen unserer Interessengemeinschaft.“[509]

> „Das Jahr 1904 wird in der Geschichte der Farbenfabriken insofern als ein bemerkenswertes zu verzeichnen sein, als es durch die Eingehung der im Oktober 1904 vereinbarten Interessengemeinschaft mit der Badischen Anilin- und Sodafabrik in Ludwigshafen und der Aktiengesellschaft für Anilin-Fabrikation in Berlin einschneidende Änderungen für den Verkauf mit sich brachte. Der immer schärfer werdende Wettbewerb und die hierdurch sinkenden Verkaufspreise liessen aber eine Einigung mit den grösseren Konkurrenzfirmen in hohem Grade wünschenswert erscheinen, zumal man hoffen musste, hierdurch nicht nur den gegenseitigen Wettbewerb der drei Firmen und daraus folgende Preisverschlechterungen zu vermeiden, sondern vor allem auch in der Fabrikation durch Austausch von Erfahrungen und gegenseitige Lieferung von Rohstoffprodukten und Halbfabrikaten Vorteile zu erzielen.“[510]

Auch wenn das ursprüngliche Ziel der Interessengemeinschaft der Aufbau von monopolartigen Strukturen war, um so den Wettbewerb zu entschärfen, so trug die IG doch im großen Maße zum Erwerb beziehungsweise zum Austausch von Wissen innerhalb der IG Mitglieder bei.[511] Insbesondere die Farbenfabriken und die BASF ergänzten sich sehr gut. Während die Farbenfabriken verstärkt im Pharmabereich tätig waren und Schwierigkeiten bei der Produktion von Indigo hatten, gelang der BASF die Herstellung von Indigo mit großem Erfolg, jedoch wollten sie sich dem Pharmabereich verstärkt zuwenden.[512] Ein weiteres Beispiel für ein ge-

---

508 Vgl. Gattineau, Heinrich (1931): Die Entwicklung der Organisationsformen der deutschen Wirtschaft und C. Duisberg, S. 808.

509 Geschichte und Entwicklung der Farbenfabriken vorm. Friedr. Bayer & Co. Elberfeld in den ersten 50 Jahren, (1918); S. 635.

510 Ebd., S. 348.

511 Zur Entwicklung der Forschung bei der IG siehe unter anderem Sasuly, Richard (1952): IG Farben, S. 46f.

512 Vgl. ebd., S. 635.

meinsames Engagement, das auf dem Wissen beider Unternehmen basierte, war die in Norwegen unternommene Herstellung des Luftsalpeters, auf der Grundlage eines Verfahrens der BASF, unterstützt durch die Farbenfabriken.[513]

Auch wenn die vorangegangenen Beispiele die äußerst positiven Auswirkungen von Kooperationen darstellten, so waren damit auch Nachteile verbunden. Das Zustandekommen von Kooperationen war häufig von langwierigen Verhandlungen begleitet und führte zudem zu einem Kontrollverlust. Dennoch überwogen wohl die Vorteile, insbesondere in Bezug auf den kurzfristigen und gezielten Wissenserwerb aber auch die dadurch möglichen größeren Investitionen aufgrund einer verbesserten Kapitalverfügbarkeit.[514]

Lizenzen

Die Farbenfabriken lizenzierten insbesondere von einzelnen Forschern oder Forschergruppen Produkte und Prozesse, weniger von anderen Unternehmen. Grund dafür war, dass individuelle Wissenschaftler nicht über die notwendigen Mittel und Technologien zur Herstellung von entsprechenden Produkten verfügten. Daher transferierten sie stattdessen ihr Know-how in Unternehmen und erhielten dafür Lizenzzahlungen. Jedoch wurden dieses Verträge oftmals bereits in der Anfangsphase des Patentierungsprozesses geschlossen und die Zahlungen waren an verschiedene Meilensteine, wie beispielsweise die Patenterteilung und erfolgreiche klinische Studien gekoppelt.[515]

Neueinstellungen

Gezielte Neueinstellungen dienten bei den Farbenfabriken Bayer dazu, bestimmte Know-how Träger in das Unternehmen zu holen. Insbesondere für akademische, beziehungsweise leitende Positionen war es wichtig, Personen mit definierten Vorkenntnissen ins Unternehmen zu bringen, wie das folgende Beispiel von Professor Dreser verdeutlicht.

> „Bei seinem Übertritt aus der akademischen Laufbahn in den Dienst der Farbenfabriken als Leiter ihres pharmakologischen Laboratoriums brachte Professor Dreser bereits gewisse Vorarbeiten mit, die ursprünglich zu einem bislang noch fehlenden speziellen pharmakologischen Studium der Atemwirkung des Opiumalkaloides Codein bestimmt waren.“[516]

---

513 Vgl. ebd., S. 638.

514 Vgl. Klotzsche, Mario (2009): Indigo und die schweizerische Farbenindustrie, S. 24.

515 Vgl. Burhop, Carsten; Lübbers, Thorsten (2009): The Historical Market for Licenses, S. 10f.

516 Geschichte und Entwicklung der Farbenfabriken vorm. Friedr. Bayer & Co. Elberfeld in den ersten 50 Jahren, (1918); S. 419.

Bayer kam dabei in den Vorzug bereits erzielter Forschungsergebnisse der neu eingestellten Wissenschaftler. Die Anstellung von neuen Mitarbeitern zielte weniger auf die allgemeine Sicherung des Nachwuchses ab, sondern vielmehr auf die Rekrutierung von Wissensträgern. So wurde beispielsweise im Jahr 1896 Arthur Eichengrün eine Stellung in den Farbenfabriken angeboten. Obwohl das Unternehmen zunächst nur an seinen Erfindungen im Pharmabereich interessiert war, mündete seine Tätigkeit schließlich in die Leitung der pharmazeutischen Forschung.[517] Ein weiteres Beispiel war die Einstellung von Robert Emanuel Schmitt, der direkt von der Hochschule kam und das stagnierende Geschäft mit den Alizarinfarbstoffen wieder ankurbeln sollte. Mit seiner Strategie, nicht nach Verbesserungen, sondern nach einer grundsätzlichen Veränderung der Herstellung zu suchen, gelang es ihm bereits kurze Zeit später eine neue Ära von lichtechten Alizarinfarbstoffen einzuleiten.[518]

Die Farbenfabriken achteten im Allgemeinen bei der Einstellung von neuen Mitarbeitern, insbesondere bei Chemikern, auf eine akademische Hochschulausbildung. So betonte Carl Duisberg in einem Vortrag über die Erziehung des Chemikers, dass keine andere Industrie so eng mit der Wissenschaft verbunden sei wie die Chemische und dass eine erfolgreiche Forschung nur dann möglich wäre, wenn es einen regen Austausch zwischen Industrie und Hochschule gäbe.[519] Im Laufe der Zeit wurde so die Hochschulausbildung eine selbstverständliche Grundvoraussetzung für die Einstellung eines Industriechemikers.[520]

Auch wenn in den Quellen kein direkter Hinweis auf das Thema Industriespionage als Form des Wissenserwerbs gefunden werden konnte, so ist doch davon auszugehen, dass es sie gab. Der Verein zur Wahrung der Interessen der chemischen Industrie Deutschlands machte im Jahr 1884 eine Eingabe bei der Regierung, in der er die Arten der unrechtmäßigen Aneignung von Resultaten aus fremder Geistestätigkeit beschrieb.[521] Die erste Art war bedingt durch Fluktuation, das heißt Mitarbeiter, die zur Konkurrenz wechselten und das Wissen mitnahmen. Die zweite Gruppe waren diejenigen Angestellten, die durch Spionage beziehungswei-

517 Vgl. Wimmer, Wolfgang (1994): Wir haben fast immer was Neues. Gesundheitswesen und Innovationen der Pharma-Industrie in Deutschland, 1880-1935, S. 123f.

518 Vgl. Verg, Erik; Plumpe, Gottfried; Schultheis, Heinz (1988): Meilensteine. 125 Jahre Bayer 1863 – 1988, 1900.

519 Vgl. Burchardt, Lothar (1978): Die Ausbildung des Chemikers im Kaiserreich, S. 32; Duisberg, Carl (1923): Abhandlungen Verträge und Reden aus den Jahren 1882 bis 1921, S. 142.

520 Vgl. Burchardt, Lothar (1978): Die Ausbildung des Chemikers im Kaiserreich, S. 35.

521 Vgl. Ungewitter, Claus (1927): Ausgewählte Kapitel aus der chemisch-industriellen Wirtschaftspolitik 1877-1927, S. 395f.

se durch Bestechung Firmenwissen an die Konkurrenz verkauften. Zur dritten Gruppe zählten Personen, die zwar nicht in einem Beschäftigungsverhältnis standen, aber in ihrer Funktion Kenntnisse erlangten und diese der Konkurrenz zum Kauf anboten. Ziel dieser Eingabe war es, eine diesbezügliche Verschärfung des Strafrechts zu erreichen.[522] Somit ist wohl anzunehmen, dass die Werksspionage auch bei den Farbenfabriken Bayer eine Rolle spielte in Bezug auf den Erwerb von Wissen. Um zumindest einen Teil des vorhandenen Wissens zu schützen, verpflichtete Bayer seine Wissenschaftler vertraglich dazu, dass diese nach ihrem Ausscheiden aus dem Unternehmen innerhalb der nächsten drei Jahre nicht über die Forschungsthemen und Firmengeheimnisse sprechen durften.[523]

4.3.2. Wissensentwicklung

Forschung und Entwicklung

Grundvoraussetzung für die Durchführung von Forschung und Entwicklung war das Vorhandensein eines wissenschaftlichen Laboratoriums. Der große Stellenwert des wissenschaftlichen Laboratoriums wurde insbesondere durch die jährlich steigenden Kosten für dieses Labor deutlich. Die folgende Graphik veranschaulicht die angefallenen Laborkosten in den Jahren 1886 bis 1904.

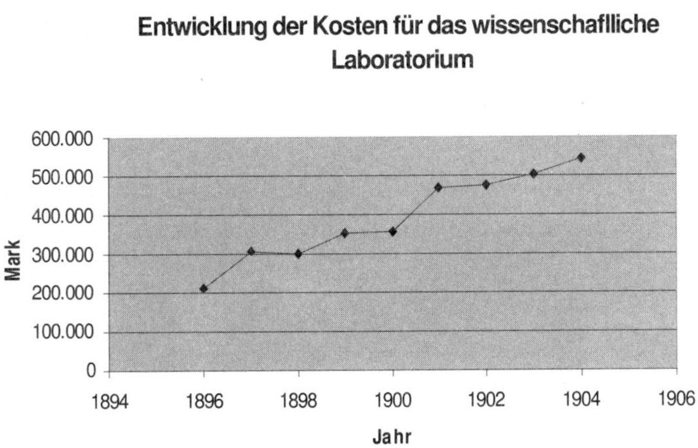

Abbildung 18: Entwicklung der Kosten für das wissenschaftliche Laboratorium[524]

522 Vgl. Wickel, Helmut (1932): I.-G. Deutschland. Ein Staat im Staate, S. 64f.

523 Vgl. Burhop, Carsten; Lübbers, Thorsten (2008): Incentives and Innovation?, S. 10.

524 Quelle: Archivmaterial: Organisation und Statistik, Signatur 10/1.

Allein die Gründung eines eigenen wissenschaftlichen Labors zeigte die Bedeutung die dem Bereich Forschung und Entwicklung in Bezug auf die interne Wissensentwicklung beigemessen wurde.

> „Ein pharmazeutisch-wissenschaftliches Laboratorium wird in Elberfeld eingerichtet.“[525]

Dieses Labor entwickelte sich zum Zentrallabor weiter und wurde im Jahr 1901 verselbstständigt. Das hieß, die Erfinderbeteiligung wurde umgestellt, so dass der Leiter auch noch finanziell am Umsatz von Präparaten beteiligt wurde, die aus seinem Labor hervorgingen, er daran jedoch nicht direkt beteiligt war. Diese Umstellung der Erfinderbeteiligung spiegelte die Entwicklung von einem reinen Erfindungslabor hin zu einem Industrieforschungslabor wider.[526] Die organisatorischen Regeln des Arbeitsablaufs innerhalb des Laboratoriums bei Bayer dienten der Entwicklung neuen Wissens. Inhalt dieser Abläufe war es, sämtliche neue Patente experimentell zu untersuchen und durch Nachahmung daraus neue Forschungsansätze zu gewinnen.

> „In dem neuen wissenschaftlichen Laboratorium führte ich[527] eine scharfe Arbeitsteilung durch, indem jeder der darin tätigen Chemiker ein besonderes Spezialgebiet der grossen Anilinfarbenindustrie zugewiesen erhielt. Alle, in jedes einzelne Spezialgebiet fallenden, neuen Patentanmeldungen und Publikationen mussten studiert und ev. experimentell durchgearbeitet werden. Daraus ergaben sich dann neue Ideen und neue Anregungen zum weiteren Forschen und Experimentieren.“[528]

Zwar verschob diese Art der Arbeitsteilung den Charakter der industriellen Labortätigkeit, weg von der schöpferischen Synthese und hin zu monotonen Versuchreihen, jedoch lag darin der Erfolg der deutschen Teerfarbenindustrie begründet.[529]

Neben dem allgemeinen Forschungslabor unterhielten die Farbenfabriken auch spezielle Labors für die Forschung auf spezifischen Gebieten, zum Beispiel auf dem Gebiet der Chemotherapie. Diese in den 1890er Jahren gegründeten La-

525 Verg, Erik; Plumpe, Gottfried; Schultheis, Heinz (1988): Meilensteine, 1896.

526 Vgl. Wimmer, Wolfgang (1994): Wir haben fast immer was Neues. Gesundheitswesen und Innovationen der Pharma-Industrie in Deutschland, 1880-1935, S. 124; Eichengrün an die Direktion, 08.03.1901, Signatur 271/2 Eichengrün.

527 Anmerkung: „ich“ bezieht sich auf Carl Duisberg; gedruckt ist hier eine eigene Stellungnahme zum Thema Selbst erlebtes.

528 Geschichte und Entwicklung der Farbenfabriken vorm. Friedr. Bayer & Co. Elberfeld in den ersten 50 Jahren, (1918), S. 625.

529 Vgl. Andersen, Arne (1999): Chemie als Zukunftstechnologie, Teerfarbenindustrie vor dem ersten Weltkrieg, S. 97.

boratorien konnten dem Zentrallabor Routinetätigkeiten abnehmen, wodurch die innovationsorientierte Forschung einen höheren Stellenwert erreichte.[530]

> „In Elberfeld wird ein chemotherapeutisches Forschungsinstitut eingerichtet.“[531]

Darüber hinaus wurde den Forschungslaboratorien die Aufgabe zu teil, die Ausbildung von jungen Chemikern zu unterstützen, beziehungsweise die Mitarbeiter weiterzubilden. Demnach war das Labor sowohl für die Wissensentwicklung als auch für die Wissensnutzung verantwortlich.

> „Das dem wissenschaftlichen Farbenlaboratorium ausgegliederte Unterrichtslaboratorium, das dazu berufen ist, den Bedarf sämtlicher Abteilungen der Fabriken an geeigneten Chemikern zu decken, hat sich so ausserordentlich gut bewährt, dass wir dasselbe unbedingt beibehalten und ebenfalls weiter ausgestalten werden“[532].

Das wissenschaftliche Laboratorium als Ort der Forschung und Entwicklung diente dazu, systematisch auf experimentelle Art und Weise Wissen zu entwickeln. Das Forschungslabor hatte sich zum Ziel gesetzt, den aktuellen Forschungsstand in seiner gesamten Breite in das Unternehmen einzubringen und nicht nur in Teilbereichen der Forschung an der Spitze zu stehen. Ein Zeichen dafür war, dass es für die jungen Chemiker die erste Sozialisationsstelle darstellte, im Falle einer ausschließlichen Spitzenforschung wäre das so sicherlich nicht denkbar gewesen.[533] Obwohl sich wichtige Entdeckungen oftmals einer rationalen Planung entzogen, konnten sie letztlich doch nur durch eine effiziente Forschungs- und Entwicklungsabteilung zur Anwendungsreife weiterentwickelt werden.[534] Gerade in der Systematik der Forschung lag die Stärke des Zentrallabors. Im Zusammenhang mit den Ausgaben für Forschung und Entwicklung standen aber nicht nur die Kosten für das Laboratorium, sondern auch der Personalaufwand, denn nur durch qualifiziertes Personal war eine derartige Forschung möglich. Für die erste Phase konnten jedoch keine durchgängigen Zahlen für den Personalaufwand ermittelt werden, weswegen an dieser Stelle auf eine diesbezügliche Darstellung verzichtet wird.

---

530 Vgl. Meyer-Thurow, Georg (1982): The Industrialization of invention, S. 370.

531 Verg, Erik; Plumpe, Gottfried; Schultheis, Heinz (1988): Meilensteine, 1910.

532 Quelle: Archivmaterial Denkschrift über die Organisation, Organisation der technischen Verwaltung, Signatur 10/3, 1906.

533 Vgl. Wimmer, Wolfgang (1994): Wir haben fast immer was Neues. Gesundheitswesen und Innovationen der Pharma-Industrie in Deutschland, 1880-1935, S. 116.

534 Vgl. Bartmann, Wilhelm (2003): Zwischen Tradition und Fortschritt, S. 79.

Ausbildung

Um den Bedarf an qualifizierten Mitarbeitern zu decken, was durch den Arbeitsmarkt nur schwer möglich war, wurden Lehrlinge ausgebildet.

> „Weil es Schwierigkeiten macht, den Bedarf an handwerklich vorgebildeten Mitarbeitern auf dem Arbeitsmarkt zu decken, wird in Leverkusen eine eigene Lehrlingswerkstatt mit Werkberufsschule eingerichtet. Aufgenommen werden nur Söhne von Betriebsangehörigen.“[535]

Hinzu kam, dass sämtliche Posten im Ausland mit eigenen Mitarbeitern besetzt werden sollten, weshalb dem Lehrlingswesen, zur Nachwuchssicherung, eine große Bedeutung beigemessen wurde.

> „In folgerichtigem Ausbau des oben erwähnten Grundsatzes, nämlich: alle Aussenposten möglichst mit eigenen Leute zu besetzen, haben die Farbenfabriken in den letzten Jahren dem kaufmännischen Lehrlingswesen, das der deutschen Abteilung angegliedert und unterstellt ist, eine ganz besondere Aufmerksamkeit entgegengebracht.“[536]

Damit aber nicht nur der Personalnachwuchs in den handwerklichen Bereichen gesichert war, gab es zudem eine kaufmännische Lehrlingsschule. Hier wurden auch besondere Disziplinen, wie zum Beispiel Volkswirtschaft, geschult. Zum einen war es Voraussetzung, dass die Lehrlinge über eine gute Schulbildung verfügten und zum anderen wurde während der Lehrzeit auf eine breite fächerübergreifende Ausbildung wert gelegt.

> „Heute haben wir auch auf kaufmännischem Gebiet eine Lehrlingsschule, um die uns ebenfalls die Konkurrenz beneiden kann. Wir verlangen auch hier ausnahmslos das Abiturientenzeugnis einer der drei neunklassigen Lehranstalten. Wir nutzen die jungen Abiturienten nicht in mechanischer Arbeit und Tätigkeit aus, sondern bringen sie bei regelmässigen Ausbildungskursen, wobei ihnen Vorträge in Buchführung, Volkswirtschaftslehre usw. gehalten werden, durch alle kaufmännischen Abteilungen unseres Geschäfts hindurch.“[537]

Die Ausbildung von eigenen Lehrlingen spielte sowohl im technischen als auch im kaufmännischen Bereich eine wichtige Rolle, wenn es um die Entwicklung von Wissen innerhalb des Unternehmens ging.

Ein detaillierter Blick auf die Lehrlingsausbildung verdeutlichte zudem, dass die Ausbildung nicht ausschließlich Fachwissen vermitteln sollte, sondern auch unternehmensspezifisches Sinnwissen.[538] Die Auszubildenden wurden bereits

---

[535] Verg, Erik; Plumpe, Gottfried; Schultheis, Heinz (1988): Meilensteine, 1901.

[536] Geschichte und Entwicklung der Farbenfabriken vorm. Friedr. Bayer & Co. Elberfeld in den ersten 50 Jahren, (1918), S. 347.

[537] Ebd., S. 641.

[538] Vgl. Nieberding, Anne (2003): Unternehmenskultur im Kaiserreich. J.M. Voith und die Farbenfabriken vorm. Friedr. Bayer & Co, S. 275f.

während der Ausbildung mit den Werten und Gepflogenheiten des Unternehmens vertraut gemacht, so dass sie später ebenfalls zum Erfolg der Farbenfabriken als Erfinderunternehmen beitragen konnten.

Fort- und Weiterbildung

Da eine Lehrlings-Werkstätte allein nicht ausreichte, um den Bedarf an qualifizierten Mitarbeitern zu decken, bestand daneben noch eine Fortbildungsschule.[539] Neben dieser Fortbildungsschule existierte ein Fortbildungsverein, der sich zum Ziel gesetzt hatte, den Arbeitern die Zusammenhänge der einzelnen Tätigkeiten begreifbar zu machen.

> „Am 18.August 1907 gründeten einige Werksangehörige den Fortbildungsverein der Arbeiter und Handwerker der Farbenfabriken vorm. Friedr. Bayer & Co. Schon am 5.Oktober hielt der Chemiker Ludwig Schmunck einen Vortrag über den Nutzen der Fortbildung. Andere zuerst berufsbezogene Vorträge folgten, denn die Arbeiter sollten den Sinn und Zusammenhang ihrer Tätigkeit verstehen lernen."[540]

Im Zuge der Verstärkung der internationalen Aktivitäten reichte es nun nicht mehr aus, die Mitarbeiter in Bezug auf ihre tägliche Arbeit und die technischen Vorgänge zu schulen. Daher trug die betriebsinterne Sprachenvereinigung zum Erwerb von Fremdsprachen- und Literaturkenntnissen bei.

> „Seit Frühjahr 1911 besteht eine Sprachenvereinigung zur Förderung der Kenntnis fremder Sprachen und der betreffenden Literaturen."[541]

Die Aus- beziehungsweise Weiterbildung beschränkte sich nicht nur auf Lehrlinge, sondern es gab auch eine gezielte Fortbildung für Chemiker. Deren Ziel war es, die neuen Mitarbeiter mit den Methoden und Verfahren der Farbenfabriken vertraut zu machen und sich das Wissen der erfahrenen Chemiker anzueignen.

> „Bei den Chemikern haben wir inzwischen eine regelrechte Ausbildung eingeführt, die nicht nur den jungen Standesgenossen, sondern vor allem unsere Fabrik zum Segen gereicht. Heute muss jeder Chemiker, der bei uns eintritt, selbst wenn er früher Privatdozent an einer Hochschule war, zuerst ins Ausbildungslaboratorium – Lehrbataillon, wie es scherzhaft in der Fabrik genannt wird; dieses ist dem wissenschaftlichen Anilinfarben-Laboratorium angegliedert. Hier wird unter Oberaufsicht von Dr. Heymann und unter spezieller Leitung von Dr. Kothe

---

[539] Vgl. Die Entwicklung: Der Farbenfabriken vorm. Friedr. Bayer & Co Elberfeld-Leverkusen, (1911), S. 17.

[540] Verg, Erik; Plumpe, Gottfried; Schultheis, Heinz (1988): Meilensteine, 1907.

[541] Die Entwicklung: Der Farbenfabriken vorm. Friedr. Bayer & Co Elberfeld-Leverkusen, (1911), S. 18.

jeder Chemiker in die in jahrelanger Erfahrung erprobte Methodik des Arbeitens unserer Fabriken auf den verschiedenartigsten Gebieten eingeführt."[542]

Das Weiterbildungsprogramm hatte zum Ziel den Personalstamm optimal zu qualifizieren und auf die spezifischen Aufgaben innerhalb der Farbenfabriken vorzubereiten. Im Laufe der Zeit wurde das innerbetriebliche Bildungswesen kontinuierlich ausgebaut und den sich verändernden Rahmenbedingungen angepasst. Das zeigte auch, dass sich die Farbenfabriken dieser bedeutenden Aufgabe des Wissenserwerbs bewusst waren.

Bibliothek und Nachrichtenbureau

Eine bedeutende Quelle zur Entwicklung eigenen Wissens stellte die fabrikeigene Bibliothek dar. Die kontinuierliche Erweiterung der Bibliothek umfasste nicht nur Bücher sondern auch Fachzeitschriften. Die nachstehende Tabelle gibt eine Übersicht über den Zuwachs des Bibliotheksbestands.

Jahr	Bestand der Fabrik-Bibliothek in Bänden
1903	11364
1902	11617
1904	12003
1911	17000

Abbildung 19: Entwicklung des Bestands der Fabrik Bibliothek[543]

„Die Bibliothek enthält gegenwärtig ca. 14500 Bände. Ausserdem besteht ein Abonnement auf ca. 350 Fachzeitschriften, die alljährlich gebunden und der Bibliothek einverlebt werden."[544]

Das Nachrichtenbüro bildete eine Brücke zwischen der Bibliothek und den Mitarbeitern, denn Aufgabe des Nachrichtenbüros war es, sämtliche neue Literatur zu sichten und das Wissen den Beamten zur Verfügung zu stellen. Die Wissensentwicklung gestaltete sich dadurch besonders effizient und effektiv.

„Nachrichtenbureau: Durch diese Einrichtung wird der Wert der Zeitschriften-Abonnements bedeutend gesteigert, da nicht der kleinste Artikel der Nutzbarmachung für die Beamten entgeht. Für die wissenschaftlich arbeitenden sowohl wie für die einen Betrieb führenden Herren bedeutet das Aufsuchen und Zusammenstellen von Literaturangaben durch das Nachrichten-

[542] Geschichte und Entwicklung der Farbenfabriken vorm. Friedr. Bayer & Co. Elberfeld in den ersten 50 Jahren, (1918), S. 639

[543] Quelle: Archivmaterial: Organisation und Statistik, Signatur 10/1.

[544] Geschichte und Entwicklung der Farbenfabriken vorm. Friedr. Bayer & Co. Elberfeld in den ersten 50 Jahren, (1918), S. 533.

Bureau, das Erteilen von Auskünften über Verfahren, Reaktionen, maschinelle Einrichtungen, die in der Literatur Erwähnung gefunden haben, eine grosse Erleichterung ihrer Tätigkeit."[545]

Neben den oben beschriebenen Aufgaben war das Nachrichtenbüro auch für Patentangelegenheiten zuständig. Das heißt, neben der reinen Verwaltung der Patentschriften erteilte das Nachrichtenbüro auf Anfrage gezielt Auskunft über Patente auf einem bestimmten Themengebiet.

„Im Nachrichten-Bureau befindet sich ferner eine Sammlung von ca. 6000 Patentschriften (Erteilung, Versagungen, Anmeldungen), welche in 112 Unterabteilungen nach dem gleichen Schema, das der wissenschaftlichen Berichterstattung zugrunde liegt, geordnet und für alle zugänglich sind. Ferner erhält jeder einzelne, sobald er den Wunsch äussert, über irgendein Thema der Wissenschaft fortlaufend prompt Benachrichtigung, wenn darüber neue Literaturstellen auftauchen."[546]

Die Bibliothek und das Nachrichtenbüro der Farbenfabriken spielten für die Wissensentwicklung eine zentrale Rolle, indem sie dafür sorgten, dass neu verfügbares Wissen zeitnah dem Unternehmen und den Mitarbeitern zur Verfügung stand.

4.3.3. Wissensverbreitung

Letztlich fand ein Austausch und die damit verbundene Verbreitung des Wissens immer dann statt, wenn Mitarbeiter miteinander kommunizierten. Somit förderten die unten stehenden Aktivitäten die persönliche Kommunikation der Mitarbeiter – auch in ihrer Freizeit – und leisteten dadurch auch einen wichtigen Beitrag zur Wissensverteilung. Zudem war der Innovationsprozess an sich noch nicht in der Unternehmensstruktur abgebildet, sondern setzte sich aus einzelnen dezentralen Schritten zusammen. Diese Schritte wurden jedoch nicht im Sinne eines Projektmanagements koordiniert, sondern durch einen breit angelegten Kommunikationsprozess gesteuert. Auf Grund der guten allgemeinen chemischen Ausbildung der Chemiker hatten diese, wenn überhaupt, nur geringe Schwierigkeiten die Fragestellungen aus anderen Bereichen nachzuvollziehen.[547] Alexander Engel stellte in seiner Untersuchung fest, dass die deutschen Chemiker im Vergleich zu denen in anderen Ländern eine sehr breite naturwissenschaftliche Ausbildung bekamen. Dadurch wurde ein Prozessverständnis für naturwissenschaftliche Zusammenhän-

545 Ebd., S. 534.

546 Ebd., S. 534f.

547 Vgl. Engel, Alexander (2005): Produktionssysteme im Wettstreit. Wissensorganisation im Kampf um den Weltmarkt für Indigo, 1880-1910, S. 93.

ge gefördert und so die Kommunikation unter den Wissenschaftlern verschiedener Abteilungen erleichtert.

Moderne Kommunikationstechnologie

Sowohl die interne als auch die externe Kommunikation wurde im erheblichen Maße durch das Vorhandensein von der damals modernen Informations- und Kommunikationstechnologie gestützt. Die Gründung der Telefonzentrale im Jahr 1909 trug zu einem entscheidenden Fortschritt der Kommunikation innerhalb des Unternehmens bei.

> „Erste Telefonzentrale im Werk Elberfeld."[548]

In Verbindung mit der Telefonzentrale gab es mehrere hundert Telefonanschlüsse, die einen sehr schnellen, bilateralen und persönlichem Informationsaustausch ermöglichten.

> „In den Fabriken zu Elberfeld und Leverkusen befinden sich je eine telephonische Zentrale mit zusammen 555 Anschlüssen innerhalb der Fabriken – seit kurzem erfolgt der Telephondienst in Leverkusen automatisch; – die beiden Zentralen sind durch direkte Leitungen und durch Ferndrucker miteinander verbunden."[549]

Zudem ermöglichte die Telefonzentrale eine Kommunikation über die Standortgrenzen hinweg, wodurch Informationen auch international verteilt werden konnten.

Dokumentationen/ Handbücher

Da es außer dem Telefon und den Fernschreibern keine weiteren Kommunikationsmedien gab, bedienten sich die Farbenfabriken für die Informationsspeicherung und anschließender Verteilung der physischen Dokumentation. Diese erfolgte beispielsweise in Form von Handbüchern, Briefen, Aufzeichnungen etc. so konnte das darin gebundene Wissen später auch verteilt werden.

> „Die ausführliche Behandlung des wichtigen Problems der Organisation unseres grossen Fabrikations- und Verkaufsgeschäfts war aus mehreren Gründen wünschenswert. Einerseits wollen wir den Mitgliedern unseres Aufsichtsrats, welche in der Frage der geplanten Direktionsveränderung zu entscheiden haben, eine allgemeine Übersicht und einen tieferen Einblick in das Gefüge unseres Geschäfts geben. Andererseits liegt uns daran, die langjährigen Erfahrungen, die jeder von uns und die wir gemeinsam in der Behandlung aller geschäftlichen Fragen gemacht und die sich zum Wohle des Geschäfts bewährt haben, niederzulegen, damit sie

---

548 Verg, Erik; Plumpe, Gottfried; Schultheis, Heinz (1988): Meilensteine, 1909.

549 Die Entwicklung: Der Farbenfabriken vorm. Friedr. Bayer & Co Elberfeld-Leverkusen, (1911), S. 10.

den zukünftig neu eintretenden Direktoren und den stellvertretenden Direktoren als Richtschnur für ihre Tätigkeit dienen können."[550]

Zu diesen Dokumentationen zählten auch kurze Berichte, die in regelmäßigen Abständen erstellt und aktualisiert wurden, mit dem Ziel, die Direktionsmitglieder innerhalb kurzer Zeitabschnitte über die wirtschaftliche Lage in Kenntnis zu setzen.

„Damit sich jedes Direktionsmitglied auf Wunsch über alle geschäftlichen Angelegenheiten informieren kann, ist es wünschenswert, daß jede Abteilung des Geschäfts kurze Wochen- resp. Monatsberichte auch z.B. über die gemachten Einkaufs- und Verkaufsabschlüsse, an die Direktion abliefert."[551]

Natürlich war mit der wöchentlichen Abfassung eines schriftlichen Berichtes durch die Chemiker auch eine Kontrolle der Arbeit durch die Laborleitung verbunden.[552]

Da die Verteilung von Falschinformationen durch Externe unterbunden werden sollte, wie es beispielsweise durch die Tagespresse geschah, publizierten die Farbenfabriken selbst Fachartikel über ihre Forschungsergebnisse. Diese Publikationen dienten dazu eigene, wissenschaftliche Erkenntnisse zu veröffentlichen und zudem die Publikation von falschen Informationen einzudämmen.

„Vor allem aber waren häufig von denkbar unberufenster Seite wertlose oder gar bedenkliche Mischungen aller Art unter der Flagge von neuen Arzneimitteln unter wissenschaftlich klingenden Namen lanciert und nicht nur in der Tagespresse, sondern auch in den pharmazeutischen und medizinischen Fachschriften in ausgiebigster Weise annonciert worden. Aus diesem Grunde begann der Verfasser in einer Reihe von Veröffentlichungen über die neuen Arzneimittel aufklärend zu wirken, um es pharmazeutischen und medizinischen Kreisen zu ermöglichen, die Spreu vom Weizen zu unterscheiden, was für den Nichtfachmann infolge des völligen Fehlens von Lehrbüchern oder kritischen Übersichten über die pharmazeutischen Präparate kaum möglich war."[553]

Einen wesentlichen Beitrag zur Dokumentation und damit auch zur Verteilung sowohl des technischen, aber insbesondere auch des kaufmännischen Wissens leistete Carl Duisberg durch die Niederschrift zahlreicher Denkschriften. Dabei war vor allem diejenige über den Aufbau und die Organisation der Farbenfabriken zu Leverkusen, aber auch die über die Vereinigung der deutschen Farbenfabriken sowie mehrere Dokumentationen über die Organisation des Verkaufsgeschäfts von

550 Quelle: Archivmaterial Denkschrift über die Organisation, Organisation des Gesamtgeschäfts, Signatur 10/3.

551 Quelle: Archivmaterial Organisation allgemein, Signatur 10/4.

552 Vgl. Meyer-Thurow, Georg (1982): The Industrialization of invention, S. 374.

553 Geschichte und Entwicklung der Farbenfabriken vorm. Friedr. Bayer & Co. Elberfeld in den ersten 50 Jahren, (1918), S. 415.

großer Bedeutung.[554] Die schriftliche Dokumentation, sowohl von technischem als auch von kaufmännischem Wissen, trug so zur Verbreitung des Wissens innerhalb aber auch außerhalb des Unternehmens bei. Diese Art der Popularisierung von Wissen kann auch als Marketingstrategie gesehen werden, denn letztlich wurde beispielsweise das Schmerzmittel Aspirin nicht nur so erfolgreich weil es gut wirkte, sondern vor allem auf weil es jeder kannte.

Nachrichtenbüro

Das Nachrichtenbüro taucht auf Grund seiner breiten Dienstleistungspalette sowohl als Ergebnis des Kriteriums Wissensentwicklung als auch der Wissensverteilung auf. Wie bereits oben erwähnt, leistete das Nachrichtenbüro einen entscheidenden Beitrag in Bezug auf das Thema Fort- und Weiterbildung. Aufgabe des Nachrichtenbüros war es aber nicht nur, die Wissensentwicklung bei Einzelnen zu fördern, sondern auch die Verteilung von Wissen innerhalb des Unternehmens zu gewährleisten.

> „Bayer richtet ein Nachrichtenbureau ein, das die Abteilungen mit wissenschaftlichen und journalistischen Informationen versorgt und Verbindungen zur Presse herstellt."[555]

Die Versorgung mit Informationen beschränkte sich nicht nur auf allgemeine wissenschaftliche oder journalistische Informationen, sondern umfasste auch die Informationsverteilung der Inhalte sämtlicher Fachzeitschriften.

> „In den mit der Bibliothek verbundenen Lesezimmern liegen 460 regelmäßig erscheinende Fachzeitschriften zur Benutzung der Beamten auf. Ein Nachrichtenbureau übermittelt in schnellster Weise allen Abteilungen die für sie wichtigen neuesten Nachrichten."[556]

Im Zusammenspiel mit der Fabrikbibliothek spielte das Nachrichtenbüro für den Einsatz der Ressource Wissen eine große Rolle, sowohl im Bereich der Weiterbildung als auch auf dem Gebiet der Informations- beziehungsweise Wissensverteilung. Sämtliche Zeitschriften, die die Bibliothek abonniert hatte, wurden durchgesehen, der Inhalt nach einem wissenschaftlichen Schema registriert und wöchentlich den interessierten Abteilungen zur Verfügung gestellt. Der Wert der Zeitschriften-Abonnements konnte so deutlich gesteigert und den wissenschaftlich arbeitenden Mitarbeitern die Literaturrecherche erleichtert werden. Dabei wurden jedoch nicht nur Fachzeitschriften bearbeitet, sondern auch Zeitungen der ver-

---

[554] Vgl. ebd., S. 653f; Archivmaterial, Signatur 10/3.

[555] Verg, Erik; Plumpe, Gottfried; Schultheis, Heinz (1988): Meilensteine, 1906.

[556] Die Entwicklung: Der Farbenfabriken vorm. Friedr. Bayer & Co Elberfeld-Leverkusen, (1911), S. 11.

schiedenen politischen Richtungen auf relevante Mitteilungen hin untersucht. Nach der Verteilung dieses neu erworbenen Wissens im Unternehmen wurden die Informationen und Zusammenfassungen in Sammelmappen zentral für eine spätere Verwendung aufbewahrt. Darüber hinaus bot das Nachrichtenbüro einen weiteren Service, der heute als Newsletter bezeichnet werden würde. Jeder der den Wunsch äußerte, zu einem Thema fortlaufend informiert zu sein, erhielt prompt eine Mitteilung, wenn neue Literaturstellen dazu auftauchten. Dadurch wurde eine gezielte und kurzfristige Wissensverteilung sichergestellt.[557]

Lesekränzchen

Wie zuvor erläutert, spielte das Nachrichtenbüro bei der Wissensverteilung eine große Rolle. Innerhalb dieses Nachrichtenbüros waren zudem einige Assistenten damit beschäftigt, die chemische Literatur aus dem neuen Bibliotheksbestand zu sichten und durchzuarbeiten. Ein Extrakt dieser Studien wurde dann innerhalb eines Lesekränzchens präsentiert, so dass nicht jeder Mitarbeiter sämtliche Literatur studieren musste.

> „Mit der Entwicklung des wissenschaftlichen Laboratoriums wurde selbstverständlich auch dieser Bibliothek mehr Aufmerksamkeit zugewendet. Es wurde sogar, um gegenseitig anregend zu wirken, die Arbeit zu teilen und um eine vollkommene Kontrolle über die gesamte chemische Literatur zu erzielen, von mir ein Lesekränzchen gegründet. Hier verbrachte ich mit meinen Assistenten allwöchentlich einige Stunden, und jeder Teilnehmer hatte Referate über bestimmte Kapitel der Chemie zu übernehmen.“[558]

Diese Form der Arbeitsteilung stellte neben einer sehr schnellen Informationsverteilung auch eine nahezu vollständige und vor allem zielgerichtete Informationsverbreitung sicher, da die einzelnen Literaturgebiete präzise zwischen den beteiligten Mitarbeitern aufgeteilt wurden. Darüber hinaus boten diese persönlichen Veranstaltungen auch die Möglichkeit, sich über weitere Themengebiete auszutauschen.

Versammlungen und Konferenzen

Da die Informations- und Kommunikationstechnologie aber noch in den Anfängen stand, fand der Wissensaustausch häufig, in persönlichen Treffen statt. Die zuvor erwähnten Lesekränzchen stellten dabei eine strukturierte Methode des internen Wissensaustauschs dar, dank ihres Erfolgs wurden sie zu Konferenzen ausgeweitet.

---

557 Vgl. Geschichte und Entwicklung der Farbenfabriken vorm. Friedr. Bayer & Co. Elberfeld in den ersten 50 Jahren, (1918), S. 634f.

558 Ebd., S. 609.

„Das Lesekränzchen wird zur Chemiker-Konferenz erweitert. Alle vier Wochen berichten Chemiker über Neuheiten auf ihrem Gebiet.“[559]

Die betriebsinternen Chemikerkonferenzen ab dem Jahre 1891 zeichneten sich durch formale Zusammentreffen aus, die es sich zum Ziel gesetzt hatten regelmäßig über die Ereignisse und Forschungstätigkeiten des Laboratoriums zu berichten.

„Um auch diese Studien eines jeden auf seinem Gebiet den auf anderen Gebieten tätigen Chemikern behufs Anregung und Förderung bekannt zu geben, wurden allgemeine Chemikerkonferenzen eingeführt, die noch heute regelmäßig stattfinden und in denen jeder auf Grund eines vom Leiter des wissenschaftlichen Laboratoriums aufgestellten Programms zu referieren hat. Hand in Hand damit ging die Zuteilung der Literatur. Diese grossen, alle vier Wochen stattfindenden Chemikerkonferenzen, die sich somit aus dem früher erwähnten Lesekränzchen entwickelt haben und die ausserdem die Vorläufer der heutigen grossen kaufmännischen und technischen Konferenzen geworden sind, bilden ein wichtiges Glied in unserer, immer mehr und mehr ausgestalteten Organisation.“[560]

Neben diesen fachspezifischen Konferenzen wurden allgemeine Versammlungen abgehalten, um die Mitarbeiter auf dem aktuellen Stand der wirtschaftlichen Angelegenheiten zu halten.[561]

„Zur Förderung des Ganzen und jedes Einzelnen sollen sowohl in Elberfeld wie in Leverkusen die seit vielen Jahren erfolgreich durchgeführten wissenschaftlichen Konferenzen weiter gehalten und weiter ausgebildet werden. Ausserdem finden und zwar bis auf weiteres jeden Montag in Elberfeld und jeden Freitag in Leverkusen Versammlungen der sämtliche Betriebsführer von Elberfeld beziehungsweise Leverkusen statt, in der unter Vorsitz eines Direktors oder Abteilungsvorstandes die sämtlichen allgemeinen Fabrik- und Betriebsangelegenheiten zur Erörterung kommen.“[562]

Diese Konferenzen hatten vor allem den Vorteil, dass sie in regelmäßigen Abständen, zu bestimmten Zeitpunkten stattfanden und dass der grobe Ablauf vorgegeben war. So bestand die Möglichkeit, sich gezielt über bestimmte Themengebiete mittels dieser Konferenzen zu informieren. Die kaufmännischen und technischen Farbenkonferenzen sahen beispielsweise als Punkt der Tagesordnung grundsätz-

---

559 Verg, Erik; Plumpe, Gottfried; Schultheis, Heinz (1988): Meilensteine, 1891.

560 Geschichte und Entwicklung der Farbenfabriken vorm. Friedr. Bayer & Co. Elberfeld in den ersten 50 Jahren, (1918), S. 625.

561 Zur Bedeutung der Konferenzen und Ausschüsse siehe auch: Nieberding, Anne (2003): Dezentrale Zentralisation. Entscheidungsfindung bei den Farbenfabriken vorm. Friedr. Bayer & Co., S. 262f.

562 Quelle: Archivmaterial Denkschrift über die Organisation, Organisation der technischen Verwaltung, 1906, Signatur 10/3.

lich vor, über neue Produkte der Konkurrenz und derjenigen, die dagegen konkurrierten zu sprechen, um Gegenmaßnahmen zu diskutieren.[563] In den Konferenzen der Abteilungsvorstände standen hingegen anderen Themen im Vordergrund. So wurde dort unter Punkt drei über die gerichtlichen und patentamtlichen Entscheidungen sowie über die neu eingelaufenen Patentanmeldungen der Interessengemeinschaftsfirmen und der Konkurrenz berichtet.[564] Darüber hinaus wurden auch zahlreiche weitere Vortragsreihen initiiert, sowohl zu fachlich-chemischen Themen als auch beispielsweise zu volkswirtschaftlichen Fragestellungen, um so eine ganzheitliche Allgemeinbildung, insbesondere für die höheren Beamten, sicherzustellen.[565]

Arbeitsteilung und Teamarbeit

Die Zusammenarbeit verschiedener Mitarbeiter, wenn auch nur bedingt durch die räumliche Nähe, förderte zwangsläufig den Gedankenaustausch untereinander.

> „Die Enge in Elberfeld hatte Duisberg aber auch gezeigt, wie fruchtbar Gedankenaustausch und Zusammenarbeit sein kann."[566]

Es zeigte sich zudem, dass die Anordnung der Büros und der Arbeitsplätze entscheidend zu dieser Zusammenarbeit beitrugen. Diejenigen, die auf einem gleichen Arbeitsgebiet tätig waren, arbeiteten auch räumlich zusammen, um so von gegenseitigen Anregungen profitieren zu können. Die Erfahrung zeigte auch, dass es sinnvoll war, die Zimmer der Betriebsingenieure in die Nähe der Labors zu platzieren, um einen schnellen Informationsaustausch zu ermöglichen.

> „Die Erfahrungen in unseren Elberfelder Fabriken haben uns gelehrt, dass es das richtigste ist, die sämtlichen Chemiker, welche auf gleichartigen Gebiete tätig sind, in einem gemeinsamen Laboratorium unterzubringen, um damit sowohl ein Zusammenarbeiten der verschiedenen Herren zu ermöglichen, als auch vor allem durch gegenseitige Anregung jeden einzelnen zu fördern. Von diesem Gesichtspunkte aus ist es begreiflich, dass auch die Bureaus der Betriebsingenieure in unmittelbarer Nähe des chemischen Laboratoriums liegen, damit die Betriebschemiker in allen mechanischen Fragen jederzeit in direkte Führung mit dem Betriebsingenieur treten können."[567]

---

563 Quelle: Schemata für die kaufmännischen und technischen Farbenkonferenzen welche alle 14 Tage Mittwochs Vormittags 10 ½ stattfinden, Signatur 13.

564 Quelle: Schemata für die Konferenzen der Abteilungsvorstände der Rohstoff-, Zwischenprodukts- und Farbenabteilungen, welche alle 14 Tage Mittwochs Nachmittags um 4 Uhr stattfinden, Signatur 13.

565 Vgl. Caspari, Hugo (1909): Bildungsbestrebungen für die Werksangehörigen großer Firmen, S. 6f.

566 Verg, Erik; Plumpe, Gottfried; Schultheis, Heinz (1988): Meilensteine, 1891.

Auf Basis der bisher gesammelten Erfahrungen entstanden die Pläne für den Neubau des wissenschaftlichen Laboratoriums. Die Anordnung der dortigen Arbeitsplätze zielte in erster Linie auf die Ermöglichung von Teamarbeit – wenn auch nicht als solche bezeichnet – ab, nachdem sich gezeigt hatte, dass diese die Erfindertätigkeit in großem Maße befruchtete.

> „Plan für das neue Labor: Allen Details lag ein Gedanke zugrunde: die ‚Etablissementserfindung'; dies war ein Vorgriff auf den heute üblichen Begriff "Teamwork". Duisberg sah voraus, daß die Zeit der ‚Einzelkämpfer im Elfenbeinturm' zu Ende gehen mußte. Erfindungen würden, von Ausnahmen abgesehen, in Zukunft von einer Mannschaft gemacht werden, einem Team, damals Etablissement genannt."[568]

Als ein weiteres Beispiel für eine erfolgreiche Zusammenarbeit beschrieb Duisberg die des Ingenieurs mit dem Betriebsführer. Während der Chemiker den Verlauf des chemischen Prozesses zu beaufsichtigen hatte, war der zuständige Ingenieur verantwortlich, die benutzte Apparatur in Stand zu halten. Nur wenn diese beiden Hand in Hand arbeiteten, konnte die Ausbeute und die Qualität gesteigert sowie die Reparaturkosten minimiert werden, was sich wiederum auf den Herstellpreis positiv auswirkte.[569] Insgesamt konzentrierte sich die Teamarbeit also auf die Zusammenarbeit innerhalb der Forschung und der Produktion, dort wo das Unternehmen Synergieeffekte erwartete und weniger auf die Zusammenarbeit in den kaufmännischen Bereichen.

4.3.4. Wissensnutzung

Anreize zur Wissensnutzung – Vorschlagsystem

Durch die Belohnung der Mitarbeiter für die Entdeckung von Fehlern wurde auch damals schon eine präzise, fehlerfreie Arbeitsweise gefördert.

> „Handwerkerprämien; Handwerker, welche in Konstruktionszeichnungen und Materialzetteln, nach denen sie zu arbeiten haben, Unrichtigkeiten und Maßfehler finden, die auf die Ausführung von Einfluss sind, sollen eine Prämie erhalten, wenn sie auf solch Fehler rechtzeitig aufmerksam machen."[570]

---

567 Geschichte und Entwicklung der Farbenfabriken vorm. Friedr. Bayer & Co. Elberfeld in den ersten 50 Jahren, (1918), S. 657.

568 Verg, Erik; Plumpe, Gottfried; Schultheis, Heinz (1988): Meilensteine, 1891.

569 Vgl. Duisberg, Carl (1912): Die Wissenschaft und Technik in der chemischen Industrie mit besonderer Berücksichtigung der Teerfarbenindustrie, S. 3.

570 Quelle: Archivmaterial: Organisation allgemein, 1908, Signatur 10/4.

Zu den Prämien für die Fehlersuche bestand für die Mitarbeiter auch dann die Möglichkeit in den Genuss einer Prämie zu kommen, wenn sie umsetzbare Verbesserungsvorschläge einbrachten.

> „Prämien für Vorschläge: Wir haben beschlossen, brauchbare Vorschläge unserer sämtlichen Beamten und Arbeiter, soweit solche zu Verhütung von Unfällen dienlich sind oder zu Betriebsverbesserungen an Geräten, Werkzeugen oder Maschinen und Apparaten führen, je nach ihrem Wert durch entsprechende Prämien zu belohnen.“[571]

Dieses Prämiensystem konnte je nach Situation unterschiedlich ausgeprägt sein. Neben Prämien für Verbesserungsvorschläge jeglicher Art existierten auch Prämien für das Erreichen bestimmter Ziele und Vorgaben.

> „Die Direktion hat beschlossen, einen Preis von M. 20.000 auszuschreiben für die Erfindung eines vollwertigen Ersatzes für Kautschuk, in der Gestehung den Preis von M.10.-- p. kg. nicht überschreitend, bis zum 1. November 1909.“[572]

Zur Motivation der Mitarbeiter und zum Einsatz deren Wissens stellte das Aussetzen von finanziellen Anreizfaktoren eine effektive Möglichkeit dar, dies zeigt auch das folgende Zitat aus dem Jahr 1911.

> „Die beiden Techniker Voigt und Meyerhoff sollen für die von ihnen aufgefundenen Verbesserungen an Trockenplatten beziehungsweise Tonrohrverbindungen Prämien von je M. 500.- erhalten.“[573]

Der erste Mitarbeiter, der nach dem offiziellen Aufruf im Jahr 1909 einen Verbesserungsvorschlag einreichte, war der Schlosser Wilhelm Wolf. Er schlug vor, einen Entwässerungstopf für Dampfapparaturen anzuschaffen, um so Energie zu sparen und an Arbeitssicherheit zu gewinnen. Dieser Vorschlag wurde durch das Direktorium mit 100 Mark gewürdigt.[574] Bereits einige Jahre vor dem offiziellen Aufruf Verbesserungsvorschläge zu machen, rief das Direktorium im Jahr 1903 dazu auf, Maßnahmen vorzuschlagen, die der Einsparung von Arbeitskräften dienten. Für die Konstruktion geeigneter Maschinen und Einrichtungen wurden Prämien in Aussicht gestellt, die sich nach den Einsparungen richteten. Daraufhin reichte René Ott einen Vorschlag für eine Vorrichtung an den Färbebechern ein, wodurch es einem Mitarbeiter möglich wurde, statt acht nun 24 Becher zu bedienen. Dadurch konnte die Zahl der Arbeitskräfte allein in diesem Bereich um vier Mitarbeiter reduziert werden.[575] Ein weiteres Beispiel war im Bereich der pharmazeutischen Forschung zu finden. Dort wurde beispielsweise der Laborleiter an Er-

---

571 Quelle: Archivmaterial: Organisation allgemein, 1909, Signatur 10/4.

572 Quelle: Archivmaterial: Konferenzen, 1906, Signatur 13/4.

573 Quelle: Archivmaterial: Organisation allgemein, 1911, Signatur 10/4.

574 Vgl. Verg, Erik; Plumpe, Gottfried; Schultheis, Heinz (1988): Meilensteine, 1909.

findungen finanziell beteiligt, unabhängig davon ob er persönlich daran mitwirkte. Dies bedeutete, dass das Laboratorium in seiner Gesamtheit als Instrument der Erfindung angesehen wurde. Die Leistung des Leiters wurde daran gemessen, wie effizient er sein Labor organisierte und seine Mitarbeiter motivierte, an den entscheidenden Themen zu forschen.[576] Zu Beginn des 20. Jahrhunderts war es in allen forschungsintensiven Unternehmen üblich, dass die Wissenschaftler auch Bonuszahlungen bekamen, jedoch war Bayer das einzige Unternehmen, das den Bonus explizit an eine Erfindung koppelte.[577] Dabei gab es einerseits die zuvor erwähnte Prämien, die gezielt ausgesetzt worden waren und zum anderen die generelle Beteiligung an Erfindungen, wobei dieses in aller Regel durch den Arbeitsvertrag festgelegt wurde.[578]

Technologische Innovationen und Produktinnovationen

Die erfolgreiche Nutzung des Wissens zeigte sich beispielsweise in technologischen oder Produktinnovationen. Das Aspirin stellte für Bayer wohl die bedeutendste Innovation dar, wobei auch dieses Produkt durch Folgeinnovationen ständig weiter optimiert wurde.

> „Aspirin ist das erste wichtige Medikament, das als Tablette auf den Markt kommt. Das erspart die Verpackung der Einzeldosen in Papierbeuteln und senkt die Kosten um die Hälfte.“ [579]

Das Gebiet der Pharmakologie war aber nicht der einzige Geschäftsbereich in dem innovative Produkte entstanden. Insbesondere im Bereich der Farbenentwicklung verhalfen Innovationen Bayer, die Marktführerschaft zu übernehmen.

> „Erst mit dem Direkttiefschwarz E konnte Bayer die Führung auf dem Gebiet der Schwarzfarbstoffe dauerhaft für sich beanspruchen.“[580]

Neben der Entwicklung von bestimmten Farbstoffen war es aber auch von Bedeutung, die Qualität der Farbstoffe und der Färbung insgesamt zu optimieren, um den Kundennutzen an diesen Produkten zu steigern.

---

575 Quelle: An unsere Herren Chemiker und Ingenieure zu Elberfeld, Leverkusen & Barmen, 31.07.1909; An die Direktion der Farbenfabriken vor. Friedr. Bayer & Co, Signatur 52/1.

576 Vgl. Wimmer, Wolfgang (1994): Wir haben fast immer was Neues. Gesundheitswesen und Innovationen der Pharma-Industrie in Deutschland, 1880-1935, S. 125.

577 Vgl. Burhop, Carsten; Lübbers, Thorsten (2008): Incentives and Innovation?, S. 2.

578 Vgl. ebd., S. 9.

579 Verg, Erik; Plumpe, Gottfried; Schultheis, Heinz (1988): Meilensteine, 1899.

580 Ebd., 1898.

> „Die Farbenindustrie ist heute in der Lage, allen Ansprüchen in dieser Richtung zu genügen, und das Publikum kann echte Färbungen auf Stoffen, Teppichen und Tapeten ohne wesentliche Verteuerung bekommen, wenn es solche nur immer fordern würde.“[581]

Ein weiteres Produkt in dem die Wissensnutzung deutlich wurde, war technisch hergestellter Kautschuk.[582] Bayer hatte zuvor einen mit 20.000 Mark dotierten Preis ausgelobt, für die Entwicklung eines Verfahrens zu Herstellung von Kautschuk. Bedingung dafür war, dass der Einstandspreis bei höchstens zehn Mark pro Kilo Ware liegen durfte. Bis dahin wurde ausschließlich natürlicher Kautschuk, meist aus Brasilien, verwendet. Auf Grund seiner Knappheit erreichte dieser jedoch Preise bis zu 28 Mark je Kilogramm.[583]

Insgesamt gelang es Bayer durch permanente Produktinnovationen das langfristige Unternehmenswachstum zu sichern. Dabei war es wichtig technische Entwicklungen frühzeitig zu antizipieren und Forschung und Entwicklung in die entsprechende Richtung zu lenken. Ein charakteristisches Beispiel dafür war die Entwicklung des synthetischen Kautschuks zu einem Zeitpunkt als die Farbstoffe gerade ihren Höhepunkt erreicht hatten.[584]

Ein großer Unterschied zu den organisatorischen Innovationen war, dass die technologischen oder Produktinnovationen im Gegensatz dazu schnell für die Mitarbeiter und die Öffentlichkeit sicht- und nutzbar wurden.

Patente

Unter bestimmten Voraussetzungen ließen sich technologische Inventionen als Patent anmelden, mit dem Ziel die Erfindung vor Nachahmung zu schützen und gegebenenfalls zu einem späteren Zeitpunkt durch Lizenzierung daran zu verdienen. Denn ein Patent lohnte sich aus finanzieller Sicht nur dann, wenn das Unternehmen entweder ein Produkt daraus generierte und dadurch Einnahmen erzielte, oder wenn das Patent lizenziert wurde.[585] Eines von zahlreichen Patenten der Farbenfabriken war das bereits zuvor erläuterte Patent für ein Verfahren zur künstlichen Herstellung von Kautschuk, das im Jahr 1909 erteilt wurde.

---

581 Bericht des Vorstands und des Aufsichtsrates 1911, ohne Signatur.

582 Quelle: Bundesarchiv, Zeitungsartikel vom 30.04.1910, Signatur R8127/ 12616.

583 Vgl. Verg, Erik; Plumpe, Gottfried; Schultheis, Heinz (1988): Meilensteine, 1910.

584 Vgl. Schneider, Jürgen (1996): Wirtschaftsbürger und Unternehmer. Die Bedeutung von Produkt und Ausbildung am Beispiel der chemischen Industrie Deutschlands um 1900, S. 382, in: Möckl, Karl (Hg) (1996): Wirtschaftsbürgertum in den deutschen Staaten im 19. und beginnenden 20. Jahrhundert.

585 Vgl. Burhop, Carsten; Lübbers, Thorsten (2009): The Historical Market for Licenses, S. 5.

> „Am 12. September erhält Bayer als erstes Unternehmen weltweit ein Patent Verfahren zur Herstellung von künstlichem Kautschuk.“[586]

In knapp dreijähriger Forschungstätigkeit gelang es dem Forscherteam unter der Leitung von Fritz Hoffmann, reines Isopren zu synthetisieren und es anschließend zu polymerisieren. Jedoch führte erst die Weiterentwicklung zu Methylkautschuk im Folgejahr zu einer Verwendung in der Reifenindustrie.[587] Die Anzahl der bis zum Jahr 1911 eingereichten Patente spricht für sich.

> „Bisher sind von den Farbenfabriken über 6000 in- und ausländischen Patente entnommen worden.“[588]

In Bezug auf das Patentgesetz von 1891 ist anzumerken, dass gemäß Artikel 1, §1 Patente für die Erfindungen erteilt wurden, die eine gewerbliche Vermarktung gestatteten, ausgenommen davon waren jedoch Erfindungen von Arzneimitteln und Stoffen, welche auf chemischem Wege hergestellt worden sind, soweit die Erfindungen nicht ein bestimmtes Verfahren zur Herstellung der Gegenstände betrafen.[589] Das hieß, dass ein Stoff selbst nicht patentiert werden konnte, das Verfahren zur Herstellung jedoch schon. Dadurch wurde indirekt ein Anreiz für die weitere Forschung gegeben, um denselben Stoff mittels eines anderen Verfahrens herzustellen.[590] Das Patentwesen selbst stellte also zu dieser Zeit eine komplexe Wissenschaft dar. Grund dafür war, dass nach deutschem Recht eben nicht ein Stoff, sondern der Produktionsprozess zur Herstellung geschützt wurde. Dadurch wurden enorme Anforderungen an die Patentabteilung und die mit Patentrechtsangelegenheiten vertrauten Mitarbeiter gestellt, die für die Dokumentation und Beantragung zuständig waren.[591] Da längst nicht alle Inventionen und Innovationen patentierbar waren, gab die Anzahl der Patente nur einen Einblick in das Ausmaß der Wissensnutzung aber auch der Wissensgenerierung der Farbenfabriken Bayer zu Beginn des 20. Jahrhunderts. Es galt jedoch zu beachten, dass das Patentrecht, wie zuvor erläutert, beispielsweise Arzneimittel und deren Wirkung ausdrücklich

586 Vgl. Verg, Erik; Plumpe, Gottfried; Schultheis, Heinz (1988): Meilensteine, 1909.

587 Ebd., 1910.

588 Die Entwicklung: Der Farbenfabriken vorm. Friedr. Bayer & Co Elberfeld-Leverkusen, (1911), S. 9.

589 Quelle: Reichsgesetzblatt 1891, Nr.. 12, Seite 79 – 90, siehe dazu auch Reichspatentamt (Hg) (1927): Das Reichspatentamt 1877-1927, Rückblick auf sein Werden und Wirken.

590 Vgl. Thissen, Franz (1922): Die Stellung der deutschen Teerfarbenindustrie in der Weltwirtschaft, S. 3f.

591 Vgl. dazu u.a. Zimmermann, Paul (1965): Patentwesen in der Chemie. Ursprünge, Anfänge, Entwicklungen. Kuczynski, Thomas (1970): Die Stellung der deutschen Teerfarbenindustrie zum Stoff- und Verfahrenspatent bis zum zweiten deutschen Patentgesetz von 1891, S. 115f.

ausnahm.[592] So konnten die pharmazeutischen Firmen ihre Produkte nur durch den Schutz des Markennamens vor Apothekerwaren und Konkurrenzprodukten schützen.[593] Daher war es um so wichtiger, durch starke Marken eine Bindung der Kunden zu erreichen. Für die Farbenfabriken zählte sicherlich das Aspirin zu den erfolgreichsten Marken. Natürlich gab es aber auch Produkte mit einem zweifelhaften Erfolg. So mischte Felix Hoffman zwei Jahre bevor er das Aspirin erfand, 1897, das Schmerzmittel Heroin. Das zunächst sehr erfolgreiche Pharmazeutikum, das laut Bayer fast gegen alles half, gelang Jahre später dann als Droge stark in Verruf.[594] Wobei eine Schwierigkeit der Patenterteilung darin lag, dass dieses in der Regel auf das Unternehmen und nicht auf den Wissenschaftler lautete. Dadurch bestand für die Wissenschaftler nur ein geringer Anreiz ein Patent zu entwickeln.[595] Dennoch gelang es Bayer, im Vergleich zu den Konkurrenten, die meisten wertvollen Patente zu schaffen, wodurch Bayer als innovativste Firma bezeichnet werden kann. Ein Grund dafür lag sicherlich in den zuvor beschriebenen expliziten Anreizsystemen, die das Unternehmen seinen Wissenschaftlern bot.[596]

Organisatorische Innovationen

Es gab neben den offensichtlichen technologischen Innovationen auch zahlreiche organisatorische Innovationen innerhalb des Unternehmens. Die Gründung eines zentralen wissenschaftlichen Laboratoriums stellte beispielsweise eine solche organisatorische Innovation dar.

> „Duisberg war schon sehr bald nach seinem Eintritt in die Firma klar geworden, daß sich die Farbenfabriken auf die Dauer nur erfolgreich entwickeln konnten, wenn man ein zentrales wissenschaftliches Laboratorium einrichten würde, in dem sich ein Stab von Forschern, unabhängig von den alltäglichen Betriebsproblemen, auf neue Gebiete vorwagen kann."[597]

Neben dem wissenschaftlichen Laboratorium bestand seit 1890 ein eigenes pharmakologisches Institut, wobei zu diesem Zeitpunkt keine deutschsprachige Universität eine entsprechende Einrichtung besaß.[598]

---

592 Siehe dazu Fleischer, Arndt (1984): Patentgesetzgebung und chemisch-pharmazeutische Industrie im deutschen Kaiserreich, S. 128f.

593 Vgl. Wimmer, Wolfgang (1991): Tradition und Transformation: Die Pharmazeutische Industrie in einem ständisch geprägten Markt, S. 194.

594 Vgl. Evers, Marco (2000): Viel Spaß mit Heroin, S. 184f.

595 Vgl. Burhop, Carsten; Lübbers, Thorsten (2008): Incentives and Innovation?, S. 2.

596 Vgl. ebd., S. 15f.

597 Verg, Erik; Plumpe, Gottfried; Schultheis, Heinz (1988): Meilensteine, 1891.

598 Vgl. Schadewaldt, Hans (1990): 100 Jahre Pharmakologie bei Bayer 1890-1990, S. 8.

Die Innovation beschränkte sich hierbei nicht allein auf den Bau eines solchen Laboratoriums, sondern setzte sich bei der Ausgestaltung der Arbeitsorganisation innerhalb des Labors fort.

> „Der Bau des neuen wissenschaftlichen Laboratoriums: Um aber dem Chemiker doch wieder die Möglichkeit zu geben, bei seinen Arbeiten allein zu sein und alle für ihn erforderlichen Einrichtungen zur Verfügung zu haben, kam ich beim Entwerfen des neuen Laboratoriums auf das Box-System. Jeder Chemiker hat dabei sein Laboratorium mit allem, was er an Chemikalien, Energien, Geräten und Apparaten braucht für sich, ist aber von seinem Nachbarn nur durch undurchsichtige Wände der Reagenzsgestelle getrennt und kann sich jeden Augenblick, wenn es ihm beliebt, zu diesem begeben, sich mit ihm unterhalten und dessen Hilfe und Unterstützung anrufen. Dieses Prinzip, das ausserdem äusserst ökonomisch und platzsparend ist, hat sich so gut bewährt, dass es trotz vieler Versuche, andere Konstruktionen an seine Stelle zu setzen, heute bei uns für alle Arten von Laboratorien vorbildlich geworden ist, so dass ich es auf Grund meiner eigenen Erfahrungen nur aufs wärmste empfehlen kann.“[599]

Neben der Neuorganisation des wissenschaftlichen Laboratoriums gab es noch weitere organisatorische Innovationen. Die Gründung eines Patentbüros im Jahr 1891 zur effektiven und effizienten Abwicklung von Patentangelegenheiten war ebenfalls eine organisatorische Innovation.

> „Eine Neuorganisation des Patentbureaus stellte sich als notwendig heraus. Auch hatte es sich allmählich als erwünscht erwiesen, im Interesse einer möglichst einheitlichen Sachbehandlung die Patentangelegenheiten nicht mehr im Nebenamt bearbeiten zu lassen, sondern dieselben möglichst in einer Hand zu vereinigen.“[600]

Eine weitere organisatorische Innovation war die Umstellung von einer manuellen auf eine maschinelle Buchhaltung. 1911 richteten die Farbenfabriken als erste private Gesellschaft eine eigene Lochkartenabteilungen ein. Damit verbunden war die Auflösung des gebundenen Kontokorrentbuches durch das Loseblatt-System. Dadurch war es möglich, die Kosten schlagartig um ein Drittel zu senken. Zudem setzte Bayer solche Rechenmaschinen ein, um die Umsatzzahlen der vielen weltweit vertriebenen Farbprodukte statistisch auszuwerten und konnte so eine Überblick über das stetig wachsenden Unternehmen behalten.[601] Auch wenn die organisatorischen Neustrukturierungen in der Öffentlichkeit nicht als Innovationen bekannt waren, so lieferten sie doch die Basis für die Entstehung von technologischen Innovationen. Innovativ war zudem auch, dass wissenschaftlich ausgebildete Chemiker neben der Produktentwicklung auch Aufgaben auf dem Gebiet der

---

599 Geschichte und Entwicklung der Farbenfabriken vorm. Friedr. Bayer & Co. Elberfeld in den ersten 50 Jahren, (1918), S. 625.

600 Ebd., S. 527.

601 Vgl. ebd., S. 485f.

Qualitätskontrolle oder der juristischen Vertretung des Unternehmens nach außen, zum Beispiel für Patentrechtsangelegenheiten, wahrnahmen. Vor dem Eintritt Duisbergs waren die Chemiker zunächst nur im Bereich der Qualitätsendkontrollen tätig.[602] Auf Grund dieser organisatorischen Strukturen konnte durchaus von einer Verwissenschaftlichung des Unternehmens gesprochen werden.[603] Auch wenn in den Unterlagen kein direkter Hinweis auf die Einführung des Taylorsystems gefunden werden konnte, so korrelierten die getroffenen Maßnahmen doch in einem gewissen Maße damit. Die zuvor beschriebene Verwissenschaftlichung der Forschung lässt sich in das System der Trennung von Kopf- und Handarbeit nach Taylor einordnen. Der Markt forderte von den Unternehmen beschleunigte und vor allem bewusst veranlasste Produkt- und Prozessinnovationen, dafür bildeten die organisatorischen Innovationen einen fruchtbaren Nährboden.

4.3.5. Bindung der Wissensträger

Neben den nachstehenden Anreizen zur Bindung der Wissensträger an das Unternehmen trug auch ganz allgemein das gute Betriebsklima zu einer niedrigen Fluktuation bei. So gab es beispielsweise einen Sozialsekretär, dessen Aufgabe es war, etwaige Differenzen zwischen Arbeitern und Betriebsbeamten zu schlichten, eine Aufgabe, die heute einem Mediator zukommen würde.[604] Die nachfolgenden Ausführungen geben einen Überblick über die betriebliche Sozialpolitik, die auf eine längerfristige Bindung der Mitarbeiter und so auf die Schaffung von Stabilität abzielte. Sie entstand demnach nicht nur auf Basis einer modernen Unternehmenskultur, sondern auch auf Grund von nüchternen Kosten-Nutzen-Abwägungen.[605] Bestimmte Mitarbeitergruppen, insbesondere aus dem Bereich der Forschung, hatten unternehmensspezifisches Wissen erworben, welches schwer substituierbar war.

Finanzielle Anreize

Es bestanden in vielerlei Hinsicht finanzielle Anreize, um die Mitarbeiter an das Unternehmen zu binden. Die Gewährung einer Tantieme richtete sich vor allem

---

602 Vgl. Meyer-Thurow, Georg (1982): The Industrialization of invention, S. 365.

603 Vgl. Engel, Alexander (2005): Produktionssysteme im Wettstreit. Wissensorganisation im Kampf um den Weltmarkt für Indigo, 1880-1910, S. 103.

604 Quelle: Bundesarchiv, Zeitungsartikel vom 01.10.1900, Signatur R8127/ 12616.

605 Vgl. Nieberding, Anne (2003): Unternehmenskultur im Kaiserreich. J.M. Voith und die Farbenfabriken vorm. Friedr. Bayer & Co, S. 372.

an die wissenschaftlichen Mitarbeiter und schaffte somit einerseits den Anreiz Wissen einzusetzen und anderseits im Unternehmen zu verbleiben.

> „Als Laborchef, setzte er durch, daß die Erfinder eine Tantieme von drei Prozent vertraglich zugesichert bekamen. Und so kam es, daß es Tage gab, an denen drei Patente als Früchte des Wissenschaftlichen Hauptlabors angemeldet wurden.“[606]

Im Gegensatz zu den finanziellen Anreizen für eine bestimmte Zielgruppe, richtete sich die Dienstaltersprämie an alle Mitarbeiter.

> „Schon 1897 wurde eine Dienstalterprämie eingeführt, wachsend von einem Jahr Betriebszugehörigkeit bis zur Pensionierung.“[607]

Einen weiteren Anreiz stellte der bezahlte Urlaub dar, der allen Mitarbeitern nach einer gewissen Betriebszugehörigkeit gewährt wurde.

> „Bezahlter Urlaub wurde eingeführt, der zunächst den älteren Betriebsangehörigen zugute kam: Wer fünf Jahre im Betrieb war, hatte Anspruch auf einen Urlaubstag. Für jede weiteren fünf Jahre kam ein Urlaubstag dazu, bis zu insgesamt sieben.“[608]

Indirekte finanzielle Anreize gab es darüber hinaus in Form einer Jugend- und Alterssparkasse. Letztere galt für Mitarbeiter die länger als ein Jahr im Dienste der Farbenfabriken standen. Sie verpflichteten sich bis zum 25. Dienstjahr in diese Kasse einzuzahlen. Dafür erhielten sie 5 Prozent Verzinsung[609] sowie weitere Zuschüsse vom Unternehmen. Die Jugendsparkasse war eine Art Zwangsspareinrichtung für junge Arbeiter und Arbeiterinnen, damit diese Kapital für einen eigenen Haushalt ansparen konnten. Die dafür gewährte Verzinsung betrug 6 Prozent.[610] Diese unterschiedlichen direkten und indirekten Anreize trugen auch dazu bei, dass die Fluktuation gering blieb.

Freizeitgestaltung

Die schlechte Infrastruktur im Umland beziehungsweise die abgelegene Lage der Farbenfabriken erforderte ein hohes Angebot an Freizeitmöglichkeiten, um die Mitarbeiter am Standort zu halten. Ein Turn- und Sportverein ermöglichte dabei

---

606 Bericht der Direction und des Aufsichtsrathes 1891, ohne Signatur.

607 Verg, Erik; Plumpe, Gottfried; Schultheis, Heinz (1988): Meilensteine, 1897.

608 Ebd., 1905.

609 Zum Vergleich: Die Rendite auf festverzinsliche Wertpapiere betrug im Jahr 1910 3,8 Prozent. Zu weiteren historischen Zinssätzen siehe Deutsche Bundesbank (Hg) (1976): Deutsches Geld- und Bankwesen in Zahlen 1876-1975, S. 278.

610 Vgl. Die Entwicklung: Der Farbenfabriken vorm. Friedr. Bayer & Co Elberfeld-Leverkusen, (1911), S. 14.

allen Mitarbeitern, sowie deren Familien die Möglichkeit, sich in ihrer Freizeit gemeinsam sportlich zu betätigen.

> „Wilhelm Hausschild hieß der Mann, der 170 Unterschriften sammelte und sie am 27. November 1903 der Bayer-Direktion mit der Bitte überreichte, die Gründung eine Turn- und Spielvereins der Farbenfabriken vorm. Friedr. Bayer & Co. Zu unterstützen. Das kam der Direktion nicht ungelegen, machte man sich doch schon seit längerem Gedanken, wie man den Arbeitern das Leben in den abgelegenen Orten attraktiver gestalten konnte. Der Verein in Leverkusen wurde 1904 gegründet.“[611]

Neben der sportlichen Freizeitgestaltung verlangten die Mitarbeiter auch nach einer populärwissenschaftlichen Unterhaltung. Die Aktivitäten zur Förderung des Betriebsklimas gingen also nicht allein von den Farbenfabriken aus, sondern wurden auch gezielt von den Arbeitern eingefordert, so dass beide Seiten an diesem Prozess beteiligt waren. Das Erholungshaus bot dazu verschiedene Veranstaltungsreihen an.

> „Für die Arbeiter ist ein Erholungshaus verbunden mit einer Festhalle, die für 1200 Personen Raum gewährt und zur Abhaltung von Fabrik- und Vereinsfestlichkeiten, sowie als Turnhalle dient, im Laufe des Jahres 1908 eröffnet worden. Im Erholungshause werden von beiden durch den Leiter des Bildungswesens populär-wissenschaftliche Vorträge, Unterhaltungsabende, Konzertvorträge, Aufführungen von Klassikern, für sämtliche Werksangehörige veranstaltet.“[612]

Die Grundvoraussetzung für das Wohlbefinden der Mitarbeiter am Standort war eine angenehme Wohnsituation, daher förderte Bayer den Wohnbau am Standort in erheblichem Maße.

> „Auch in diesem Jahr hat sich die Zahl unserer Arbeiterhäuser wieder um 10 mit 40 diesbezüglichen Wohnungen, diejenigen der Beamtenhäuser um 8 Stück vermehrt; ebenso wurde das Junggesellenheim durch einen Anbau zur Aufnahme von weiteren 96 Arbeitern vergrößert.“[613]

Ein weiterer Baustein zu Verbesserung der Infrastruktur war die Gründung eines eigenen Kaufhauses im Jahr 1895.

> „1895 wurde der Konsumverein gegründet, aus dem sich später über die Konsumanstalt das Bayer-Kaufhaus entwickelte. Viele andere Einrichtungen, die die Belegschaft an ihr Werk und ihre Stadt binden sollten, folgten im Laufe der Jahre.“[614]

---

611 Verg, Erik; Plumpe, Gottfried; Schultheis, Heinz (1988): Meilensteine, 1904.

612 Die Entwicklung: Der Farbenfabriken vorm. Friedr. Bayer & Co Elberfeld-Leverkusen, (1911), S. 17.

613 Bericht der Direction und des Aufsichtsrathes 1899, ohne Signatur.

614 Verg, Erik; Plumpe, Gottfried; Schultheis, Heinz (1988): Meilensteine, 1895.

Die Maßnahmen zur Verbesserung der Infrastruktur, von den Farbenfabriken als Wohlfahrtseinrichtungen bezeichnet, deckten zahlreiche Lebensbereiche ab. Im Bereich Wohnen und Essen zählten dazu die Arbeiterwohnungen, das Junggesellenwohnheim, ein Mädchenwohnheim, die Speiseanstalt oder aber auch die Badeeinrichtungen. Für die Weiterbildung in der Freizeit gab es zahlreiche Angebote, sie reichten von Klöppelunterricht über eine Handarbeitsschule hin zu einem Orchesterverein. Um geeignete Räumlichkeiten für die Freizeitgestaltung zu haben, wurde eigens ein Erholungshaus errichtet. Zudem gab es ein eigenes Kaufhaus, so dass es den Mitarbeitern an diesem eher abgelegenem Ort an nichts fehlte, zudem konnten die Waren dort vergünstigt erworben werden. Ziel dieser Maßnahmen war es, dass sich die Mitarbeiter und deren Familien am Standort heimisch und wohl fühlten.[615]

Gesundheit

Für die Sicherstellung einer leistungsstarken Belegschaft war die Gesundheit der Mitarbeiter von großer Bedeutung. Daher beschäftigte Bayer bereits seit dem Jahr 1889 einen eigenen Werksarzt und unterhielt eine eigene Polyklinik.

> „Es war schon bemerkenswert, daß Bayer 1889 einen eigenen Arzt einstellte und in Elberfeld eine Poliklinik einrichtete.“[616]

Die Sicherstellung der medizinischen Versorgung der Mitarbeiter förderte nicht nur deren Gesundheit, sondern trug ebenfalls zu einer niedrigen Fluktuation bei. Dazu unterhielt das Unternehmen auch ein Wöchnerinnenheim. Dort wurden die Ehefrauen der Arbeiter kostenlos aufgenommen, für die Zeit der Entbindung bis zur Genesung.[617] Zum Thema Gesundheit gehörten aber auch die moderaten und arbeiterfreundlichen Arbeitsbedingungen, für die sich insbesondere Carl Duisberg einsetzte. In Bezug auf die Arbeitszeit bedeutete dies, dass sie von ursprünglich 12 und mehr Stunden auf 9 Stunden im Jahr 1905 gesenkt wurde.[618] Zwar wurden im Kaiserreich auch verschiedenen Maßnahmen zum Schutze der Arbeiter gesetzlich geregelt, insbesondere durch die Gewerbeordnung. In Bezug auf die Arbeits-

---

615 Anmerkung: Einen raschen Überblick über sämtliche Wohlfahrtseinrichtungen ist z.B. hier zu finden: Bayer, Friedrich (1910): Wohlfahrtseinrichtungen der Farbenfabriken vormals Friedrich Bayer & Co.

616 Verg, Erik; Plumpe, Gottfried; Schultheis, Heinz (1988): Meilensteine, 1898.

617 Vgl. Die Entwicklung: Der Farbenfabriken vorm. Friedr. Bayer & Co Elberfeld-Leverkusen, (1911), S. 15.

618 Vgl. Flechter, Hans-Joachim (1960): Carl Duisberg. Vom Chemiker zum Wirtschaftsführer, S. 159f.

zeiten verboten diese jedoch lediglich gewisse Arbeiten für Kinder und Frauen. Das Arbeiterschutzgesetz vom 1. Juni 1891 besagte, dass Kinder unter 13 Jahren nicht in Fabriken beschäftigt werden durften, Sonntagsarbeit für Kinder verboten war, Kinder von 13 bis 14 Jahren maximal sechs Stunden, Jugendliche bis 16 Jahren zehn Stunden täglich arbeiten durften, Nachtarbeit für Jugendliche untersagt war und die Arbeitszeit für Frauen auf elf Stunden täglich begrenzt war. Von einer tägliche Höchstarbeitszeit im Allgemeinen war dort nicht die Rede.[619]

Zudem wurde bei der Ausgestaltung der Arbeitsräume darauf geachtet, dass sie genug Licht erhielten, die Maschinen und Anlagen sicher aufgestellt wurden und dass es an geeigneten Stellen entsprechend große Türen gab, um bei eintretender Gefahr möglichst schnell das Gebäude verlassen zu können. Zudem standen für die Arbeiter Wasch- und Baderäume zur Verfügung, wodurch ein gewisser Grad an Hygiene sichergestellt werden konnte.[620]

Insgesamt trugen all diese Maßnahmen auch dazu bei, dass die Beschäftigten so in die unternehmerischen Sinnkonstruktionen eingebunden wurden, dass ein Wir-Gefühl entstand und sie freiwillig auf egoistisches Verhalten verzichteten.[621] So stellte auch Wolfram Fischer fest, dass dieses Maßnahmen der betrieblichen Sozialpolitik insbesondere dazu dienten, eine Arbeiter- und Angestelltenstamm heranzuziehen, auf den sich die Firma in jeder Situation verlassen konnte.[622]

4.4. Wissensbilanz – Wissen als Kapital

Humankapital

Die folgende Graphik gibt einen Überblick über die Entwicklung der Mitarbeiterzahlen.

Jahr	Mitarbeiterzahl	Prozentualer Anteil Akademiker
1893	2.000	2,60
1894	2.000	3,55
1895	2.100	Keine Werte
1896	3.155	3,93

619 Vgl. Reichsgewerbeordnung vom 01.Juni 1891.

620 Vgl. Flechter, Hans-Joachim (1960): Carl Duisberg. Vom Chemiker zum Wirtschaftsführer, S. 159f.

621 Vgl. Nieberding, Anne (2003): Unternehmenskultur im Kaiserreich. J.M. Voith und die Farbenfabriken vorm. Friedr. Bayer & Co, S. 110.

622 Vgl. Fischer, Wolfram (1978): Die Pionierrolle der betrieblichen Sozialpolitik im 19. und beginnenden 20. Jahrhundert, S. 39.

1897	3.642	2,66
1898	3.675	Keine Werte
1899	4.500	2,42
1900	4.630	Keine Werte
1901	5.000	3,68
1902	5.620	3,43
1903	6.540	3,10
1904	6.723	3,21
1905	6.804	Keine Werte
1906	7.049	Keine Werte
1907	7.365	3,18
1908	7.811	3,33
1909	7.833	Keine Werte
1910	8.329	Keine Werte
1911	9.727	3,53
1912	9.180	3,32
1913	10.012	4,12

Abbildung 20: Anteil der Akademiker an der Gesamtbelegschaft[623]

Die Quellen verdeutlichen, dass sich die Belegschaft im Zeitraum von 1893 bis 1913 verfünffachte und der Anteil der Akademiker an der Gesamtbelegschaft verachtete. Der gestiegene Anteil der Mitarbeiter mit akademischer Bildung spiegelt den damit verbundenen Anstieg des Humankapitals und der Verwissenschaftlichung wider.

Der Anteil der Akademiker, die insbesondere in der Führungsschicht und der Forschung tätig waren, war ein Indikator für das Humankapital der Farbenfabriken. Die Ergebnisse zeigten, dass es einzelne Fälle gab, die im besonderen Maße die Kompetenz der Mitarbeiter widerspiegelten. So erhielten im Jahre 1904 zwei Techniker für ihre Erfindung, beziehungsweise Optimierung der Trockenplatten sowie Optimierung von Tonrohrverbindungen, Prämien im Wert von 500 Mark. Die zahlreichen Ideen die im Rahmen dieser Prämienoffensive eingereicht wurden, sprachen für das vorhandene Know-how der Mitarbeiter.

> „Die beiden Techniker Voigt und Meyerhoff sollen für die von ihnen aufgefundenen Verbesserungen an Trockenplatten beziehungsweise Tonrohrverbindungen Prämien von je M. 500.- erhalten."[624]

Insbesondere das spezifische Wissen einzelner Mitarbeiter, das zum Teil explizit durch Neueinstellungen erworben wurde, bildete die Basis des Humankapitals der

623 Quelle: Archivmaterial Organisation/ Statistik Signatur 10/1.

624 Wiederholung des Zitats von Fußnote 573, da der Inhalt zu zwei Kategorien zugeordnet werden kann. Quelle: Archivmaterial Organisation allgemein 10/4, 1904.

Farbenfabriken. Das bereits vorhandene Know-how der neuen Wissenschaftler erweiterte so in sehr kurzer Zeit die eigene Wissensbasis des Unternehmens.

> „Bei seinem Übertritt aus der akademischen Laufbahn in den Dienst der Farbenfabriken als Leiter ihres pharmakologischen Laboratoriums brachte Professor Dreser bereits gewisse Vorarbeiten mit, die ursprünglich zu einem bislang noch fehlenden speziellen pharmakologischen Studium der Atemwirkung des Opiumalkaloides Codein bestimmt waren.“[625]

Carl Duisberg, dessen Name unzertrennlich mit den Farbenfabriken verbunden war, da so gut wie jede Entwicklung des ausgehenden 19. Jahrhunderts mit seinem Namen in Verbindung gebracht wurde, verkörperte einen Großteil dieses Humankapitals. Es waren aber nicht nur die technischen Innovationen, die sein Wissen verdeutlichten, sondern vor allem die organisatorischen Veränderungen, durch die er seine Kompetenz und sein innovatives Denken zum Ausdruck brachte.[626]

> „Duisberg war schon sehr bald nach seinem Eintritt in die Firma klar geworden, daß sich die Farbenfabriken auf die Dauer nur erfolgreich entwickeln konnten, wenn man ein zentrales wissenschaftliches Laboratorium einrichten würde, in dem sich ein Stab von Forschern, unabhängig von den alltäglichen Betriebsproblemen, auf neue Gebiete vorwagen kann.“[627]

Die Untersuchungsergebnisse zeigten, dass sich das Humankapital der Farbenfabriken zum Ende des 19. Jahrhunderts auf einzelne, wenige Personen, wie zum Beispiel Duisberg, Hoffman, Dreser und Eichengrün konzentrierte. Insbesondere der praxisbezogene, technische Sachverstand von einzelnen Ingenieuren trug entscheidend zum Erfolg bei. Dieser war vor allem dazu notwendig, um Entdeckungen in erfolgreiche Innovation zu transformieren. Diese Art des Wissens konnte aber nur in der Betriebspraxis erworben werden.[628] Einen weiteren Aspekt des Humankapitals bildete der Vorstand, der damals wie heute, nie ausschließlich aus Kaufleuten bestand. Es stand immer mindestens ein Chemiker beziehungsweise Naturwissenschaftler mit an der Spitze des Unternehmens, dadurch gelang es Weitsicht für technologische Entwicklungen und Innovationen zu beweisen.

---

625 Wiederholung des Zitats von Fußnote 516, da der Inhalt zu zwei Kategorien zugeordnet werden kann. Geschichte und Entwicklung der Farbenfabriken vorm. Friedr. Bayer & Co. Elberfeld in den ersten 50 Jahren, (1918), S. 419.

626 Anmerkung: Carl Duisberg war auf sämtlichen Gebieten in seinem Denken und seinen Ideen seiner Zeit voraus. Sie dazu u.a. Flechter, Hans-Joachim (1981): Carl Duisberg. Schütz, Dieter(1994): Bayer als Mäzen.

627 Wiederholung des Zitats von Fußnote 579, da der Inhalt zu zwei Kategorien zugeordnet werden kann. Verg, Erik; Plumpe, Gottfried; Schultheis, Heinz (1988): Meilensteine, 1891.

628 Vgl. Klotzsche, Mario (2009): Indigo und die schweizerische Farbenindustrie, S. 25.

Strukturkapital

Die beiden folgenden Ergebnisse verdeutlichen, dass die Farbenfabriken bereits zur Zeit der Industrialisierung über ein breites Strukturkapital verfügten. Im Jahre 1910 besaß Bayer mehr als 6000 Patente im In- und Ausland. Eines davon bezog sich auf das Verfahren zur Herstellung von künstlichem Kautschuk, die den Farbenfabriken weltweit als erstes Unternehmen gelang.

> „Bisher sind von den Farbenfabriken über 6000 in- und ausländischen Patente entnommen worden.“[629]

> „Am 12. September erhält Bayer als erstes Unternehmen weltweit ein Patent Verfahren zur Herstellung von künstlichem Kautschuk.“[630]

Neben den Patenten bildeten erfolgreiche Produkte und Marken das Strukturkapital. Aspirin, das den Untersuchungsergebnissen zufolge bekannteste Medikament und die erfolgreichste Marke wurde 1899 auf den Markt gebracht. Die Innovation bestand nicht nur in der medizinischen Wirkung, sondern insbesondere auch in der Verpackung, denn es wurde in Form von Tabletten dargereicht.

> „Aspirin ist das erste wichtige Medikament, das als Tablette auf den Markt kommt. Das erspart die Verpackung der Einzeldosen in Papierbeuteln und senkt die Kosten um die Hälfte.“[631]

Die Ergebnisse zeigten, dass es vor allem Patente waren, durch die sich das Strukturkapital auszeichnete, daneben gab eine Reihe von erfolgreichen Produkten und Marken, wobei Aspirin nur eines davon war. Das Strukturkapital erforderte aber auch eine gewisse Zahl an Mitarbeitern, die es steuerten und fortführten. So mussten auch die zahlreichen Innovationen, insbesondere auf dem Gebiet der Farben, vermarktet werden, wofür zahlreiche kaufmännische Vertriebsmitarbeiter notwendig waren. Die Theorie besagt, dass für den Fall, dass Innovationen auf einem Gebiet weniger werden, kontinuierlich mehr Mitarbeiter notwendig sind, um für einen steigenden Absatz zu sorgen, wodurch die Innovationen weniger profitabel werden. Entscheidend war aber, dass dieser Trend bei den Farbenfabriken, im Gegensatz zu anderen Unternehmen der chemischen Industrie, nicht dauerhaft anhielt. Durch einen Strukturwandel auf dem Gebiet der Patente, weg von Patenten

---

[629] Wiederholung des Zitats von Fußnote 588, da der Inhalt zu zwei Kategorien zugeordnet werden kann. Die Entwicklung: Der Farbenfabriken vorm. Friedr. Bayer & Co Elberfeld-Leverkusen, (1911), S. 9.

[630] Wiederholung des Zitats von Fußnote 586, da der Inhalt zu zwei Kategorien zugeordnet werden kann. Verg, Erik; Plumpe, Gottfried; Schultheis, Heinz (1988): Meilensteine, 1909.

[631] Wiederholung des Zitats von Fußnote 579, da der Inhalt zu zwei Kategorien zugeordnet werden kann. Ebd., 1899.

auf dem Gebiet der synthetischen Farbstoffe und hin zu Entwicklungen im Bereich des synthetischen Kautschuks, schafften es die Farbenfabriken den Abwärtstrend der Innovationskraft umzukehren.[632]

Beziehungskapital

Das Beziehungskapital der Farbenfabriken Bayer konzentrierte sich zum Ende des 19. Jahrhunderts auf Kooperationen mit einzelnen Unternehmen, Spezialisten oder Universitäten. So gab es beispielsweise 1896 ein Abkommen mit der Agfa in Bezug auf die Produktion von Kongorot und Benzopurpurin, dass für beiden Unternehmen nur Vorteile brachte.

> „Die Zusammenarbeit zwischen den Farbenfabriken Bayer und der Agfa bewährte sich zu beider Zufriedenheit. Beide produzierten Kongorot und Benzopurpurin, und beide fuhren gut dabei."[633]

Kurz nach der Jahrhundertwende nahm das Beziehungskapital drastisch zu. Mit der Gründung der Interessengemeinschaft wurden die Beziehungen zwischen den Farbenfabriken Bayer, der BASF und der Agfa manifestiert und wirkten sich schließlich positiv auf alle Unternehmen aus.

> „Das erste Geschäftsjahr unserer Interessengemeinschaft mit der Badischen Anilin- & Sodafabrik in Ludwigshafen a./Rh. und der Aktiengesellschaft für Anilinfabrikation in Berlin hat den Beweis erbracht, dass die Grundlage der Interessengemeinschaft eine gesunde ist."[634]

Bereits 1907 waren die Farbenfabriken Bestandteil von mehr als 25 Kartellen und Organisationen.

> „Heute sind die Farbenfabriken Mitglieder von ungefähr 25 Kartellen, die in ihrer Organisation fast sämtliche gebräuchliche Arten von Syndikaten vereinigen."[635]

Darüber hinaus waren die Farbenfabriken aber auch Mitglied in zahlreichen Vereinigungen und Verbänden, wie zum Beispiel der Gesellschaft deutscher Chemiker. Die Untersuchung zeigte, dass das Beziehungskapital in der ersten Untersuchungsphase fast ausschließlich aus Kooperationen und Vereinbarungen mit Wettbewerbern bestand. Hinweise auf explizite Beziehungen zu Kunden und Lieferanten konnten nicht gefunden werden. In der Literatur wurde die enge Verbindung

---

632 Vgl. Degner, Harald (2009): Schumpetarian German Firms before and after World War I, S. 67f.

633 Verg, Erik; Plumpe, Gottfried; Schultheis, Heinz (1988): Meilensteine, 1896.

634 Bericht der Direktion und des Aufsichtsrates 1905, ohne Signatur.

635 Geschichte und Entwicklung der Farbenfabriken vorm. Friedr. Bayer & Co. Elberfeld in den ersten 50 Jahren, (1918), S. 511.

zwischen Wissenschaft und Industrie als ein zentraler Erfolgsfaktor für die Entwicklungen auf dem Gebiet der Farbenindustrie beschrieben.[636]

636 Vgl. Klotzsche, Mario (2009): Indigo und die schweizerische Farbenindustrie, S. 5.

IV. RESÜMEE

1. ERGEBNISSE DER LEITFADENGESTÜTZTEN ANALYSE: VERGLEICH BEIDER BEOBACHTUNGSZEITRÄUME

Ziel dieser leitfadengestützten Analyse war es, die beiden Untersuchungszeiträume in Bezug auf die im Leitfaden definierten Kriterien zu untersuchen. Die Ergebnisse zeigten, dass die Dokumente zu allen Kriterien des Leitfadens aufschlussreiche Informationen boten. So konnten für beide Untersuchungszeiträume aussagefähige Zitate ermittelt werden, die einen strukturierten und detaillierten Einblick der Bayer AG in den Umgang mit der Ressource Wissen, insbesondere Forschungswissen, vor dem Hintergrund der Globalisierung lieferten. Zur besseren Analyse wurden die zu den einzelnen Kriterien gefunden Textstellen noch in weitere Unterkategorien gegliedert. Die folgende Tabelle gibt einen zusammenfassenden Überblick über die deduktiv ermittelten und untersuchten Kriterien sowie die induktiv aus dem Material gewonnenen Unterkategorien.[637]

Kriterien	**Unterkategorien**	
	20. Jahrhundert (1985-2005)	**19. Jahrhundert (1893-1913)**
Menschenbild	Unternehmenswerte	Unternehmenswerte
	Einstellung zu Mitarbeiter/ Wissensträger	Einstellung zu Mitarbeiter/ Wissensträger
	Einstellung zu Forschung und Entwicklung-Innovationen	Einstellung zu Forschung und Entwicklung-Innovationen
Internationale Geschäftstätigkeit	Internationale Präsenz	Internationale Präsenz
	Internationalisierung der Forschung	Bedeutung von Handelsverträgen
	Internationaler Wettbewerb	Einfluss der nationalen gesetzlichen Bestimmungen
	Probleme der Internationalisierung	Probleme der Internationalisierung
Wissenserwerb	Merger & Akquisition	Merger & Akquisition
	Kooperationen/ Netzwerke	Kooperationen
	Lizenzen	Lizenzen
	Neueinstellungen	Neueinstellungen

637 Siehe dazu auch I. Einführung, Abbildung 2.

Wissensentwicklung	Personal-/ Forschungs- und Entwicklungsaufwand	Forschung und Entwicklung
	Einstellung zu Mitarbeiter-Qualifikation	Ausbildung
	Investition in Ausbildung	Fort- und Weiterbildung
	Forschung und Entwicklung national und international	Bibliothek und Nachrichtenbureau
Wissensverbreitung	Kommunikation	Moderne Kommunikationstechnologie
	Arbeitsorganisation	Dokumentationen/ Handbücher
	Teamarbeit	Nachrichtenbureau
	Informationsaustausch durch Jobrotation	Lesekränzchen
		Versammlungen und Konferenzen
		Arbeitsteilung und Teamarbeit
Wissensnutzung	Anreize zur Wissensnutzung – Vorschlagsystem	Anreize zur Wissensnutzung – Vorschlagsystem
	Technologische Innovationen und Produktinnovationen	Technologische Innovationen und Produktinnovationen
	Produktinnovation	Patente
	Organisatorische Innovationen	Organisatorische Innovationen
Bindung der Wissensträger	Corporate Social Responsibility (CSR)	Finanzielle Anreize
	Finanzielle Anreize	Freizeitgestaltung
	Work-Life-Balance	Gesundheit
Wissensbilanz	Humankapital	Humankapital
	Strukturkapital	Strukturkapital
	Beziehungskapital	Beziehungskapital

Abbildung 21: Zusammenfassung der ermittelten Kriterien und Unterkategorien

Die Analyse zeigte, dass der Einsatz der Forschungswissen in beiden Untersuchungszeiträumen von großer Bedeutung für das Unternehmen war. Zudem konnte festgestellt werden, dass die Globalisierung beziehungsweise die Weltwirtschaft permanent einen Einfluss auf das Unternehmen Bayer ausübte. Nicht zuletzt ergab die Analyse, dass der Einsatz der Ressource Wissen erheblich durch das vorherrschende Menschenbild beeinflusst wurde. Inwiefern sich die Ergebnisse der beiden Phasen in Bezug auf die einzelnen Kriterien unterscheiden beziehungsweise Gemeinsamkeiten aufweisen, wird in den folgenden Abschnitten näher diskutiert.

Insgesamt verdeutlicht die oben stehende Abbildung 21, dass es eine relativ große Übereinstimmung der ermittelten Unterkategorien für die beiden Untersuchungszeiträume gab. Daher ist anzunehmen, dass auch zwischen den beiden Phasen Gemeinsamkeiten in Bezug auf die untersuchten Kriterien bestanden. Schwerpunkt dieser Untersuchung war das Forschungswissen und die Mitarbeiter, die als Wissensträger für dieses Wissen gelten, daher war eine Übertragung der Ergebnisse auf die gesamte Belegschaft nur in Teilen möglich.

1.1. Analyse des Kriteriums Menschenbild

Der Vergleich der beiden Zeiträume im Hinblick auf die vorherrschende Unternehmenskultur beziehungsweise auf das Menschenbild machte eine Reihe von Gemeinsamkeiten sichtbar. In der zweiten Untersuchungsphase wurde der Mitarbeiter als Wissensträger angesehen, dessen Wissen ständig aktuell gehalten werden musste. Daher spielte das Thema Lernen in der Unternehmenskultur von Bayer eine wichtige Rolle, denn Wissen ließ sich letztlich nur durch einen kontinuierlichen Lernprozesse auf dem aktuellen Stand halten. Ebenso geschätzt wurde das Wissen der Mitarbeiter in der ersten Phase, insbesondere das Erfahrungswissen der einzelnen Mitarbeiter beziehungsweise Wissenschaftler. Die Farbenfabriken erkannten frühzeitig die Bedeutung von Fort- und Weiterbildung, um die Mitarbeiter mit den Entwicklungen in Wissenschaft und Technik auf dem Laufenden zu halten. Ein weiterer wichtiger Aspekt in der Betrachtung der Unternehmenskultur war die Einstellung gegenüber Forschung und Entwicklung. Seit der Gründung des Unternehmens sahen sich die Farbenfabriken selbst als Erfinderunternehmen an. So galt für den Bereich der Forschung und Entwicklung bereits in der ersten Phase der Grundsatz „Stillstand ist Rückschritt". Auch in der zweiten Phase war es noch so, dass die Bayer AG Forschung und Entwicklung als Basis für den Unternehmenserfolg betrachtete. Die Ergebnisse zeigten, dass im Hinblick auf die Einstellung gegenüber den Mitarbeitern, sowie gegenüber der Forschung und Entwicklung zwischen den beiden zeitlichen Phasen zahlreiche Parallelen bestanden. In beiden Phasen wurde umfangreich in die Ressource Wissen investiert, letztlich mit dem Ziel, dadurch einen Wettbewerbsvorteil zu schaffen. Ein wesentlicher Unterschied zeigte sich jedoch in den Unternehmenswerten beziehungsweise im Umgang mit diesen Werten. Während es in der zweiten Phase, zumindest für jedes börsennotierte Unternehmen, selbstverständlich war, Unternehmenswerte zu definieren und zu publizieren, war dies zur Zeit der Industrialisierung noch nicht der Fall. So hatte die Bayer AG in der zweiten Phase verschiedene Unternehmenswerte, wie Offenheit, Transparenz und Fairness definiert und diese in zahlreichen Medien dokumentiert und publiziert. Auch wenn während der ersten Untersuchungsphase noch keine Unternehmenswerte explizit dokumentiert worden sind, gab es bestimmte Werte an denen sich das Verhalten der Direktion beziehungsweise der Mitarbeiter orientierte. Der Respekt vor den Menschen, sowie der Wille zum Erfolg stellten nur zwei ideelle Werte dieser Zeit dar. Entscheidend war, dass es gewisse Grundregeln gab, nach denen sich das Verhalten der Mitarbeiter zu richten hatte und auf denen die unternehmerischen Entscheidungen der Direktoren beruhten.

Ein Grund dafür, dass Unternehmenswerte in der zweiten Phase explizit publik gemacht wurden, war das Interesse der Stakeholder. Dieses galt der langfristigen Sicherung der Unternehmung sowie der Steigerung des unternehmerischen Werts. Da die strategischen Entscheidungen auf den Unternehmenswerten und Verhaltensweisen basierten, waren diese für die Stakeholder von großem Interesse. Zudem gab es Investorengruppen, die beispielsweise nur in ethisch korrekte Unternehmen investierten, und um dies zu beurteilen, spielten besonders die Werte und Normen eine entschiedene Rolle. Ein derart breites Interesse der Öffentlichkeit gab es in der ersten Phase noch nicht, so dass auch keine externen Zwänge vorlagen, die zu einer Dokumentation beziehungsweise Definition von Werten hätten führen können.

Die Ergebnisse zeigten, dass der Mitarbeiter als Forscher eine große Rolle im Unternehmen spielte, von daher war es sehr wichtig, diese Wissensträger an das Unternehmen zu binden. In der ersten Phase wurden überwiegend finanzielle Anreize gesetzt, sowohl im Bereich der Forschung aber insbesondere auch für die Dienstzugehörigkeit, mit dem Ziel die Fluktuation einzudämmen. Daher war davon auszugehen, dass die Mitarbeiter in erster Linie durch wirtschaftliche Anreize motiviert wurden. Die Farbenfabriken, die sich selbst als Erfinderunternehmen betrachteten, waren auf das Wissen ihrer Mitarbeiter angewiesen, denn es stellte ihre bedeutendste Ressource dar. Im Gegensatz dazu wurden den Mitarbeitern in der zweiten Phase verschiedene Möglichkeiten geboten, sich selbst zu verwirklichen. Dafür sprachen zahlreiche Programme aus den Bemühungen zur Vereinbarkeit von Familie und Beruf, aber auch die verschiedensten Fortbildungsmaßnahmen sowie Initiativen bezüglich Jobrotation. Zudem beruhten Anreizsysteme nicht nur auf finanziellen Methoden, sondern waren breit gefächert, so dass jedes Individuum einen Platz darin finden konnte. In Bezug auf die Motivation zur Ideenfindung ist anzumerken, dass zwar finanzielle Prämien ausgesetzt wurden, die Mitarbeiter jedoch weitestgehend frei waren, welche Ideen sie einreichten, so dass ihnen die Möglichkeit zur Selbstverwirklichung gegeben war. In beiden Phasen wurde der Zusammenhang zwischen den Mitarbeitern als Wissensträger und erfolgreicher

Forschung erkannt und den Mitarbeitern daher die entsprechende Wertschätzung entgegengebracht.

Der Hauptunterschied zwischen den beiden Untersuchungszeiträumen in Bezug auf das Thema Menschenbild war die Bekanntmachung und Veröffentlichung. Für das ausgehende 19. Jahrhundert konnte keine explizite schriftliche Dokumentation über die Werte gefunden werden, stattdessen wurden die Unternehmenswerte durch die Unternehmenskultur gelebt und so implizit bekannt gemacht. Hingegen gab es im ausgehenden 20. Jahrhundert einen anderen Trend. In den 1980er Jahren beschäftigten sich Unternehmen verstärkt damit, Unternehmensgrundsätze beziehungsweise Leitlinien zu erarbeiten, zu dokumentieren und anschließend auch zu veröffentlichen. Diese Grundsätze bezogen sich einerseits auf allgemeine geschäftspolitische Grundsätze und andererseits auf adressatenspezifische Inhalte wozu auch Mitarbeiter, Kunden beziehungsweise die Stakeholder im Allgemeinen zählen. Es zeigte sich jedoch, dass die Aussagen über Mitarbeiter, in denen das vorherrschende Menschenbild zum Ausdruck gebracht wurde, dominierten.[638]

1.2. Analyse des Kriteriums Einfluss der internationalen Geschäftstätigkeit – Einfluss der Globalisierung

Die Ergebnisse bestätigten, dass Bayer sowohl in der ersten als auch in der zweiten Phase verstärkt international präsent war, Bayer kann daher als einer der ersten Global Player bezeichnet werden. Bayer konzentrierte sich in beiden Phasen auf diejenigen Märkte, in denen großes Potential gesehen wurde und zwar in den Ländern, die die Rückführung des erwirtschafteten Kapitals nach Deutschland zuließen. Die internationale Präsenz bestand zum Ende des 19. Jahrhunderts vorwiegend im Export beziehungsweise in Verkaufsniederlassungen. Sämtliche Produkte der Farbenfabriken waren zu diesem Zeitpunkt bereits international erhältlich, ähnlich wie heute. Zudem wurden in beiden Phasen Direktinvestitionen getätigt und die internationale Produktion ausgebaut. In der zweiten Phase waren aber nicht nur die Produkte der Bayer AG weltweit erhältlich, auch die Aktie der Bayer AG wurde an verschiedenen internationalen Börsen gehandelt. Neben einer globalen Präsenz spielte im aktuellen Untersuchungszeitraum die Internationalisierung der Forschung eine große Rolle. Es zeigte sich, dass Forschungs- und Entwicklungstätigkeiten im internationalen Verbund besonders erfolgreich waren. Ein

---

638 Siehe dazu Gabele, Eduard; Kretschmer, Helmut (1986): Unternehmensgrundsätze.

möglicher Grund dafür, dass die Internationalisierung der Forschungsaktivitäten im Vordergrund stand, war, dass Bayer in verschiedenen Ländern Standorte unterhielt, die gemeinsam forschten. Des Weiteren waren es die modernen Informations- und Kommunikationstechnologien, sowie die Entwicklungen im internationalen Transportwesen, die die internationale Forschungszusammenarbeit stark förderten. Dieser Forschungszusammenschluss wurde notwendig, um weiterhin international erfolgreich zu bleiben, denn nur durch die Nutzung von Synergien war es möglich, dem Wettbewerbsdruck entgegen zu wirken.

In der Untersuchung stellte sich auch heraus, dass in beiden Phasen die internationalen Aktivitäten mit zahlreichen Problemen verbunden waren.[639] Die größte Schwierigkeit der zweiten Phase war der internationale Wettbewerbsdruck, insbesondere durch die Konkurrenz aus Niedriglohnländern. Diese Herausforderungen traten verstärkt in der zweiten Phase auf, da die Liberalisierung der Märkte den freien internationalen Wettbewerb begünstigte. In der ersten Phase, hatten die Farbenfabriken hingegen mit ganz anderen Problemen zu kämpfen, die jedoch auch als eine Art Wettbewerbsdruck bezeichnet werden können. Da es zu diesem Zeitpunkt noch keine weltweit geltenden Bestimmungen in Bezug auf das Patentrecht gab, hatten die Farbenfabriken große Probleme den Patentschutz ihrer Produkte international durchzusetzen. Zudem spielten Handelsverträge für das Zustandekommen von Import- und Exportverträgen eine große Rolle. Für die Farbenfabriken stellten die Handelsverträge die Basis für Importe und Exporte, und damit einen Wettbewerbsvorteil, dar. Aus dem genannten Grund hatten die Lücken in diesen Verträgen erhebliche Auswirkungen auf die internationalen Aktivitäten. Eine weitere Besonderheit zur Zeit der Industrialisierung waren die Zollbestimmungen der einzelnen Länder. So erhoben zahlreiche Länder extrem hohe Zölle auf die Einfuhr von Endprodukten, jedoch nicht auf die Einfuhr von Zwischenprodukten. Auf Grund dieser rechtlichen Rahmenbedingungen, waren die Farbenfabriken indirekt gezwungen, falls sie Produkte in diesen Ländern absetzen wollten, dort eigene Produktionsstätten zu errichten. Ähnliche Bestimmungen gab es auch noch im 20. Jahrhundert, dort wurden beispielsweise Joint Ventures gegründet, um den rechtlichen Anforderungen zu genügen. Die Untersuchung ergab, dass die internationalen Aktivitäten in beiden Zeiträumen stark zunahmen, der Unterschied lag jedoch in den Determinanten. In der ersten Phase waren es vor allem die ge-

---

[639] Anmerkung: Insbesondere die Presseartikel aus der Zeit von 1893-1913 thematisieren die verschiedenen Probleme, die die Internationalisierung mit sich brachte. Daher ist davon auszugehen, dass diese Schwierigkeiten einen erheblichen Einfluss auf die Geschäftstätigkeiten ausübten.

setzlichen Rahmenbedingungen der einzelnen Länder, die die Internationalisierung der Farbenfabriken indirekt förderten, wonach also in den rechtlichen Restriktionen keineswegs ein Nachteil zu sehen war. In beiden Phasen war es für Bayer möglich innerhalb einer Weltmarktgemeinschaft zu agieren, wo weitestgehende Rechtssicherheit herrschte, ohne große Hinderung zum Beispiel durch Währungsschwankungen. In der zweiten Phase hingegen war es der internationale Wettbewerb, der die Internationalisierung der Bayer AG, auch auf dem Gebiet der Forschung, vorantrieb.

1.3. Gestaltung der Ressource Wissen – Wissensmanagement

1.3.1. Analyse des Kriteriums Wissenserwerb

In Bezug auf das Kriterium Wissenserwerb zeigte die Analyse, dass es zwischen beiden Untersuchungszeiträumen viele Gemeinsamkeiten gab. So wurden in beiden Phasen Merger & Akquisitionen, Kooperationen und Neueinstellungen zum Erwerb von externem Wissen genutzt. Der Unterschied lag jedoch darin, dass in der zweiten Phase der Fokus ganz allgemein auf dem Erwerb von Wissen lag, in der ersten Phase hingegen auf dem Erwerb von speziellem Wissen, beziehungsweise immateriellen Wirtschaftsgütern. Auch wenn der Begriff in diesem Sinne zum ersten Untersuchungszeitraum noch nicht existent war, so waren auch zu dieser Zeit immaterielle Wirtschaftsgüter, insbesondere in Form von Erfahrungs- und Forschungswissen beziehungsweise Forschungsergebnisse entscheidend bei der Rekrutierung neuer Mitarbeiter. Zwar wurden in beiden Phasen Kooperationen zum Wissenserwerb eingegangen, sie unterschieden sich in ihrer Ausprägung jedoch erheblich. In der zweiten Phase dienten Kooperationen vorwiegend der Ergänzung fehlender Kapazitäten und wurden mit zahlreichen unterschiedlichen Partnern eingegangen, wie beispielsweise Universitäten, Forschungsinstituten oder anderen Unternehmen. Im Gegensatz dazu war die wichtigste Kooperation für die Farbenfabriken die Interessengemeinschaft mit Agfa und BASF (IG). Darüber hinaus hielten die einzelnen Forscher weiterhin Kontakt zu ihren Universitäten und kooperierten vereinzelt mit dortigen Wissenschaftlern. Der Wissenserwerb in Form von Lizenznahmen trat erst in der zweiten Phase in den Vordergrund. Grund dafür war die internationale Patentgesetzgebung, die die rechtlichen Bedingungen schuf, auf deren Basis Lizenzen beruhten. Eine weitere Form des Wissenserwerbs, durch Industriespionage, gab es wahrscheinlich in beiden Phasen, jedoch konnten in den Quellen dazu keine verwertbaren Hinweise gefunden werden.

1.3.2. Analyse des Kriteriums Wissensentwicklung

Für beide Untersuchungszeiträume konnten Ergebnisse zu den Unterkategorien Ausbildung, Weiterbildung sowie Forschung und Entwicklung aufgeführt werden. Die Zielsetzung der betrieblichen Ausbildung war in beiden Zeiträumen sehr ähnlich. Junge Menschen wurden im Unternehmen ausgebildet, um den Bedarf an fachlich qualifiziertem Personal langfristig zu sichern. Ein Unterschied bestand jedoch darin, wer einen Ausbildungsplatz bekam. In der ersten Phase bekamen fast ausschließlich Söhne - für die Mädchen gab es andere Programme - von Betriebsangehörigen einen Ausbildungsplatz. In zweiten Phase hingegen war ein anderes Entscheidungskriterium wichtiger, es wurde sehr viel Wert auf eine gute schulische Vorbildung der Auszubildenden gelegt. Zudem wurde bei der Ausbildungsplatzvergabe kein Unterschied mehr zwischen Söhnen und Töchtern von Mitarbeitern und anderen Bewerbern gemacht. Ein möglicher Grund im 19. Jahrhundert lag in der hohen Fluktuation der Mitarbeiter, wobei das Unternehmen davon ausging, dass die Söhne der Mitarbeiter den Farbenfabriken eher treu blieben. Um Wissen innerhalb des Unternehmens zu entwickeln, reichte eine fundierte Ausbildung allein aber nicht aus. So begannen die Farbenfabriken bereits in der ersten Phase in Fortbildung zu investieren. Durch den Fortbildungsverein sollten die Mitarbeiter vor allem die Zusammenhänge ihrer Tätigkeiten kennen und verstehen lernen. Für Chemiker gab es zusätzlich sehr spezielle Fortbildungsprogramme, vergleichbar mit heutigen Hochschulabsolventen- beziehungsweise Trainee-Programmen. Die Wissensentwicklung richtete sich vor allem an individuelle einzelne Forscher, die später als Innovatoren der Farbenfabriken agieren sollten. Die Untersuchung zeigte, dass es auch in der zweiten Phase spezielle Weiterbildungsprogramme für junge Potenzialträger gab. Daneben existierten zahlreiche Weiterbildungsprogramme, die sich an alle Mitarbeiter richteten, damit diese beispielsweise den Umgang mit modernen Technologien lernten. Eine Besonderheit im Rahmen der Weiterbildung stellte Ende des 19. Jahrhunderts das Nachrichtenbüro dar, das einen entscheidenden Beitrag zur Entwicklung eigenen Wissens innerhalb der Farbenfabriken beitrug. Das Nachrichtenbüro stellte den Mitarbeitern Exzerpte zu sämtlichen Forschungserkenntnissen sowie Zusammenfassungen der wichtigsten wissenschaftlichen Literatur zur Verfügung. Diese Dienstleistung ermöglichte den Beschäftigten in sehr kurzer Zeit sehr spezifisches Wissen aufzubauen. Da es zu dieser Zeit wesentlich schwieriger war, an neue Forschungsergebnisse und Literatur heranzukommen beziehungsweise Einsicht zu nehmen, war das Nachrichtenbüro für die Farbenfabriken als Erfinderunternehmen unerlässlich. Die modernen Informations- und Kommunikationstechnologien machten eine derartige Dienstleistung in der aktuellen Phase nahezu überflüssig – zumindest konnte in den Materialien kein Hinweis auf die weiterer Existenz einer dem Nachrichtenbüro entsprechenden Einrichtung gefunden werden. An dessen Stelle traten moderne Informationsdienstleister, die beispielsweise die Recherche in online-Datenbanken ermöglichten. Wie eingangs erwähnt, wurde in beiden Phasen Wissen im Rahmen von Forschungs- und Entwicklungstätigkeiten generiert. Da sich Bayer selbst als Erfinderunternehmen sah, war es nur die logische Schlussfolgerung, dass der Fokus des Unternehmens in beiden Zeiträumen auf diesen Tätigkeiten lag. Während es in der aktuellen Phase selbstverständlich war, weltweit eigene Forschungsabteilungen zu unterhalten und auf zahlreichen Gebieten strukturiert zu forschen, um innovative Produkte und Technologien hervorzubringen, so war eine systematische Vorgehensweise in der Forschung zum Ende des 19. Jahrhunderts noch eine Besonderheit. Die Farbenfabriken legten großen Wert auf die Etablierung eines wissenschaftlichen Laboratoriums und auf eine systematische Wissensentwicklung. So mussten, wie zuvor erläutert, sämtliche neue Patentanmeldungen experimentell nachgestellt werden, um so weitere Anregungen zu bekommen und bestimmte Forschungsgebiete sukzessive zu erarbeiten. Insbesondere diese strukturierte Arbeitsweise, sowie die scharfe Arbeitsteilung förderten die Wissensgenerierung im hohen Maße und führten zu einer Verwissenschaftlichung der industriellen Forschung.

Konkretes Zahlenmaterial für den Personalaufwand konnte nur für die zweite Phase ermittelt und daher keinem Vergleich unterzogen werden.

1.3.3. Analyse des Kriteriums Wissensverbreitung

Es wurde deutlich, dass die Wissensverteilung in beiden Phasen aktiv durch das Unternehmen gefördert wurde. Die zweite Phase war vor allem gekennzeichnet durch die Entwicklungen auf dem Gebiet des Intranets und Internets. Durch deren Nutzung war eine strukturierte weltumspannende Wissensverteilung binnen kürzester Zeit möglich. Zwar stand den Farbenfabriken gegen Ende des 19. Jahrhunderts bereits eine Telefonanlage zur Kommunikation zur Verfügung, jedoch war die Wissensverbreitung vor allem Aufgabe des Nachrichtenbüros und erfolgte persönlich oder schriftlich. Die Suche und Strukturierung von Informationen und Wissen, wie es die modernen Kommunikationstechnologien boten, übernahmen stattdessen die Mitarbeiter des Nachrichtenbüros. Der Vorteil des Nachrichtenbüros war sicherlich die gezielte Wissensbeschaffung und –verbreitung, so war es den Mitarbeitern beispielsweise möglich, Meldungen über bestimmte Fachgebiete zu abonnieren, ähnlich wie bei einem Newsletter heute. Der Nachteil dieser Methode war die Filterwirkung, denn letztlich konnte das Nachrichtenbüro gezielt die Wissensverbreitung steuern. Im Gegensatz zur zweiten Phase, fand der Wissensaustausch in der ersten Phase größtenteils persönlich statt. Dafür sprachen die zahlreichen, teils wöchentlichen Versammlungen und Lesekränzchen, in denen Wissen innerhalb des Unternehmens verbreitet wurde. Dabei musste jedoch auch in Betracht gezogen werden, dass die Belegschaft in der ersten Phase um ein vielfaches kleiner war als in der Zweiten, wodurch persönliche Treffen begünstigt wurden. Auch in der aktuellen Phase spielten persönliche Treffen noch eine Rolle, jedoch wurden sie zunehmend von der Kommunikationstechnologie verdrängt. Zudem wurde in der ersten Phase sehr viel Wert auf die schriftliche Dokumentation von Wissen gelegt, wodurch Wissen innerhalb des Unternehmens gespeichert und verteilt werden konnte. Ein Blick auf die Publikationen der Bayer AG während der zweiten Phase zeigte, dass während dieser Zeit ebenfalls zahlreiche Publikationen erschienen sind, sowohl intern als auch extern. Die Farbenfabriken blieben somit der Einstellung zur Dokumentation und Publikation ihres Wissens und der anschließenden Verteilung treu. Den beiden Zeitabschnitten war zudem die Wissensverteilung im Rahmen der Arbeitsorganisation und der Zusammenarbeit in Teams gemein, auch wenn das Wort Teamarbeit erst ab den 1980er Jahren verwendet wurde. In beiden Phasen förderten die Organisationsstrukturen die Zusammenarbeit zwischen verschiedenen Bereichen und Abteilungen und bildeten so die Basis der Wissensverbreitung. Interessant war dabei, dass sich Carl Duisberg nachhaltig für die sogenannte Etablissementfindung einsetzte, die letztlich der heutigen Teamarbeit gleichzusetzen war. Die Untersuchung zeigte damit, dass dieses moderne Organisationskonzept in sehr ähnlicher Weise bereits im ausgehenden 19. Jahrhundert existierte und erfolgreich praktiziert wurde. Darüber hinaus belegten die Ergebnisse, dass die Grundlage für ein erfolgreiches Wissensmanagement in der Gestaltung der Aufbau- und Ablauforganisation lag.

1.3.4. Analyse des Kriteriums Wissensnutzung

Bayer konnte in beiden Untersuchungszeiträumen sein Wissen erfolgreich einsetzen und nutzen. Um dies zu fördern, wurden gezielt Anreize gesetzt. Während in der zweiten Phase das Vorschlagsystem vorwiegend auf die Einreichung von generellen Optimierungsvorschlägen abzielte, war das Vorschlagsystem in der ersten Phase wesentlich konkreter und spezieller. Es wurden bestimmte Vorgaben gesetzt und für deren Erfüllung gewisse Prämien ausgesetzt. Dadurch wurde die Ausrichtung der Forschungs- und Entwicklungsabteilung gesteuert und das bestehende Produktportfolio konnte gezielt erweitert werden. Zudem muss in Betracht gezogen werden, dass die damalige Forschungsabteilung um ein vielfaches kleiner war und daher eine gezielte Anreizsetzung zur Wissensnutzung effektiver war. In Bezug auf die Nutzung des Wissens verdeutlichten die Ergebnisse, dass zwischen beiden Phasen sehr viele Gemeinsamkeiten bestanden. So war die Wissensnutzung gekennzeichnet, durch organisatorische und technologische Innovationen, durch Produktinnovationen und schließlich durch die Patentierung dieser Innovationen. Bemerkenswert dabei war, dass bereits im ausgehenden 19. Jahrhundert großer Wert auf organisatorische Innovationen gelegt wurde, die in der Folge auch technologische Innovationen begünstigten. Die bekannteste und wichtigste Produktinnovation, das Aspirin, die auch heute noch für das Unternehmen große Bedeutung hat, wurde bereits im ausgehenden 19. Jahrhundert getätigt. Ein Unterschied bestand jedoch darin, dass die erste Phase vorwiegend durch Basisinnovationen wie beispielsweise den Kunststoffen, gekennzeichnet war, wohingegen in der zweiten Phase Folgeinnovationen im Sinne von Verfahrensoptimierung, Verbesserung der Darreichungsform sowie dem Entdecken von neuen Anwendungsgebieten bestehender Produkte im Vordergrund standen, wofür auch Aspirin ein Beispiel ist. In beiden Zeiträumen gelang es dem Unternehmen, einen integrierten Produkt- und Technologielebenszyklus umzusetzen. Das heißt durch die Wissensnutzung in Form der zeitlichen Abstimmung von Produktentwicklung, Umsatz- und Absatzentwicklung konnte zum Unternehmenswachstum beigetragen werden.

1.3.5. Analyse des Kriteriums Bindung der Wissensträger

Sowohl in der ersten als auch in der zweiten Phase gab es Bemühungen, Mitarbeiter beziehungsweise Wissensträger an das Unternehmen zu binden. Das Bewusstsein, welch wertvolle Ressource diese Mitarbeiter darstellten war gleichermaßen stark ausgeprägt, die angewandten Methoden unterschieden sich jedoch. Es gab von jeher Bestrebungen, Mitarbeiter durch finanzielle Anreize an das Unternehmen zu binden. Im ausgehenden 20. Jahrhundert orientierten sich die finanziellen Anreize überwiegend am Unternehmenserfolg, das hieß, Mitarbeiter wurden prozentual am Erfolg beteiligt, beispielsweise in Form von Gewinnbeteiligungen oder Aktienprogrammen. Die finanziellen Anreize zum Ende des 19. Jahrhunderts honorierten hingegen sehr stark die Leistung des einzelnen Wissenschaftlers, beispielsweise durch Erfinderprämien und Tantiemen. Einige andere Aktivitäten, die die Bindung der Wissensträger förderten und die Fluktuation senken sollten, lassen sich unter den Begriffen Corporate Social Responsibility und Work-Life-Balance subsumieren. Die oben genannten Aktivitäten, dienten vorwiegend dazu, ein positives Image des Unternehmens zu schaffen und dadurch für die eigenen Mitarbeiter einen attraktiven Arbeitgeber darzustellen, mit dessen Werten sich die Mitarbeiter identifizieren konnten und dem sie letztlich treu blieben. Zudem wurde auf eine ausgeglichene Work-Life-Balance wert gelegt, wodurch insbesondere auch junge Mütter und Väter dem Unternehmen als Wissensträger erhalten blieben. Über derartige Aktivitäten konnten für die erste Phase keine Dokumentationen gefunden werden. Jedoch bemühten sich die Farbenfabriken bereits damals sehr darum, dass sich die Mitarbeiter und deren Familien am Standort wohl fühlten, denn nur wenn diese Voraussetzung gegeben war, blieben sie im Unternehmen und brachten einen optimalen Arbeitseinsatz. Da der Unternehmensstandort zu dieser Zeit eine extrem schlechte Infrastruktur aufwies, investierten die Farbenfabriken hauptsächlich in die Grundversorgung, zum Beispiel in Wohnsiedlungen, in ein Kaufhaus oder in ärztliche Versorgung und darüber hinaus in Freizeitaktivitäten. So unterstützten die Farbenfabriken nicht nur die Gründung von Sport- und Musikvereinen, sondern auch von Badeanstalten und Haushaltsschulen. Der größte Unterschied zwischen den beiden Phasen war, dass die Anreizsysteme zur Bindung der Wissensträger im 19. Jahrhundert, wesentlich individueller und personenbezogener waren als im 20. Jahrhundert wo allerdings die Zielgruppe dieser Anreizsysteme wesentlich breiter war. Ein möglicher Grund dafür war, dass die Belegschaftsgröße im ausgehenden 20. Jahrhundert eine individuelle Ausrichtung nicht möglich machte und dass sich ein allgemeiner Fachkräftemangel abzeichnete, so dass die Bayer AG generell auf gut ausgebildetes und hochqualifiziertes Personal angewiesen war. In der Weltwirtschaft hingegen war das interne Wissen sehr stark an wenige Personen gekoppelt, so dass die Farbenfabriken wesentlich stärker von diesen Personen abhängig waren. Dazu zählte beispielsweise Felix Hoffmann, der maßgeblich an der Entwicklung des Aspirin beteiligt war und anschließend die Leitung der kaufmännisch-pharmazeutischen Abteilung übernahm.

Nur ein kleines Team von Wissenschaftlern, oder gar ein einziger Wissenschaftler war zu dieser Zeit an Innovationsprozessen beteiligt und hatte so einen umfassenden Überblick, wodurch er nur äußerst schwierig zu ersetzen war. Wohingegen im 20. Jahrhundert viele Personen an Innovationsprozessen beteiligt waren, das Wissen sich dadurch auf mehrere Köpfe verteilte und damit die Abhängigkeit des Unternehmens von einzelnen Wissenschaftlern geringer war.

1.4. Analyse des Kriteriums Wissensbilanz – Wissen als Kapital

In beiden Phasen verfügte Bayer sowohl über Human-, Struktur- als auch über Beziehungskapital, wenn auch in unterschiedlichen Ausprägungen. Während sich das Humankapital im ausgehenden 19. Jahrhundert auf einzelne Wissensträger konzentrierte, so ist es neben einzelnen herausragenden Wissensträgern im 20. Jahrhundert vor allem die Gesamtheit der hochqualifizierten Mitarbeiter, die das Humankapital bildete.

In Bezug auf das Strukturkapital gab es zwischen den beiden Phasen keinerlei Unterschiede, sie zeichneten sich beide durch eine hohe Zahl an Patenten, Marken und erfolgreichen Produkten aus. Bemerkenswert war, dass ein bestimmtes Produkt beziehungsweise eine Marke, das Aspirin, in beiden Phasen erheblich das Strukturkapitel beeinflusste. Letztlich spiegelte das hohe Strukturkapital der beiden Phasen die erfolgreiche Nutzung des Humankapitals wider, denn das Strukturkapital basiert größtenteils auf eigenem Humankapital.

Die Analyse der Unterschiede und Gemeinsamkeiten bezüglich des vorhandenen Beziehungskapitals zeigte, das Bayer zwar in beiden Zeiträumen über starke Beziehungen und damit großes Beziehungskapital verfügte, die Zielsetzung jedoch eine völlig andere war. Gerade das ausgehende 19. Jahrhundert ist gekennzeichnet durch die Interessengemeinschaft mit BASF und Agfa, kurz die kleine IG. Das vorrangige Ziel dieses Zusammenschlusses waren Preisabsprachen und Absatzsteigerungen, auch wenn es daneben noch weitere positive Effekte gab, wie bereits zuvor geschildert. Zur Steigerung der Wissensbilanz trug diese Interessengemeinschaft demnach nur indirekt bei. Im Gegensatz dazu war das charakteristische Merkmal der zweiten Untersuchungsphase die Bildung von Netzwerken. Bayer war Teil zahlreicher Netzwerke und Kooperationsabkommen auf allen Ebenen und Bereichen des Unternehmens. So profitierte beispielsweise die Produktentwicklung von der Zusammenarbeit mit den Kunden und die Forschung durch die Zusammenarbeit mit internationalen Forschungseinrichtungen. Diese Kooperationen wirkten sich besonders positiv auf die Innovationstätigkeit von Bayer aus. Ein Grund für diese starke Vernetzung war sicherlich die fortschreitende Entwicklung der modernen Informations- und Kommunikationstechnologien, die den Aufbau solcher Beziehungen maßgeblich unterstützte. Eine derartige internationale Verflechtung wäre ohne die Vernetzung der Kommunikationsmittel, insbesondere das Internet, sowie eine verkehrstechnische Vernetzung unmöglich gewesen.

Abschließend lässt sich feststellen, dass Bayer in beiden Phasen über eine starke Wissensbilanz verfügte, wenn auch mit unterschiedlicher Gewichtung. Während in der ersten Phase das Humankapital in Vordergrund stand, so fiel hingegen in der zweiten Phase das Beziehungskapital stärker ins Gewicht.

1.5. Fazit der vergleichenden Analyse

Der vorhergehende Vergleich der beiden Untersuchungszeiträume hat vor allem eines verdeutlicht: Die Unterschiede zwischen den beiden Phasen, die immerhin 100 Jahre trennen, sind deutlich geringer als zunächst angenommen. So stellte Wissen in beiden Phasen für das Erfinderunternehmen Bayer die bedeutendste Ressource dar, durch die es möglich war, Wettbewerbsvorteile zu erzielen.

Interessant war auch, dass zahlreiche Basisinnovationen, auf denen unter anderem der heutige Erfolg der Bayer AG beruht, bereits während der ersten Untersuchungsperiode getätigt wurden. Durch die frühe Verwissenschaftlichung der chemischen Ausbildung und der damit verbundenen Grundlagenforschung, gelang es den Farbenfabriken Bayer, eine internationale Vorreiterstellung zu erlangen und zu verteidigen. Durch die Art der Ausbildung konnte ein kontinuierlicher Nachschub an qualifizierten Mitarbeitern und damit an der Ressource Wissen sichergestellt werden. Durch dieses geschickte, strategische Wissensmanagement kam es sowohl in der ersten als auch in der zweiten Untersuchungsphase nie zu einem wirklichen Engpass in Bezug auf die Ressource Wissen.

2. POTENTIELLE ERFOLGSFAKTOREN

Es konnte gezeigt werden, dass es zahlreiche Erfolgsfaktoren gab, die dazu beitrugen, dass das Unternehmen bereits im ausgehenden 19. Jahrhundert erfolgreich auf dem internationalen Markt agierte und es heute ebenfalls noch tut.

Es zeigte sich klar, dass die Grundlagen für das heute erfolgreiche Unternehmen bereits im ausgehenden 19. Jahrhundert gelegt wurden. Ein Aspekt dieser

Grundlagen war die Investition in gut qualifizierten Nachwuchs. Während der Industrialisierung setzte in der deutschen chemischen Industrie, so auch bei Bayer, eine Verwissenschaftlichung der Ausbildung ein, die sich als sehr erfolgreich herausstellte. Zudem gab es an den deutschen Hochschulen prozentual gesehen deutlich mehr Chemiestudenten und Doktoranden als im Ausland. Von daher war auch der kontinuierliche Nachschub an qualifiziertem, wissenschaftlichem Personal für die Forschung sichergestellt. Durch diese hochqualifizierten Wissenschaftler war es Bayer möglich, auf dem Gebiet der Grundlagenforschung aktiv tätig zu werden. Die Investitionen und Anstrengungen im Bereich der Grundlagenforschung führten dazu, dass gerade im 19. Jahrhundert viele Basisinnovationen aus den Unternehmen und weniger aus den Universitäten kamen. Dies unterschied die deutsche chemische Industrie vom Ausland und führte zu einem Innovationsvorsprung Deutschlands auf dem Gebiet der Chemie. Diese Basisinnovationen sind auch heute noch oftmals der Grundstein für Folgeinnovationen. Zudem erwiesen sich die engen Kooperationen mit Universitäten und Forschungseinrichtungen als sehr erfolgreich. Dadurch fand einerseits ein reger Wissensaustausch statt und andererseits kamen über diesen Weg auch neue hochqualifizierte Mitarbeiter in das Unternehmen. Zudem konnten personelle Engpässe so durch externe Unterstützung leicht ausgeglichen werden.

Ein weiteres charakteristisches Merkmal für die deutsche chemische Industrie war, dass der Vorstand nie ausschließlich aus Kaufleuten bestand. In der Regel bestand der Vorstand aus einem Chemiker, einem Kaufmann und einem Juristen, was gerade für die Investitionen in die Grundlagenforschung von großer Bedeutung war.[640] Im ausgehenden 19. Jahrhundert übernahm bei den Farbenfabriken Bayer diese Rolle weitestgehend Carl Duisberg, der darüber hinaus durch seine wissenschaftlichen Versuche und dem Ausbau des Erfindungsschutzes richtungsweisend für die gesamte chemische Industrie wurde. Dadurch gelang es Bayer stets Weitsicht für technologische Entwicklungen und Innovationen zu beweisen. Zudem wurden Investitionen im Bereich Forschung und Entwicklung besonders effizient getätigt. Gerade diese Weitsicht ermöglichte Bayer durch permanente Innovationen ein überproportionales Wachstum. Um dieses Wachstum auch nachhaltig zu sichern, war die Verfolgung eines integrierten Produkt- und Technologiezyklus verantwortlich.[641] Dazu war es notwendig eine entsprechende Anzahl an Technologien in der Forschungspipeline zu haben, um dann gezielt und rechtzeitig

[640] Vgl. Schneider, Jürgen (1996): Wirtschaftsbürger und Unternehmer. Die Bedeutung von Produkt und Ausbildung am Beispiel der chemischen Industrie Deutschlands um 1900, S. 376, in: Möckl, Karl (Hg) (1996): Wirtschaftsbürgertum in den deutschen Staaten im 19. und beginnenden 20. Jahrhundert.

in die Technologien zu investieren, die durch eine hohe Technologieattraktivität sowie durch eine hohe Ressourcenstärke charakterisiert sind. Charakteristisch für dieses Modell ist, dass bereits in der Entstehungsphase eines Produkts, die technologische Voraussage, die durch das Zusammenwirken von Prognosen und schöpferischen Prozessen entsteht, eine bedeutende Rolle spielt.[642]

Im aktuellen Unternehmensleitbild der Bayer AG heißt es unter anderem „Science For A Better Life, Werte schaffen durch Innovation, Wachstum und eine hohe Ertragskraft, wir untermauern unseren Anspruch, als Erfinder-Unternehmen in forschungsintensiven Bereichen Zeichen zu setzen.“ Auch andere Unternehmen der chemischen Industrie verfolgen eine ähnliche Strategie. Die Analyse hat gezeigt, dass die Farbenfabriken Bayer bereits in der Weltwirtschaft nach diesen Leitlinien gehandelt haben und diese Strategie sehr erfolgreich war, denn dadurch konnten letztlich kontinuierlich neue innovative Produkte geschafften werden.[643]

---

641 Vgl. Pfeiffer, Werner; Schneider, Walter; Dögl, Rudolf (1986): Technologie-Portfolio-Management, S. 107ff.

642 Vgl. Pfeiffer, Werner; Staudt, Erich (1972): Das kreative Element in der technologischen Voraussage. Methodische Ansätze zu seiner Bewältigung, S. 853ff.

643 Siehe dazu auch Schneider, Jürgen (1996): Wirtschaftsbürger und Unternehmer. Die Bedeutung von Produkt und Ausbildung am Beispiel der chemischen Industrie Deutschlands um 1900, S. 387, in: Möckl, Karl (Hg) (1996): Wirtschaftsbürgertum in den deutschen Staaten im 19. und beginnenden 20. Jahrhundert.

QUELLEN- UND LITERATURVERZEICHNIS

1. LITERATUR

Aamodt, Agnar; Nygard, Mads (1995). Different roles and mutual dependencies of data, information, and knowledge - an AI perspective on their integration. Data and Knowledge Engineering, 16.

Abelshauser, Werner (2004): Das Produktionsregime der chemischen Industrie im sozialen Produktionssystem der deutschen Wirtschaft des 20. Jahrhunderts, in: Petri, Rolf (Hg) (2004): Technologietransfer der deutschen Chemieindustrie (1925-1960), Berlin, S. 59-80.

Ambrosius, Gerold; Petzina, Dietmar; Plumpe, Werner (1996): Moderne Wirtschaftsgeschichte. Eine Einführung für Historiker und Ökonomen, München.

Andersen, Arne (1999): Chemie als Zukunftstechnologie, Teerfarbenindustrie vor dem ersten Weltkrieg, in: Jahrbuch für Wirtschaftsgeschichte, Nr. 2, S. 85-101.

Bach, Volker, Österle, Hubert, Vogler, Petra (Hg) (2000): Business-Knowledge-Management in der Praxis prozessorientierte Lösungen zwischen Knowledge-Portal und Kompetenzmanagement, Berlin.

Bach, Volker (2000): Business Knowledge Management: Wertschöpfung durch Wissensportale, in: Bach, Volker, Österle, Hubert, Vogler, Petra (Hg) (2000): Wissensmanagement in der Praxis, Berlin, S. 51-121.

Bach, Norbert; Buchholz, Wolfgang; Eichler, Bernd (Hg) (2003): Geschäftsmodelle für Wertschöpfungsnetzwerke, Wiesbaden.

Balzli, Beat; Fröhlingsdorf, Michael; Ludwig, Udo (2003): Fälschung auf Rezept, in: der Spiegel, Nr. 30, S. 56-58.

Bamberger, Ingolf; Wrona, Thomas (1997): Globalisierungsbetroffenheit und Anpassungsstrategien von Klein- und Mittelunternehmen – Ergebnisse einer empirischen Untersuchung, in: Zeitschrift für Betriebswirtschaft, 67. Jg., Nr. 7, 1997, S.713-735.

BASF (1996): Geschäftsbericht der BASF Gruppe, Ludwigshafen.

Barney, Jay (1991): Firm Resources and Sustained Competitive Advantage, in: Journal of Management, Vol.17, No. 1, S. 99 – 120.

- (2002): Gaining and sustaining competitive advantage. second edition, New Jersey.

Barthels, Monika (2003): Sinne, Sensoren und Systeme. Eine Reise durch die Geschichte der Labordiagnostik, Basel.

Bartmann, Wilhelm (2003): Zwischen Tradition und Fortschritt. Aus der Geschichte der Pharmabereiche von Bayer, Hoechst und Schering von 1935-1975, Stuttgart.

Baten, Jörg (2001): Expansion und Überleben von Unternehmen in der "Ersten Phase der Globalisierung", Tübinger Diskussionsbeitrag, Nr. 215.

Baumstark, Eduard (1838): Volkswirthschaftliche Erläuterungen vorzüglich über David Ricardo's System.
Bayer AG (1988): Bayermagazin. Streifzug durch die Bayer Geschichte (1863-1988), Leverkusen.
- (2004) research. Das Bayer-Forschungsmagazin, Ausgabe 16, Leverkusen.
Bayer, Friedrich (1910): Wohlfahrtseinrichtungen der Farbenfabriken vormals Friedrich Bayer & Co., Elberfeld-Leverkusen.
- (1911): Die Entwicklung der Farbenfabriken, vorm. Friedr. Bayer & Co., Elberfeld.
Bayer, Friedrich; Duisberg, Carl (Hg) (1918): Geschichte und Entwicklung der Farbenfabriken vorm. Friedr. Bayer & Co. Elberfeld. In den ersten 50 Jahren, München.
Bayerische Akademie der Wissenschaften Philosophisch-Historische Klasse (2001): Sitzungsberichte Jahrgang 2001, München.
Beck, Thomas et. al. (Hg) (1999): Überseegeschichte. Beiträge der jüngeren Forschung, Bamberg.
Beckerath, Erwin von; Bente, Hermann; Brinkmann, Carl (Hg) (1956): Handwörterbuch der Sozialwissenschaften, Fünfter Band, Stuttgart.
- (1959): Handwörterbuch der Sozialwissenschaften, Zweiter Band, Stuttgart.
- (1961): Handwörterbuch der Sozialwissenschaften, Elfter Band, Stuttgart.
- (1964): Handwörterbuch der Sozialwissenschaften, Achter Band, Stuttgart.
Beer, Günther (1998): Die chemischen Dissertationen der Universität Göttingen 1743-1900, Eine Bibliographie, Göttingen.
Bender, Simone (2007): Corporate Social Responsibility als strategisches Instrument der Unternehmenskommunikation zu Stärkung der Unternehmensreputation, Duisburg-Essen.
Benz, Günther (1996): 100 Jahre Chemisch-Wissenschaftliches Laboratorium der Bayer AG in Wuppertal-Elberfeld 1896-1996, Leverkusen.
Berghoff, Hartmut (2004): Moderne Unternehmensgeschichte, Paderborn.
Binder, Hans-Martin; Balthasar, Andreas; Mauch, Corine (2004): Innovative Unternehmen brauchen Wissen. Strategien der Wissensbeschaffung in unternehmerischen Innovationsprozessen, Bern.
Blumberg, Horst (1965): Die deutsche Textilindustrie in der industriellen Revolution, Berlin.
Borchardt, Knut (2001): Globalisierung in historischer Perspektive, in: Bayerische Akademie der Wissenschaften Philosophisch-Historische Klasse, Sitzungsberichte Jahrgang 2001, München.
Borgelt, Christian; Kruse, Rudolf (2001): Unsicherheit und Vagheit: Begriffe, Methoden, Forschungsthemen, in: Künstliche Intelligenz, Band 15, Heft 3.
Brandi, Corinna (1979): Multinationale Unternehmen und staatliche Wirtschaftspolitik in westlichen Industriestaaten, Paderborn.
Braun, Michael; Feige, Andreas; Sommerlatte, Tom (2001): Business Innovation, Frankfurt am Main.
Brill, Klaus (2009): Deutsche Eiche Made in China. Die Globalisierung am Beispiel eines deutschen Dorfes, München.
Bullinger, Hans-Jörg (Hg) (2007): Technologieführer, Berlin.
Bundesministerium für Wirtschaft und Technologie (2006): Wissensbilanz - Made in Germany. Leitfaden zur Erstellung einer Wissensbilanz. Dokumentation Nr. 536, Berlin.
Burchardt, Lothar (1975): Wissenschaftspolitik im Wilhelminischen Deutschland, Göttingen.

- (1978): Die Ausbildung des Chemikers im Kaiserreich, in: Zeitschrift für Unternehmensgeschichte, 1978, Heft 1, S. 31-53.
- (1983): Die Förderung schulischer Ausbildung und wissenschaftlicher Forschung durch deutsche Unternehmen bis 1918, in: Pohl, Hans; Treue Wilhelm (1983): Wirtschaft, Schule und Universität, Wiesbaden.

Burhop, Carsten; Lübbers, Thorsten (2008): Incentives and Innovation? R & D Management in Germany's Hich-Tech Industries during the Second Industrial Revolution, in: Preprints of the Max Planck Institute for Research on Collective Good, Bonn 2008/38.
- (2009): The Historical Market for Licenses: Chemicals, Pharmaceuticals and Electrical Engineering in Imperial Germany, in: Preprints of the Max Planck Institute for Research on Collective Good, Bonn 2009/25.

Cameron, Rondo (1992): Geschichte der Weltwirtschaft, Band 2: Von der Industrialisierung bis zur Gegenwart, Stuttgart.

Caspari, Hugo (1909): Bildungsbestrebungen für die Werksangehörigen großer Firmen. Sonderabdruck aus der Zeitschrift der Zentralstelle „Concordia“, No.14 vom 15.Juli 1909, Berlin.

Conrad, Sebastian; Osterhammel Jürgen (Hg) (2004): Das Kaiserreich transnational. Deutschland in der Welt 1871-1914, Göttingen.

Corsten, Hans (1989): Die Gestaltung von Innovationsprozessen: Hindernisse und Erfolgsfaktoren im Organisations-, Finanz- und Informationsbereich, Berlin.

Danish Agency for Trade and Industry (Hg) (2000): A Guideline for Intellectual Capital Statements in Practice – Inspiration and Good Advice, Kopenhagen.

Davis, Travor; Milton Frank (2000): Innovation and Growth: a global perspective, PricewaterhouseCoopers Unternehmensberatungs GmbH, MCS.

Degner, Harald (2009): Schumpetarian German Firms before and after World War I, in: Zeitschrift für Unternehmensgeschichte, Heft 1/2009, 54.Jahrgang, S. 50-72.

Denzel, Markus (Hg) (2007): Vom Welthandel des 18. Jahrhunderts zur Globalisierung des 21. Jahrhunderts. Leipziger Überseetage 2005, Stuttgart.

Deutsche Bundesbank (Hg) (1976): Deutsches Geld- und Bankwesen in Zahlen 1876-1975, Frankfurt am Main.

Dülfer, Eberhard (1996): Internationales Management in unterschiedlichen Kulturbereichen, München.
- (2001): Internationales Management in unterschiedlichen Kulturbereichen, München.

Duisberg, Carl (1909): Die Jubiläumsfestlichkeiten zu Ehren des Herrn Geh. Reg. Rat Prof. Dr. phil. med. Dr. ing. C. Duisberg am 29.Sept. & 2.Okt. 1909, Leverkusen.
- (1910): Protokoll der Mitgliederversammlung, in: Zeitschrift für angewandte Chemie, Heft 1, 07.Januar 1910, S. 1-2.
- (1912): Die Wissenschaft und Technik in der chemischen Industrie mit besonderer Berücksichtigung der Teerfarbenindustrie, in: Zeitschrift für angewandte Chemie, Heft 1, S. 3-14.
- (1933): Meine Lebenserinnerungen, Leipzig.
- (1923): Abhandlungen Verträge und Reden aus den Jahren 1882 bis 1921, Berlin und Leipzig.

Dunning, John (1979): Studies in International Investment, London.

Ebers, Mark; Gotsch, Wilfried (1995): Institutionenökonomische Theorien der Organisation, in: Kieser, Alfred (Hg) (1995): Organisationstheorien, Stuttgart.

Elster, Ludwig; Weber, Adolf; Wieser, Friedrich (Hg) (1926): Handwörterbuch der Staatswissenschaften, Jena.

Engel, Alexander (2005): Produktionssysteme im Wettstreit. Wissensorganisation im Kampf um den Weltmarkt für Indigo, 1880-1910, in: Zeitschrift für Unternehmensgeschichte, 2005, Heft 1, S. 83 - 104.

Eurostat (2004): Statistik kurz gefasst. Industrie, Handel und Dienstleistungen, 47/2004, Luxemburg.

- (2008): Europa in Zahlen – Eurostat Jahrbuch 2008, Luxemburg.

Evers, Marco (2000): Viel Spaß mit Heroin, in: der Spiegel, Nr. 26, S. 184-186.

Fässler, Peter (2007): Globalisierung, Köln.

Fehl, Ulrich (1987): Marktformen, in: Görres Gesellschaft (Hg) (1987): Staatslexikon, Recht Wirtschaft Gesellschaft, Band 3, S. 1006 – 1017.

Feldenkirchen, Wilfried (1983): Wirtschaftswachstum, Technologie und Arbeitszeit von der Frühindustrialisierung bis zum ersten Weltkrieg, in: Pohl, Hans; Treue Wilhelm (1983): Wirtschaftswachstum Technologie und Arbeitszeit im internationalen Vergleich, Wiesbaden.

Fischer, Wolfram (1978): Die Pionierrolle der betrieblichen Sozialpolitik im 19. und beginnenden 20. Jahrhundert, in: Treue, Wilhelm; Pohl, Hans (1978): Betriebliche Sozialpolitik deutscher Unternehmen seit dem 19. Jahrhundert, Wiesbaden.

Fischer, Wolfram; McInnis, Marvin; Schneider, Jürgen (Hg) (1986): The emergence of a world economy 1500 – 1914, Wiesbaden.

Flechter, Hans-Joachim (1981): Carl Duisberg. Eine Biographie, Düsseldorf.

- (1960): Carl Duisberg. Vom Chemiker zum Wirtschaftsführer, Düsseldorf.

Fleischer, Arndt (1984): Patentgesetzgebung und chemisch-pharmazeutische Industrie im deutschen Kaiserreich (1871-1918), Stuttgart.

Fourastié, Jean; Lutz, Burkart (1954): Die große Hoffnung des 20. Jahrhunderts, Köln-Deutz.

Gabele, Eduard; Kretschmer, Helmut (1986): Unternehmensgrundsätze Empirische Erhebungen und praktische Erfahrungsberichte zur Konzeption, Einrichtung und Wirkungsweise eines modernen Führungsinstrumentes, Zürich.

Gardini, Marco; Dahlhoff, Dieter (2004): Management internationaler Dienstleistungen. Kontext-Konzepte-Erfahrungen, Wiesbaden.

Garfield, Simon (2002): Lila. Wie eine Farbe die Welt veränderte, Berlin.

Gattineau, Heinrich (1931): Die Entwicklung der Organisationsformen der deutschen Wirtschaft und C. Duisberg, in: Zeitschrift für angewandte Chemie, Nr. 40, S. 808-810.

Gaudillière,Jean-Paul, Löwy, Ilana (Hg) (1998): The invisible Industrialist. Manufactures and the Production of Scientific Knowledge, Basingtoke.

Germann, Harald; Rürup, Bert; Setzer, Martin (1996): Globalisierung der Wirtschaft: Begriff, Bereiche, Indikatoren, in: Steger, Ulrich (Hg): Globalisierung der Wirtschaft. Konsequenzen für Arbeit, Technik und Umwelt, Berlin.

Gilbert, Thomas (1978): Human Competence: Engineering Worthy Performance, Caledonia.

Göb, Peter (1983): Unternehmensarchive in ihrer Bedeutung für die Wissenschaft am Beispiel des Bayer-Archivs, in: Pohl, Hans; Treue Wilhelm (1983): Wirtschaft, Schule und Universität, Wiesbaden.

Görres Gesellschaft (Hg) (1987): Staatslexikon, Recht Wirtschaft Gesellschaft, Band 3, Freiburg.

Green, Paul (1999): Building Robust Competencies: Linking Human Resource Systems to Organizational Strategies, San Francisco.

Grund, Christina (2001): Der Würzburger Chemiker Johann Joseph von Scherer und die Begründung der klinischen Chemie im 19. Jahrhundert, Aachen.

Guenter, Tina (2006): Struktur- und Kulturwandel international tätiger deutscher Unternehmen. Das Beispiel des Bayer-Konzerns, Wiesbaden.

Gutenberg, Erich (1951/ 1983): Grundlagen der Betriebswirtschaftslehre, Band 1: Die Produktion, Berlin.

Haber, Fritz (1927): Aus Leben und Beruf, Berlin.

Harnack, Adolf von (Hg) (1928): Handbuch der Kaiser-Wilhelm-Gesellschaft zur Förderung der Wissenschaften, Berlin.

Hauschildt, Jürgen (1993): Innovationsmanagement, München.

Hebeisen, Walter (1999): F.W. Taylor und der Taylorismus. Über das Wirken und die Lehre Taylors und die Kritik am Taylorismus, Zürich.

Hoffmann, Walther (1956): Industrialisierung, in: Beckerath, Erwin von; Bente, Hermann; Brinkmann, Carl (Hg) (1956): Handwörterbuch der Sozialwissenschaften, Fünfter Band, Göttingen.

Hoffmann, Walther (1965): Das Wachstum der deutschen Wirtschaft seit der Mitte des 19. Jahrhundert, Berlin.

Hotz-Hart, Beat (Hg) (2001): Innovationen: Wirtschaft und Politik im globalen Wettbewerb, Bern.

Hübner, Karl (2003): Polycarbonate, in: Chemie in unserer Zeit, Nr. 37 S. 366-368.

Jahrbuch für Europäische Überseegeschichte (2007): Band 7, Wiesbaden.

Jonas, Michael; Weißenbach, Hans-Jürgen; Weißenbach, Winfried (2002) Chemieforschung – quo vadis? Institut für sozialwissenschaftliche Technikforschung, Dortmund.

Junne, Gerd; Nour Salua (1974): Internationale Abhängigkeiten. Fremdbestimmung und Ausbeutung als Regelfall internationaler Beziehungen, Frankfurt.

Kabisch, Thomas (1982): Deutsches Kapital in den USA. Von der Reichsgründung bis zur Sequestierung (1917) und Freigabe, Stuttgart.

Kahlert, Heinrich (2001). Chemiker unter Hitler. Wirtschaft, Technik und Wissenschaft der deutschen Chemie von 1914 bis 1945, Langwaden.

Kaiser, Karl; Schwarz Hans-Peter (Hg) (2000): Weltpolitik im neuen Jahrhundert. Schriften des Forschungsinstituts der DGAP e. V., Baden-Baden.

Killy, Walther; Vierhaus, Rudolf. (Hg) (2001) Deutsche Biographische Enzyklopädie, Band 2, München.

- (2001) Deutsche Biographische Enzyklopädie, Band 6, München.
- (2001) Deutsche Biographische Enzyklopädie, Band 7, München.
- (2001) Deutsche Biographische Enzyklopädie, Band 8, München.
- (2001) Deutsche Biographische Enzyklopädie, Band 9, München.

Kleinknecht, Alfred (1993): New Concepts in Innovation Output Measurement, New York.

Klotzsche, Mario (2009): Indigo und die schweizerische Farbenindustrie, in: Zeitschrift für Unternehmensgeschichte, Heft 1/2009, 54. Jahrgang, S. 3-25.

Koch, Lars (2007): Kooperationen in der Umweltpolitik. Einordnung und Bewertung am Beispiel der Chemikalienregulierung, Saarbrücken.

Krätz, Otto (1999): 7000 Jahre Chemie. Von den Anfängen im alten Orient bis zu den neuesten Entwicklungen im 20. Jahrhundert, Hamburg.

Krause, Georg (1914): Die chemische Industrie im 19. Jahrhundert. Bearbeitet von der Redaction der „Chemiker-Zeitung".

Kreile, Michael Internationalisierung von Produktion und Dienstleistungen, in: Kaiser, Karl; Schwarz Hans-Peter (Hg) (2000): Weltpolitik im neuen Jahrhundert. Schriften des Forschungsinstituts der DGAP e. V., Baden-Baden.

Kreißl, Friedrich; Krätz, Otto (2008): Feuer und Flamme, Schall und Rauch. Schauexperimente und Chemiehistorisches, Wienheim.

Kuczynski, Thomas (1970): Die Stellung der deutschen Teerfarbenindustrie zum Stoff- und Verfahrenspatent in der Zeit bis zum zweiten deutschen Patentgesetz von 1891, in: Jahrbuch für Wirtschaftsgeschichte 1970, Heft 4, S. 115-140.

Kuhnert, Nikolai (1999): Hundert Jahre Aspirin, Die Geschichte des wohl erfolgreichsten Medikaments aller Zeiten, in: Chemie in unserer Zeit, Nr. 4, 33. Jahrgang.

Kundi, Michael (2008): Qualitative Methoden; http://psychologie.univie.ac.at/ grundlagenforschung/studium/methodenlehre/qualitative-methoden/.

Kutschker, Michael; Schmid, Stefan (2004): Internationales Management, München.

Lämmel, Uwe; Cleve Jürgen (2008): Künstliche Intelligenz, München.

Leker, Jens; Rühmer, Saskia (2003): Der Einfluss von Wertschöpfungsnetzwerken auf das Innovationsmanagement der chemischen Industrie, in: Bach, Norbert; Buchholz, Wolfgang; Eichler, Bernd (Hg) (2003): Geschäftsmodelle für Wertschöpfungsnetzwerke, Wiesbaden.

Lemmerich, Jost (1981): Dokumente zur Gründung der Kaiser-Wilhelm-Gesellschaft und der Max-Planck-Gesellschaft zur Förderung der Wissenschaften, Berlin.

Leprieur, Francois (1981): Die deutschen und französischen Organiker im 19. Jahrhundert, in: Chemie in unsere Zeit, Nr. 4, S. 115-121.

Levitt, Theodore (1983): The globalization of markets, in: Harvard Business Review, 61. Jg., 1983, Nr. 3.

- (1986): Die Macht des kreativen Marketing, Düsseldorf.

Lundgreen, Peter (1973): Bildung und Wirtschaftswachstum im Industrialisierungsprozess des 19. Jahrhunderts, Berlin.

Lundgreen, Peter; Grelon, Andre (Hg) (1998): Ingenieure in Deutschland, 1770 – 1990, Frankfurt.

Machlup, Fritz (1964): Patentwesen, in: Beckerath, Erwin von; Bente, Hermann; Brinkmann, Carl (Hg) (1964): Handwörterbuch der Sozialwissenschaften, Achter Band, Stuttgart.

Maleri, Rudolf (2004): Zur Relevanz der Dienstleistungsbesonderheiten für das internationale Dienstleistungsmanagement, in: Gardini, Marco; Dahlhoff, Dieter (2004): Management internationaler Dienstleistungen. Kontext-Konzepte-Erfahrungen, Wiesbaden.

Mayring, Philip (2000): Qualitative Inhaltsanalyse, in: Forum: Qualitative Sozialforschung, Volume 1, No.2, Art. 20.

Mayring, Philip; Gläser-Zikuda, Michaela (2008): Neuere Entwicklungen in der qualitativen Forschung und der Qualitativen Inhaltsanalyse, in: Mayring, Philip; Gläser-Zikuda, Michaela (HG) (2008): Die Praxis der Qualitativen Inhaltsanalyse, Weinheim.

Max-Planck-Institut für Gesellschaftsforschung (2002): Arbeitsbeziehungen in Deutschland: Wandel durch Internationalisierung, Köln.

McGregor Douglas (1970): Der Mensch im Unternehmen, Düsseldorf.

Meißner, Dirk; Sabisch, Helmut (Hg) (2001): Das nationale Innovationssystem Deutschlands, in: Braun, Michael; Feige, Andreas; Sommerlatte, Tom (2001): Business Innovation, Frankfurt am Main.

Meißner, Wolfgang (1989): Innovation und Organisation die Initiierung von Innovationsprozessen in Organisationen, Stuttgart.

Merten, Utz; Merten, Marc (2006): Laboratoriumsmedizin. Basis aller Diagnostik. Geschichte der Laboratoriumsmedizin und ihrer Gesellschaften in Deutschland, Berlin.

Mertins, Kai; Alwert, Kay; Heisig, Peter (Hg) (2005): Wissensbilanzen. Intellektuelles Kapital erfolgreich nutzen und entwickeln, Berlin.

Meyer-Thurow, Georg (1982): The Industrialization of invention. A case study from German Chemical Industry, in: Isis 73, 1982, S. 363-381.

Michalik, Claudia (2003): Innovatives Engagement. Eine empirische Untersuchung zum Phänomen des Bootlegging, Wiesbaden.

Mikl-Horke, Gertraude (1994): Industrie- und Arbeitssoziologie, München.

Möckl, Karl (Hg) (1996): Wirtschaftsbürgertum in den deutschen Staaten im 19. und beginnenden 20. Jahrhundert, München.

Moore, Karl, Lewis, David (1999): Birth of the Multinational. 2000 Years of Ancient Business History – From Ashur to Augustus, Kopenhagen.

Morgan Guaranty Trust Company of New York, World Financial Markets, November 1998, Heft 10.

Nahrendorf, Rainer; Schäfer, Waldemar (Hg) (1996): Wegmarkierungen. 50 Jahre Wirtschaftsgeschichte im Handelsblatt, Stuttgart.

Neufeldt, Sieghart (2003): Chronologie Chemie. Entdecker und Entdeckungen, Weinheim.

Nieberding, Anne (2003): Unternehmenskultur im Kaiserreich. J.M. Voith und die Farbenfabriken vorm. Friedr. Bayer & Co, München.

- (2003): Dezentrale Zentralisation. Entscheidungsfindung bei den Farbenfabriken vorm. Friedr. Bayer & Co., in: Wischermann, Clemens (Hg) (2003): Unternehmenskommunikation deutscher Mittel- und Großunternehmen, Münster.

Nonaka, Ikujirō; Ichijō, Kazuo; Krogh, Georg von (2000): Enabling knowledge creation: how to unlock the mystery of tacit knowledge and release the power of innovation, Oxford.

Nonaka, Ikujirō; Takeuchi, Hirotaka (1995): The knowledge creating company: how Japanese companies create the dynamics of innovation, Oxford.

North, Klaus (1999): Wissensorientierte Unternehmensführung: Wertschöpfung durch Wissen, Wiesbaden.

Ohne Verfasser (1902): Artificial Indigo Favored, in: New York Times,February 13, 1902.

- (1912): Dr. Duisberg shows synthetic rubber, in: New York Times, September 10, 1912.
- (1912): Planters don't fear artificial rubber, in: New York Times, September 27, 1912.

- (1912): Synthetic chemistry the hope of future generations, in: New York Times, December 1, 1912.
- (1987): Weltfirma Deutschland, in: Der Spiegel, Nr. 30, S. 116-128.
- (1990): Bei klaren Verstand, in: Ebd., Nr.14, S. 139.
- (1992): Über den Chemiestandort Deutschland „Ohne Risiko geht es nicht!", Interview mit Manfred Schneider, in: Die Zeit, 04.09.1992.
- (1993): Angst vor Rüben und Kartoffeln, in: Ebd., 05.02.1993.
- (1993): Bayer investiert in japanisches Pharmazentrum, in: Süddeutsche Zeitung, 02.06.1993.
- (1993): Die Arbeitszeit wird neu vermessen, in: Ebd., 05.08.1993.
- (1993): Ein Stück vom Unternehmen – mit Rabatt, in: Ebd., 10.04.1993.
- (1994): Bayer strebt mit Kooperationen aus der Krise, in: Ebd., 27.04.1994.
- (1994): Interview mit Manfred Schneider, Vorstandsvorsitzender Bayer AG, in: Frankfurter Allgemeine Zeitung, 07.02.1994.
- (1994): Teamarbeit bei Bayer soll Produktivität steigern, in: Ebd., 28.11.1994.
- (1994): Wenn der Arbeitgeber Golfstunden finanziert, in: Süddeutsche Zeitung, 08.08.1994.
- (1995): Bayer will in der Pharma-Entwicklung weiter an der Weltspitze bleiben, in: Frankfurter Allgemeine Zeitung, 10.06.1995.
- (1996): Auch nach 100 Jahren ist Brasilien für Bayer ein dynamischer Markt, in: Ebd., 17.05.1996.
- (1996): Bayer kooperiert mit russischen Forschern, in: Süddeutsche Zeitung, 07.11.1996.
- (1996): Interview mit Dr. Klaus Kleine-Weischede, Arbeitsdirektor der Bayer AG, in: Frankfurter Allgemeine Zeitung, 02.03.1996.
- (1996): Unsere Methode hilft, Tiere zu schonen, in: Süddeutsche Zeitung, 22.11.1996.
- (1997): Bayer erprobt Telearbeit, in: taz, die tageszeitung, 10.07.1997.
- (1997): Das Aspirin – ein Molekül mit vielen Wirkungen, in: Frankfurter Allgemeine Zeitung, 12.11.1997.
- (1997): Intensive Forschung hält Bayer fit für den Weltmarkt, in: Ebd., 28.02.1997.
- (1998): Bayer mit Forschungskooperation, in: Ebd., 24.09.1998.
- (1998): Finanzspritzen für Universitäts-Labore, in: Süddeutsche Zeitung, 17.09.1998.
- (1998): Hoechst und Bayer beenden Kooperation, in: Frankfurter Allgemeine Zeitung, 14.02.1998.
- (1999): Als „Azudent" schnell in die Karriere starten, in: Die Welt, 04.12.1999.
- (2000): Bayer treibt die Pharmaforschung weiter voran, in: Frankfurter Allgemeine Zeitung, 25.05.2000.
- (2000): Bayer: Integrierter Umweltschutz nimmt zu, in: Ebd., 11.09.2000.
- (2001): Auch der Selbstlerner braucht die Motivation durch den Betreuer, in: Süddeutsche Zeitung, 16.01.2001.
- (2001): Bayer AG kooperiert mit Hamburger Start-up, in: Die Welt, 05.02.2001.
- (2001): Interview mit Martin Schuster, Bayer AG, in: Frankfurter Allgemeine Zeitung, 18.08.2001.
- (2002): Interview mit Werner Wenning, Vorstandsvorsitzender Bayer AG, in: Ebd., 04.10.2002.
- (2002): Jede Stadt wäre froh, in: Süddeutsche Zeitung, 06.05.2002.

- (2002): Arsen im Trinkwasser, in: Chemie in unserer Zeit, Nr. 4, 36. Jahrgang.
- (2003): Ein Ausweis – sie alle zu identifizieren, in: taz, die tageszeitung, 10.12.2003.
- (2004): Mit Nanoteilchen zum Gründerchampion, in: Die Welt, 25.05.2004.
- (2004): Plastik fährt mit, in: Ebd., 30.06.2004.
- (2010): Global Player (8): Wildrosen und Panzerglas, in: Die Zeit, 13.03.2010.

Osterhammel, Jürgen; Petersson, Niels (2007): Geschichte der Globalisierung. Dimensionen Prozesse Epochen, München.

Paqué, Karl Heinz (2010): Wachstum! Die Zukunft des globalen Kapitalismus, München.

Petri, Rolf (Hg) (2004): Technologietransfer der deutschen Chemieindustrie (1925 1960), Berlin.

Pfeiffer, Werner; Staudt, Erich (1972): Das kreative Element in der technologischen Voraussage. Methodische Ansätze zu seiner Bewältigung, in: ZfB, 42. Jg., 1972 S. 853ff.

Pfeiffer, Werner; Schneider, Walter; Dögl, Rudolf (1986): Technologie-Portfolio-Management, in: Staudt, Erich (Hg) (1986): Das Management von Innovationen, S. 107 -125.

Pierenkemper, Toni (2000): Unternehmensgeschichte. Eine Einführung in ihre Methoden und Ergebnisse, Stuttgart.

Picot, Arnold (1982): Transaktionskostenansatz in der Organisationstheorie: Stand der Diskussion und Aussagewert, in: Die Betriebswirtschaft, 42.Jg.,1982, Nr. 2, S. 267-284.

Picot, Arnold; Dietl, Helmut (1990): Transaktionskostentheorie, in: Wirtschaftswissenschaftliches Studium, 19.Jg., 1990, H. 4, S. 178-184.

Plumpe, Gottfried (1990): Die I.G. Farbenindustrie AG. Wirtschaft, Technik und Politik 1904 – 1945, Berlin.

Pogarell, Hans-Hermann (2007): Hundert Jahre historisches Archiv der Bayer AG – ein Beitrag zur Unternehmenskultur, in: Zeitschrift Archiv und Wirtschaft (2007), Heft 3, S. 121-130.

Pohl, Hans; Treue Wilhelm (1983): Wirtschaftswachstum Technologie und Arbeitszeit im internationalen Vergleich, Wiesbaden.
- (1983): Wirtschaft, Schule und Universität, Wiesbaden.

Pohl, Hans (Hg) (1987): Die Auswirkungen von Zöllen und anderen Handelshemmnissen auf Wirtschaft und Gesellschaft vom Mittelalter bis zur Gegenwart, Wiesbaden.

Pohl, Hans (2005): Trends in der Weltwirtschaft von der Mitte des 19. Jahrhunderts bis zum Ersten Weltkrieg, in: Denzel, Markus (Hg) (2007): Vom Welthandel des 18. Jahrhunderts zur Globalisierung des 21. Jahrhunderts. Leipziger Überseetagung 2005, Stuttgart.

Porter, Michael (1990): The Competitive Advantage of Nations. Harvard Business Review 68, no. 2 (March-April 1990).
- (1991): Nationale Wettbewerbsvorteile. Erfolgreich konkurrieren auf dem Weltmarkt, München.

Prahalad, Coimbatore Krishnarao; Hamel, Gary (1990): The Core Competence of the Corporation. Harvard Business Review, 68(3).

Predöhl, Andreas; Jürgens, Harald (1961): Europäische Integration, in: Beckerath, Erwin von; Bente, Hermann; Brinkmann, Carl (Hg) (1961): Handwörterbuch der Sozialwissenschaften, Dritter Band, Stuttgart.
- (1961): Weltwirtschaft, in: Beckerath, Erwin von; Bente, Hermann; Brinkmann, Carl (Hg) (1961): Handwörterbuch der Sozialwissenschaften, Elfter Band, Stuttgart.

Probst, Gilbert; Raub, Steffen; Romhardt, Kai (1997/1999): Wissen managen. Wie Unternehmen ihre wertvollste Ressource optimal nutzen, Wiesbaden.

Pucik, Vladimir (1988): Strategic Alliances, Organizational Learning and Competitive Advantage: The HRM Agenda, in: Human Ressource Management, 27. Jg., Nr.1, S. 77-93.

Pütz, Theodor (1961): Meistbegünstigung, in: Beckerath, Erwin von; Bente, Hermann; Brinkmann, Carl (Hg) (1961): Handwörterbuch der Sozialwissenschaften, Elfter Band, Stuttgart.

Quincke, Friedrich (1926): Chemische Industrie, in: Elster, Ludwig; Weber, Adolf; Wieser, Friedrich (Hg) (1926): Handwörterbuch der Staatswissenschaften, Jena.

Raasch, Markus (2007): „Wir sind Bayer“ Eine Mentalitätsgeschichte der deutschen Industriegesellschaft am Beispiel des rheinischen Dormagen (1917-1997), Essen.

Reichspatentamt (Hg) (1927): Das Reichspatentamt 1877-1927; Rückblick auf sein Werden und Wirken, Berlin.

Reinhardt, Carsten; Travis, Anthony (2004): Wahrnehmung Realitäten der deutschen industriellen Forschung (1880-1925), in: Petri, Rolf (Hg) (2004): Technologietransfer der deutschen Chemieindustrie (1925-1960), Berlin, S. 31-48.

Remane, Horst (2001): Liebig, in: Killy, Walther; Vierhaus, Rudolf. (Hg) (2001) Deutsche Biographische Enzyklopädie, Band 6, S. 384.

Research (2004) Das Bayer-Forschungsmagazin, Ausgabe 16, Leverkusen.

Ricardo, David (1817): On the principles of political economy and taxation, London.

- (1837): David Ricardo's Grundsätze der Volkswirthschaft und Besteuerung, Leipzig.
- (1972): Grundsätze der politischen Ökonomie und der Besteuerung. Frankfurt am Main.

Riebel, Paul (1959): Chemische Industrie, in: Beckerath, Erwin von; Bente, Hermann; Brinkmann, Carl (Hg) (1959): Handwörterbuch der Sozialwissenschaften, Zweiter Band, Stuttgart.

Sanchez, Ron; Heene, Aime (1997): Strategic Learning and Knowledge Management, Chichester.

Sanchez, Ron (1997): Managing Articulated Knowledge in Competence-based Competition, in: Sanchez, Ron; Heene, Aime (1997): Strategic Learning and Knowledge Management, Chichester.

Sasuly, Richard (1952): IG Farben, Berlin.

Schadewaldt, Hans (1990): 100 Jahre Pharmakologie bei Bayer 1890-1990, Leverkusen.

Schein, Edgar (1980): Organisationspsychologie, Wiesbaden.

Schleich, Thomas (1988): Edelmetalle, S. 392-411, in: Schmitt, Eberhard (Hg) (1988): Dokumente zur Geschichte der europäischen Expansion, Band 4, Wirtschaft und Handel der Kolonialreiche, München.

Schmiedel-Blumenthal, Philipp (2001): Entwicklung eines ganzheitlichen Wissensmanagements zur erfolgreichen Umsetzung von industriellen Innovationen : eine systemisch-evolutorische Perspektive, Köln.

Schmitt, Eberhard; Verlinden, Charles (Hg) (1986): Die mittelalterlichen Ursprünge der europäischen Expansion; München.

Schmitt, Eberhard (Hg) (1988): Dokumente zur Geschichte der europäischen Expansion, Band 4, Wirtschaft und Handel der Kolonialreiche, München.

Schmitt, Eberhard (1991): Die Anfänge der europäischen Expansion, Idstein.

Schmoly, Eva (2005): Wandel der Unternehmensorganisation infolge des globalen Wettbewerbs. Dargestellt am Beispiel der chemisch-pharmazeutischen Industrie, Marburg.

Schneider, Jürgen (1987): Die Auswirkungen von Zöllen und Handelsverträgen sowie Handelshemmnissen auf Staat, Wirtschaft und Gesellschaft zwischen 1890 und 1914, in: Pohl, Hans (Hg) (1987): Die Auswirkungen von Zöllen und anderen Handelshemmnissen auf Wirtschaft und Gesellschaft vom Mittelalter bis zur Gegenwart, S. 293 – 325, Wiesbaden.

- Wirtschaftsbürger und Unternehmer. Die Bedeutung von Produkt und Ausbildung am Beispiel der chemischen Industrie Deutschlands um 1900, S. 375 – 395, in: Möckl, Karl (Hg) (1996): Wirtschaftsbürgertum in den deutschen Staaten im 19. und beginnenden 20. Jahrhundert, München.
- (1999). Francesco Carlettis Reise um die Welt 1594 – 1602, S. 137-151, in: Beck, Thomas et. al. (Hg) (1999): Überseegeschichte. Beiträge der jüngeren Forschung, Bamberg.

Schneider, Markus (1999): Innovation von Dienstleistungen. Organisation von Innovationsprozessen in Universalbanken, Wiesbaden.

Schreiber, Peter Wolfram (1987): IG Farben. Die unschuldigen Kriegsplaner. Profit aus Krisen, Kriegen und KZs. Geschichte eine deutschen Monopols, Düsseldorf.

Schreinemakers, Jos; Barthès Jean-Paul (Hg) (1999): Knowledge management: enterprise, network and learning; peer-reviewed, edited proceedings extended with peer-reviewed invited papers; Fifth International ISMICK Symposium 21 - 22 October 1997 Compiègne, France.

Schröter, Harm (1990): Die Auslandsinvestitionen der deutschen chemischen Industrie 1870 bis 1930, in: Zeitschrift für Unternehmensgeschichte, Heft 1, S. 1-22.

Schroll, Markus; Schwering, Markus (2001): Flucht nach vorn: Regelungsdickicht fordert Chemiebetriebe – Professionalisierung ist gefragt, in: Chemie Technik, 30. Jahrgang Nr. 3.

Schüppel, Jürgen (1996): Wissensmanagement organisatorisches Lernen im Spannungsfeld von Wissens- und Lernbarrieren, Wiesbaden.

Schütz, Dieter (1994): Bayer als Mäzen. Carl Duisberg als Förderer der Künste, Köln.

Schumann, Harald (1999): Das Jahrhundert des Kapitalismus: Die Globalisierung – Revolution des Kapitals, in: Der Spiegel, Nr.25, S. 121-137.

Schumpeter, Joseph (1952): Theorie der wirtschaftlichen Entwicklung, Berlin.

- (2002): Theorie der wirtschaftlichen Entwicklung, in: The American journal of economics and sociology : publ. quarterly in the interest of constructive synthesis in the social sciences under grants from the Francis Nelson Fund and the Robert Schalkenbach Foundation. Vol. 61, No. 2 (2002), S. 405-437.

Seitz, Konrad (2000): Die neue Welt der Geo-Ökonomie: Das globale Ringen um die technologische Vorherrschaft, in: Kaiser, Karl; Schwarz, Hans-Peter (Hg): Weltpolitik im neuen Jahrhundert, Baden-Baden.

Smith, Adam (1775/1976): Der Wohlstand der Nationen. Eine Untersuchung seiner Natur und seiner Ursachen. Aus dem englischen übertragen und mit einer Würdigung von Horst Claus Recktenwald, München.

Snyder, Amie; Ebeling, William (1992): Targeting a Company's Real Core Competencies, in: Journal of Business Strategy, Volume 13, Issue 6.

Spilcke-Liss, Carl Gerhard (2009): Der Wirkungskreis von Wilhelm Ostwalds Leipziger Schule der physikalischen Chemie, Freiberg.

Stachowiak, Herbert (1973): Allgemeine Modelltheorie,Wien.

Staroske, Uwe (1995): Die Drei-Sektoren-Hypothese: Darstellung und kritische Würdigung aus heutiger Sicht, Regensburg.

Staudt, Erich (1986): Das Management von Innovationen, Frankfurt.

Steger, Ulrich (Hg) (1996): Globalisierung der Wirtschaft. Konsequenzen für Arbeit, Umwelt und Technik, Berlin.

- (1999): Facetten der Globalisierung. Ökonomische, soziale und politische Aspekte, Berlin.

Steinberg, Ernst-Heinrich (1925): Die graphische Farbenindustrie in Deutschland unter besonderer Berücksichtigung der Chr. Hostmann-Steinberg'schen Farbenfabriken GmbH in Celle, Würzburg.

Steitz, Walter (1980): Quellen zur deutschen Wirtschafts- und Sozialgeschichte im 19. Jahrhundert bis zur Reichsgründung, Darmstadt.

Stoya, Eva-Maria (2002): Chemieunterricht in der NS-Zeit, Frankfurt am Main.

Streb, Jochen (2003): Staatliche Technologiepolitik und branchenübergreifender Wissenstransfer. Über die Ursachen der internationalen Innovationserfolge der deutschen Kunststoffindustrie im 20. Jahrhundert, Berlin.

Streeck, Wolfgang; Höpner, Martin (2003): Alle Macht dem Markt. Fallstudien zur Abwicklung der Deutschland AG, Frankfurt am Main.

Strenger, Herrmann (1989): Gentechnik bei Bayer, Leverkusen.

Taylor, Frederick (1917): Die Grundsätze wissenschaftlicher Betriebsführung, München und Berlin.

- (1980): Shop Management, Arden.

Tenfelde, Klaus (Hg) (2007): Stimmt die Chemie? Mitbestimmung und Sozialpolitik in der Geschichte des Bayer-Konzerns, Essen.

Thissen, Franz (1922): Die Stellung der deutschen Teerfarbenindustrie in der Weltwirtschaft, Gießen.

Tilly, Richard (1992): Der deutsche Kapitalmarkt und die Auslandsinvestitionen von 1870 bis 1913, in: ifo Studien 38. 1992, S. 199-225.

- (1999): Globalisierung aus historischer Sicht und das Lernen aus der Geschichte, Köln.

Torp, Cornelius (2005): Die Herausforderung der Globalisierung. Wirtschaft und Politik in Deutschland 1860-1914, Göttingen.

Travis, Anthony (1998): Theory from practice. Portraying the Constitution of Synthetic Dyestuffs in the 1860s, in: Gaudillière, Jean-Paul, Löwy, Ilana (Hg) (1998): The invisible Industrialist, Basingstoke.

Treue, Wilhelm (1963): Carls Duisbergs Denkschrift von 1915 zur Gründung der „Kleinen I.G.", in: Zeitschrift für Unternehmensgeschichte, 1963 Heft 6, S. 193-228.

Treue, Wilhelm; Pohl, Hans (1978): Betriebliche Sozialpolitik deutscher Unternehmen seit dem 19. Jahrhundert, Wiesbaden.

Tsuchiya, Shigehisa (1999): Creating learning organization, in: Schreinemakers, Jos; Barthès Jean-Paul (Hg) (1999): Knowledge management: enterprise, network and learning; peer-reviewed, edited proceedings extended with peer-reviewed invited papers; Fifth International ISMICK Symposium 21 - 22 October 1997 Compiègne..

Ungewitter, Claus (1927): Ausgewählte Kapitel aus der chemisch-industriellen Wirtschaftspolitik 1877-1927, Berlin.

Verband der Chemischen Industrie (2000): Erfolgsformel Globalisierung? Ein Diskussionsbeitrag der chemischen Industrie in Deutschland, Frankfurt am Main.

Verg, Erik; Plumpe, Gottfried; Schultheis, Heinz (1988): Meilensteine. 125 Jahre Bayer 1863 – 1988, Köln.

Vitols, Sigurt (2003): Viele Wege nach Rom? BASF, Bayer und Hoechst, in: Streeck, Wolfgang; Höpner, Martin (2003): Alle Macht dem Markt. Fallstudien zur Abwicklung der Deutschland AG, Frankfurt am Main.

Wagner-Braun, Margarete (2002): International veränderte Währungsverhältnisse als Impuls für die Weiterentwicklung der Wechselkurstheorie, in: Bankhistorisches Archiv. Zeitschrift zur Banken- und Finanzgeschichte 2002/2, S. 81-102.

- (2005): Innovationen als Determinanten der Globalisierung im 19. und 20. Jahrhundert, in: Denzel, Markus (Hg) (2007): Vom Welthandel des 18. Jahrhunderts zur Globalisierung des 21. Jahrhunderts. Leipziger Überseetagung 2005, Stuttgart.

- (2007): Kulturelle Aspekte der Integration Chinas in die Weltwirtschaft heute und vor 100 Jahren S. 163f., in: Jahrbuch für Europäische Überseegeschichte Band 7.

Weirauch, Kurt (2003): Denken, was noch niemand gedacht hat. 50 Jahre Makrolon. Stationen eines Hightech-Kunststoffes auf dem Weg vom Labor zur Großproduktion, Ratingen.

Weizsäcker, Carl Christian von (1999): Logik der Globalisierung, Göttingen.

Wenger, Etienne (1997): Communities of Practice: Learning, Meaning, and Identity, Cambridge.

Wegner, Tim (2003): Wir setzen auf Wachstum, in: der Spiegel, Nr. 47, S. 120-124.

Wickel, Helmut (1932): I.-G. Deutschland. Ein Staat im Staate, Berlin.

Williamson Oliver (1991): The nature of the firm origins, evolution and development, New York.

- (1996): Transaktionskostenökonomik, Hamburg.

Wimmer, Wolfgang (1991): Tradition und Transformation: Die Pharmazeutische Industrie in einem ständisch geprägten Markt, in: Zeitschrift für Unternehmensgeschichte, 1991, Heft 3, S. 179-203.

- (1994): Wir haben fast immer was Neues. Gesundheitswesen und Innovationen der Pharma-Industrie in Deutschland, 1880-1935, Berlin.

Wischermann, Clemens (Hg) (2003): Unternehmenskommunikation deutscher Mittel- und Großunternehmen, Münster.

Wobring, Michael (2005): Die Globalisierung der Telekommunikation im 19. Jahrhundert. Pläne, Projekte und Kapazitätsausbauten zwischen Wirtschaft und Politik, Frankfurt am Main.

Wrona, Thomas (1999): Globalisierung und Strategien der vertikalen Integration. Analyse – Empirische Befunde – Gestaltungsoptionen, Wiesbaden.

- (2000): Die Gestaltung von vertikalen Integrationsstrategien in globalisierenden Märkten. Ergebnisse einer empirischen Untersuchung, in: Knyphausen-Aufseß, Dodo zu (Hg) (2000): Globalisierung als Herausforderung der Betriebswirtschaftslehre, S. 67-93, Wiesbaden.

Zaugg, Robert (Hg) (2006): Handbuch Kompetenzmanagement. Durch Kompetenz nachhaltig Werte schaffen, Bern.

Zimmermann, Paul (1965): Patentwesen in der Chemie. Ursprünge, Anfänge, Entwicklungen, Ludwigshafen.

2. INTERNETQUELLEN

Arbeitskreis Wissensbilanz, http://www.akwissensbilanz.org/methode/strukturmodell.htm, Zugriff am 19.07.2009.

Bayer AG, www.bayer.de, Zugriff am 18.07.2009.

Bayer Innovation GmbH, www.bayer-innovation.de, Zugriff am 02.01.2010.

Bundeszentrale für politische Bildung; Fakten und Zahlen zur Globalisierung, http://www.bpb.de/wissen/BSP82H,0,0,Zahlen_und_Fakten.html, Zugriff am 18.07.2009.

Bundesministerium für Bildung und Forschung, www.bmbf.de, Zugriff am 31.05.2008.

Chemical Abstract Service, www.cas.org, Zugriff am 02.01.2010.

Chemie-Wirtschaftsförderungs-Gesellschaft mbH, www.chemie-macht-zukunft.de, Zugriff am 18.04.2009.

Das Portal der Europäischen Union, http://europa.eu/abc/history/index_de.htm, Zugriff am 23.11.2008.

Fachinformationszentrum Chemie, www.fiz-chemie.de, Zugriff am 02.01.2010.

Max-Planck-Gesellschaft, www.mpg.de, Zugriff am 02.01.2010.

Stadt Leverkusen, www.leverkusen.com, Zugriff am 02.01.2010.

Statistisches Bundesamt, www.destatis.de, Zugriff am 18.07.2009.

Verband der Chemischen Industrie e.V., www.chemische-industrie.de, Zugriff am 18.04.2009.

Vertrag über die Handelsbeziehungen zum Britischen Reiche, http://www.reichstagsprotokolle.de/Blatt_k13_bsb00003399_00143.html, Zugriff am 24.10.2009.

World Trade Organization, The General Agreement on Tariffs and Trade, http://www.w-to.org/english/docs_e/legal_e/gatt47_01_e.htm, Zugriff am 23.11.2008.

World Trade Organization, http://www.wto.org/, Zugriff am 23.11.2008.

3. GEDRUCKTE QUELLEN

Fundort der Quellen: Bayer Business Services, Corporate History & Archives, ohne Signatur.

Bayer AG: (1985): Unser Werk Werkszeitschrift der Bayer AG, Heft 4.

- (1991): Unser Werk Werkzeitschrift der Bayer AG, Heft 3.
- (1999): direkt Zeitung für die Mitarbeiter des Bayer-Konzerns, Heft 5.
- (2001): direkt Zeitung für die Mitarbeiter des Bayer-Konzerns, Heft 7.
- (2003): direkt Zeitung für die Mitarbeiter des Bayer-Konzerns, Heft 2.
- (2005) direkt Zeitung für die Mitarbeiter des Bayer-Konzerns, Heft 6.

Bericht des Vorstands und des Aufsichtsrates, Farbenfabriken vorm. Friedr. Bayer & Co. Leverkusen, 1913.

Bericht des Vorstands und des Aufsichtsrates, Farbenfabriken vorm. Friedr. Bayer & Co. Leverkusen, 1912.

Bericht des Vorstands und des Aufsichtsrates, Farbenfabriken vorm. Friedr. Bayer & Co. Elberfeld, 1911.

Bericht des Vorstands und des Aufsichtsrates, Farbenfabriken vorm. Friedr. Bayer & Co. Elberfeld, 1910.
Bericht des Vorstands und des Aufsichtsrates, Farbenfabriken vorm. Friedr. Bayer & Co. Elberfeld, 1909.
Bericht des Vorstands und des Aufsichtsrates, Farbenfabriken vorm. Friedr. Bayer & Co. Elberfeld, 1908.
Bericht des Vorstands und des Aufsichtsrates, Farbenfabriken vorm. Friedr. Bayer & Co. Elberfeld, 1907.
Bericht des Vorstands und des Aufsichtsrates, Farbenfabriken vorm. Friedr. Bayer & Co. Elberfeld, 1906.
Bericht der Direktion und des Aufsichtsrates, Farbenfabriken vorm. Friedr. Bayer & Co. Elberfeld, 1905.
Bericht der Direktion und des Aufsichtsrates, Farbenfabriken vorm. Friedr. Bayer & Co. Elberfeld, 1904.
Bericht der Direktion und des Aufsichtsrates, Farbenfabriken vorm. Friedr. Bayer & Co. Elberfeld, 1903.
Bericht der Direktion und des Aufsichtsrates, Farbenfabriken vorm. Friedr. Bayer & Co. Elberfeld, 1902.
Bericht der Direction und des Aufsichtsrathes, Farbenfabriken vorm. Friedr. Bayer & Co. Elberfeld, 1901.
Bericht der Direction und des Aufsichtsrathes, Farbenfabriken vorm. Friedr. Bayer & Co. Elberfeld, 1900.
Bericht der Direction und des Aufsichtsrathes, Farbenfabriken vorm. Friedr. Bayer & Co. Elberfeld, 1899.
Bericht der Direction und des Aufsichtsrathes, Farbenfabriken vorm. Friedr. Bayer & Co. Elberfeld, 1898.
Bericht der Direction und des Aufsichtsrathes, Farbenfabriken vorm. Friedr. Bayer & Co. Elberfeld, 1897.
Bericht der Direction und des Aufsichtsrathes, Farbenfabriken vorm. Friedr. Bayer & Co. Elberfeld, 1896.
Bericht der Direction und des Aufsichtsrathes, Farbenfabriken vorm. Friedr. Bayer & Co. Elberfeld, 1895.
Bericht der Direction und des Aufsichtsrathes, Farbenfabriken vormals Friedr. Bayer & Co. Elberfeld, 1894.
Bericht der Direction und des Aufsichtsrathes, Farbenfabriken vormals Friedr. Bayer & Co. Elberfeld, 1893.
Geschäftsbericht Bayer AG, Leverkusen, 2005.
Geschäftsbericht Bayer AG, Leverkusen, 2004.
Geschäftsbericht Bayer AG, Leverkusen, 2003.
Geschäftsbericht Bayer AG, Leverkusen, 2002.
Geschäftsbericht Bayer AG, Leverkusen, 2001.
Geschäftsbericht Bayer AG, Leverkusen, 2000.
Geschäftsbericht Bayer AG, Leverkusen, 1999.

Geschäftsbericht Bayer AG, Leverkusen, 1998.
Geschäftsbericht Bayer AG, Leverkusen, 1997.
Geschäftsbericht Bayer AG, Leverkusen, 1996.
Geschäftsbericht Bayer AG, Leverkusen, 1995.
Geschäftsbericht Bayer AG, Leverkusen, 1994.
Geschäftsbericht Bayer AG, Leverkusen, 1993.
Geschäftsbericht Bayer AG, Leverkusen, 1992.
Geschäftsbericht Bayer AG, Leverkusen, 1991.
Geschäftsbericht Bayer AG, Leverkusen, 1990.
Geschäftsbericht Bayer AG, Leverkusen, 1989.
Geschäftsbericht Bayer AG, Leverkusen, 1988.
Geschäftsbericht Bayer AG, Leverkusen, 1987.
Geschäftsbericht Bayer AG, Leverkusen, 1986.
Geschäftsbericht Bayer AG, Leverkusen, 1985.

Zitierte Quellen aus dem Bundesarchiv, Signatur R8127 Berliner Handelsgesellschaft, Akte 12616.

Bundesarchiv, Zeitungsartikel vom 27.04.1912.
Bundesarchiv, Zeitungsartikel vom 11.04.1913.
Bundesarchiv, Zeitungsartikel vom 27.04.1912.
Bundesarchiv, Zeitungsartikel vom 02.05.1908.
Bundesarchiv, Zeitungsartikel vom 05.05.1906.
Bundesarchiv, Zeitungsartikel vom 29.04.1905.
Bundesarchiv, Zeitungsartikel vom 10.05.1901.
Bundesarchiv, Zeitungsartikel vom 07.10.1897.

4. NICHT GEDRUCKTE QUELLEN

Fundort der Quellen:
Business Services, Corporate History & Archives.

Signatur	Bestand	Laufzeit
10	Organisation	1872-2000
10/1	Organisation und Statistik	1896-1904
10/3	Denkschrift über die Organisation, Organisation der technischen Verwaltung	1906
10/3	Denkschrift über die Organisation, Organisation des Verkaufsgeschäfts	1906
10/3	Denkschrift über die Organisation, Organisation des Gesamtgeschäfts	1906
10/4	Organisation Allgemein	1899

13	Ausschüsse und Kommissionen	1902-1999
13/4	Konferenzen	1906
271/2	Personalia, Eichengrün	

5. WEITERE RECHERCHIERTE ARCHIVE

Deutsche Zentralbibliothek für Wirtschaftswissenschaften, Bestand des Hamburgischen Kolonialinstituts, Hamburg.

Deutsche Zentralbibliothek für Wirtschaftswissenschaften, Bestand des Hamburgischen Welt-Wirtschafts-Archiv, Hamburg.

Deutsche Presse-Agentur GmbH, Hamburg.

Pressearchiv der New York Times, New York.

Verband der chemischen Industrie e.V., Frankfurt.

Museum der Göttinger Chemie, Göttingen.

KulturStadtLev –Stadtarchiv, Leverkusen.

Bundesarchiv, Berlin.

Stiftung Rheinisch-Westfälisches Wirtschaftsarchiv zu Köln.

BEITRÄGE ZUR WIRTSCHAFTS- UND SOZIALGESCHICHTE

Hrsg. von **Jürgen Schneider, Markus A. Denzel, Rainer Gömmel** und **Margarete Wagner-Braun**

102 **Annerose Menninger**, Genuss im kulturellen Wandel. Tabak, Kaffee, Tee und Schokolade in Europa (16.–19. Jh.). 2004, 2. erw. Aufl. 2008, 500 S. *08624-2*

103 **Sabine Todt**, Kleruskritik, Frömmigkeit und Kommunikation in Worms im Mittelalter und in der Reformationszeit. 2005, 386 S. *08681-1*

104 **Markus Albert Diehl**, Von der Marktwirtschaft zur nationalsozialistischen Kriegswirtschaft. Die Transformation der deutschen Wirtschaftsordnung 1933–1945. 2005, 195 S. *08741-9*

105 **Michael B. Klein**, Zwischen Reich und Region. Identitätsstrukturen im Deutschen Kaiserreich (1871–1918). 2005, 392 S. *08807-5*

106 **Ewald Röder**, Der Deutsch-Österreichische Vermögensvertrag von 1957. 2006, 252 S. *08936-5*

107 **Festschrift für Rolf Sprandel**. Wirtschaft – Gesellschaft – Mentalitäten. Hrsg. v. Hans-Peter Baum / Rainer Leng / Joachim Schneider. 2006, 792 S. *08882-4*

108 **Lars Jonung / Jürgen Nautz (eds.)**, Conflicts in Monetary Unions. 2007, 181 S. *09002-5*

109 **Wolfgang Protzner / Christine Köglmaier-Horn**, Culina Franconiae. 2007, 516 S. *09001-8*

110 **Debora Gerstenberger**, Iberien im Spiegel frühneuzeitlicher enzyklopädischer Lexika Europas. Diskursgeschichtliche Untersuchung spanischer und portugiesischer Nationalstereotypen des 17. und 18. Jahrhunderts. 2007, 191 S. *09051-3*

111 **Hans Pohl**, Aufstieg und Niedergang der deutschen Konsumgenossenschaften. Vortrag gehalten anläßlich der Ehrenpromotion an der Universität Leipzig, hrsg. v. Markus A. Denzel. 2007, 36 S. *09114-5*

112 **Wolfgang Protzner / Christine Köglmaier-Horn**, Culina Franconiae II. 2008, 284 S. *09169-5*

113 **Alexandra Gittermann**, Die Ökonomisierung des politischen Denkens. Neapel und Spanien im Zeichen der Reformbewegungen des 18. Jahrhunderts unter der Herrschaft Karls III. 2008, 412 S. *09254-8*

114 **Sushil Chaudhuri / Markus A. Denzel (eds.)**, Cashless Payments and Transactions from the Antiquity to 1914. 2008, 191 S. *09259-3*

115 **Danny Weber**, Das Handels- und Bankhaus Frege & Comp. in Leipzig (1739–1816). 2008, 430 S. *09290-6*

116 **Michael Scherm,** Kleine und mittelständische Betriebe in unternehmerischen Netzwerken. Die Reidemeister auf der Vollme. 2009, 691 S. *09432-0*

117 **Leos Müller / Philipp R. Rössner / Tosiaki Tamali (eds.),** The Rise of the Atlantic Economy and the North Sea/Baltic Trade, 1500–1800. 2011, 156 S. *09874-8*

118 **Julia Luxi,** Der unternehmenspolitische Aspekt Wissen in der Weltwirtschaft (1893 –1913) und in der Globalisierung (1985–2005). Ein Vergleich am Beispiel der Bayer AG. 2011, 247 S. *09888-5*